大连近代史研究

（第17卷）

大连市近代史研究所
旅顺日俄监狱旧址博物馆 编

辽宁人民出版社

图书在版编目（CIP）数据

大连近代史研究．第17卷／大连市近代史研究所，旅顺日俄监狱旧址博物馆编．—沈阳：辽宁人民出版社，2021.3

ISBN 978-7-205-10171-8

Ⅰ．①大… Ⅱ．①大… ②旅… Ⅲ．①大连—地方史—研究—近代 Ⅳ．①K293.13

中国版本图书馆CIP数据核字(2021)第041289号

出版发行：辽宁人民出版社
地址：沈阳市和平区十一纬路25号　邮编：110003
电话：024-23284321（邮　购）　024-23284324（发行部）
传真：024-23284191（发行部）　024-23284304（办公室）
http：//www.lnpph.com.cn
印　　刷：辽宁鼎籍数码科技有限公司
幅面尺寸：146mm×208mm
印　　张：10.625
字　　数：290千字
出版时间：2021年3月第1版
印刷时间：2021年3月第1次印刷
责任编辑：阎伟萍　孙　雯
封面设计：白　咏
版式设计：辽宁新华印务
责任校对：吴艳杰
书　　号：ISBN 978-7-205-10171-8

定　　价：68.00元

《大连近代史研究》编辑委员会

卷首语

不要忘记为大连解放做出贡献的人们

——纪念抗日战争胜利和大连解放75周年*

陈光真

摘　要：75年前，大连人民曾经遭受日本帝国主义40年的

*编者按：陈光真（1929—2020），祖籍山东，1945年参军入伍，1947年加入中国共产党。大连解放后，曾在大连柴油机厂、中共大连市委党校工作。20世纪60年代，中共大连市委党校成立地方党史编辑室，他开始从事地方党史征集、编写工作。1986年，中共大连市委党史研究室成立，他担任征编一处处长，1989年离休。

几十年来，他把全部心血都用在地方党史的研究上。为征集资料，他不怕苦不怕累，到偏远的地方采访、挖掘资料，交通不便没有车就步行；三年自然灾害时期，粮食供给紧张，他曾饿着肚子走南闯北征集资料。为了给组织上节省旅差费，多远的路程，他也从不坐卧铺。他身为离休干部，却始终把自己当成一名普通党史工作者，朴实无华的工作作风和生活作风，影响了许多年轻人。

他勤奋钻研党史工作，精通党史业务。在他的带领下，大连地方党史征集和研究工作取得了很大成绩。他个人撰写的论文、专题、人物传多达50余篇，采访当事人100余位，征集相关历史资料500余万字。

他极度热爱党史工作，具有强烈的历史责任感，并为此甘于奉献一切。离休后，他始终不忘“传帮带”，只要他知道的事情，不厌其烦地帮助大家去了解，直到生命垂危，心中还念念不忘党史工作。2020年2月25日，他因病不幸辞世。

我们此次刊发陈光真老师的遗作，感谢他对大连党史研究工作的巨大贡献，感谢他为后来研究者留下的大量历史资料，并以示纪念和缅怀。

殖民统治，经受了后人难以想象的民族奴役和苦难。无数革命先烈，为了我们今天的幸福生活，前仆后继，浴血奋战，谱写了中国历史上最壮丽的篇章，我们决不能忘记在抗日战争时期为大连的解放而作出贡献的人。笔者在20世纪60年代曾调查访问左友文、赵恩光、李彭华、张更秀、闫芳刚、张寿山、宋天鹏、冷青等同志。根据当时的调查材料，本文从中共胶东区党委大连支部的建立及其活动，胶东“抗盟”大连分会党组织的建立及活动，胶东区党委大连支部和“抗盟”分会党组织建立武装、迎接大连解放三个方面，着重介绍中共大连地方组织同日本殖民当局艰苦卓绝的斗争历程。

关键词：中共大连地方组织　建立情况　斗争历程

2020年是抗日战争胜利75周年，也是大连解放75周年。无数革命先烈，为了我们今天的幸福生活，前仆后继，浴血奋战，谱写了中华民族反帝斗争史上最壮丽的篇章。我们决不能忘记在抗日战争时期为大连的解放而作出贡献的人们。

本文着重介绍的是胶东区党委大连支部和胶东“抗盟”大连分会，以及两个组织同日本殖民当局斗争的情况。

一、中共胶东区党委大连支部的建立及其活动

1941年冬，党中央派在中央党校学习的吕明仁到胶东加强区委工作，并指示胶东区委派一批熟悉东北情况，尤其是熟悉大连情况的党员干部，到大连开展地下工作。当时，正在山东分局党校学习尚未毕业的原中共莱阳县委委员、农运部长左友文①被胶东区委城工部派遣来大连工作。左友文来大连前，先同已经潜入大

① 左友文，原名左士会，曾用名李振声，山东莱阳人。1932年加入中国共产党。1934年至1945年曾两度来大连从事地下党的工作。1942年后担任胶东区党委大连支部书记。大连解放后历任中共旅大地委委员、中共旅大区委委员，党校校长、中共旅大市委监察委员会副书记。1960年7月19日病逝。

连的原莱阳县委党员赵恩光①、张更秀②等人接上关系。1942年春，左友文通过蓬莱县委的关系，在蓬莱栾家口找到一只小帆船，船主叫高学发（蓬莱长岛区小钦岛村人），同时结识了大连商人刘原昌，于是二人同船渡海。左友文到大连后，就在刘原昌开设的"原昌商店"做管账先生，并以此为掩护，开展地下工作。

1942年6月18日（农历端午节），左友文召集大连的党员在张更秀当雇工的小西果园（今西岗区白云新村）开会，宣布党支部成立，支部的名称为"中共胶东大连支部"，直属胶东区委城工部领导。支部书记左友文，组织委员张更秀（后为李彭华③），宣传委员赵恩光。支部工作的任务是："隐蔽埋伏，发展组织，积蓄力量，等待时机。"组织发展的方针是"长期考验，慎重发展，绝对保证力量"。从此，在中断了4年多时间之后，大连又有了党的组织。

根据中共胶东区委的指示和大连地区的实际情况，支部成员的活动方式以社会职业为掩护，积极开展党的地下工作。同时，为隐蔽党的活动，由党员筹集资金，支部先后建立5个工作基点，这些工作基点既是党支部传递情报、指导工作的联络点，也是活动经费的供应站。他们在西岗博爱市场办了旧洋服摊，还建立了"苦力"工棚，以做工为掩护，在工人中进行活动。

1942年冬，支部在西岗富久町131番地（今西岗区大同街68号）兑了一个李姓商人的门市，字号叫"德成商店"，作为地下党的联络点。由宣传委员赵恩光任经理，王隆春、于喜春、闫

---

① 赵恩光，原名赵鸿焘，山东莱阳人。1937年加入中国共产党。1942年至1945年担任中共胶东区党委大连支部宣传委员。大连解放后曾任大连市中山区公安局局长、金县农具厂厂长等职，1969年去世。

② 张更秀，又名张顺福，山东莱阳人。1933年加入中国共产党。1942年至1945年在大连做地下工作，担任胶东区党委大连支部组织委员。大连解放后任大连华侨农场行政科长。1966年10月3日病故。

③ 李彭华，原名张鹏寿，山东招远人。1939年加入中国共产党。1942年至1945年由胶东区党委派来大连做地下工作，担任胶东区党委大连支部组织委员。大连解放后离开大连，先后任沈阳市监委处长、环卫局地委书记。1993年11月病故。

芳刚为店员。该店主要经营石粉、蔬菜、烟草、肥皂、鲜肉，外带卖凉水、开水和小百货之类商品。商店楼上住着一个刑事，左邻右舍都是敌伪汉奸开的买卖，对面是巡捕警察大院，党支部利用这个复杂的环境，在敌人的眼皮底下开展活动。为了掩护活动，他们还结识了一些社会有势力的人，如蒋振声和关东州厅警察官吏训练所所长渡边，常请他们来商店做客，取得他们对商店的支持①。从此，党支部活跃在敌人的“心脏”，德成商店成了大连支部传递情报，指导工作的中心。当时来商店接头的暗号是：若经理不在，他房间的4扇窗户就开一扇；若经理在家，他房间的4扇窗户就全关着；到商店找赵恩光时，只要看到开着一扇窗户就别进去。

1943年夏季，原昌商店经理刘原昌因“经济犯罪”被捕，牵连了左友文。一天，一群日本宪兵、刑事闯入商店以经济犯罪为借口逮捕了左友文，却进行政治审讯，施以灌凉水、吊打等酷刑，逼问左友文是不是“八路”，左友文坚贞不屈，拒不承认。后经支部花钱，由蒋振声、渡边出面，在迎春楼宴请渡边在日本宪兵队的朋友。经渡边的朋友去小岗子警察署交涉，将左友文作为“经济犯”释放了出来。放出来时，左友文已经被折磨得不成样子，伤痕累累，两腿不能站立，胳膊肿得锃亮，休息了好长时间才痊愈。

当年秋天，左友文回胶东汇报工作返回大连后，决定壮大革命力量，扩大工作点，发展党组织。党支部的工作点，逐步由西岗“小西果园”、周水子车站、侯家沟工人居住区，扩大到金州登沙河子、杏树屯、城子疃的谢家屯、干岛子一带。同年冬天，支部还派赵恩光去哈尔滨开展工作。赵恩光在哈尔滨“天和兴银行”发展赵作贤加入中国共产党后返回大连。

从1942年6月至1945年8月15日，日本投降为止，大连党

---

① 中共大连市委党史资料征编委员会编：《大连党史资料丛书》（二），《大连地下党史料选编》，闫芳刚1982年9月回忆《我和德成商店》。

支部在大连地区共发展60名党员，培养了一大批党的积极分子。

1944年夏，左友文代表支部再次回胶东向区委汇报工作，区党委指示大连支部，要掌握工人力量，控制铁路线，组织武装力量，等待时机，里应外合，配合主力部队解放东北。同时，要求大连的党员学习俄语，便于开展工作。左友文回连后，经支部研究，作出了“通过合法形式，掌握工人力量，控制铁路线，做好准备，等待时机”的决定，把工人力量的重点确定为苦力和盐工。1944年7月，党支部派宣传委员赵恩光带领党员王洪德、于喜春等到周水子688、401日本陆军仓库建立“苦力”窝棚。一方面，他们通过与工人一起干活、聊天，开展团结教育工作，对照胶东日本侵略者和国民党抢夺、屠杀的事实，揭露日本帝国主义残酷剥削、压迫和侵略的反动本性，提高工人阶级觉悟；另一方面，他们收集大量日军的军事、政治、经济情报。此时，支部先后发展了十几名党员，培养了一大批积极分子。1945年6月，支部又派组织委员李彭华从干岛子盐场带20余名盐工转到杏树屯盐场，领导盐工以歇工、怠工、旷工等形式进行斗争，扩大了党的政治影响。

二、胶东“抗盟”大连分会党组织的建立及活动

胶东区委统战部和胶东海外各界抗日同盟总会，为了贯彻党中央关于“向敌占区派遣干部，隐蔽精干，长期埋伏，积蓄力量，等待时机”的指示精神，1942年9月，派张寿山①来大连建立党的群众性外围组织——胶东海外各界抗日同盟总会大连分会。“抗盟”分会的工作方针和任务是“长期隐蔽，适当发展组织，储备力量，时机成熟时，组织武装，配合我军收复失地，建

① 张寿山，原名张绪芝，山东荣成人。1944年加入中国共产党。1943年至1945年任山东省胶东区海外各界抗日同盟总会大连分会主任、总支委员、书记。沈阳解放后任沈阳市政府秘书长、政协常委。1983年7月24日病逝。

立人民政权”。

张寿山来连后，首先向亲戚朋友老乡进行抗日宣传教育，逐渐扩大到社会各阶层、各行业。经过一年多时间的艰苦工作，最先发展了姚华芝①、宋天鹏②入会，随后又陆续发展了李继光、于宏海等人。1943 年，大连“抗盟”组织有了一定的发展。当年春，成立了“胶东海外各界抗日同盟总会大连分会”，地点设在沙河口马栏屯。张寿山担任主任委员，姚华芝、宋天鹏为委员。3 人将工作进行了分工，张寿山和宋天鹏负责沙河口、西岗一带“抗盟”工作；姚华芝负责甘井子一带“抗盟”工作。从 1944 年开始，大连“抗盟”分会接受胶东海外各界“抗盟”总会和辽东“抗盟”总会的双重领导。

为了掩护大连“抗盟”工作的开展，张寿山考虑开设一个茶庄，他的想法得到了姚华芝、宋天鹏的支持。于是，3 人分头筹集资金。是年春天，“隆兴茶庄”在沙河口马栏屯正式开业，张寿山为经理，宋天鹏为副总经理，于宏海、孟春为店员。首先，隆兴茶庄为“抗盟”分会开展组织活动和指导工作创造了便利条件。支部利用茶庄收集、传递情报，广泛地接触群众，在对日伪当局有不满情绪的群众中做工作，从中物色对象，发展组织。其次，隆兴茶庄成了“抗盟”组织的联络站。随着“抗盟”分会的发展壮大，茶庄又建立了建筑工人的住屋。胶东来人或“抗盟”会员来茶庄汇报研究工作时，就以此地为据点。再次，随着隆兴茶庄业务的发展，收入渐渐增多，解决了大连“抗盟”分会的活动经费。

经过张寿山等人艰苦的努力，到 1945 年 8 月日本投降时，大连“抗盟”分会共建立 21 个点，发展会员百余人，培养积极分子千余人。

---

① 姚华芝，又名吴福珊，山东荣成人。1945 年加入中国共产党。1943 年至 1945 年任大连“抗盟”分会委员、总支委员。大连解放后任旅大市检察院副处长。

② 宋天鹏，山东荣成人。1944 年加入中国共产党。1943 年至 1945 年任大连“抗盟”分会委员、总支委员。大连解放后任大连市公安局处长，后在远洋公司离休。

1944年春，胶东区委为适应形势发展，加强党对“抗盟”分会的领导，胶东区委城工部派张世兰[①]来连，在“抗盟”中进行党的建设工作。首先发展了张寿山、宋天鹏入党。8月，成立了党小组，张世兰担任组长。党组织的发展很快，到抗日战争胜利，有党员16名。1945年8月26日，建立党总支部，张世兰任总支书记，张寿山、宋天鹏、冷青、刘铁山、于宏海、孟春、李继发为委员，并召开了第一次总支委员会会议。1945年9月24日，张世兰牺牲后，张寿山任书记。

三、胶东区党委大连支部和“抗盟”分会党组织建立武装，迎接大连解放

1945年8月8日，在盟国军队击败法西斯德国3个月后，苏联政府对日宣战。

8月9日，毛泽东在延安发表《对日寇的最后一战》，宣布抗日大反攻到来。10日，朱德总司令发布第一号命令：令各解放区部队、八路军、新四军、民兵、游击队向日伪军举行反攻，消灭日伪军，收复失地，积极配合苏军作战。

左友文从收音机里听到这些消息后，深受鼓舞。8月14、15日，为落实胶东区党委关于“里应外合，配合主力解放东北”的指示精神，他们在沙河口刘家屯小山上（今中山公园）召开支部会议，分析形势，决定把工人组织起来，建立工人武装，配合苏联红军解放大连。8月16日，支部在“德成商店”召开党员大会，对工人武装作了具体安排：组织周水子车站“苦力”和杏树屯盐场工人成立大会，夺取伪警察的枪支，成立工人武装；抢夺铁路，控制铁路运输，保护仓库物资。8月22日下午，

---

① 张世兰，原名李元绍，曾用名李绍华，山东荣城人。1939年加入中国共产党。1944年来大连，在大连“抗盟”分会开展建党工作，先后担任党办组长、总支部书记。1945年9月24日牺牲。

赵恩光组织周水子车站工人建立工会，与大工头进行斗争，解决了工人的吃穿问题；从日本仓库搞到400多支枪，4挺轻重机枪，组织200多人武装编成3个中队，命名为“八路军”，进行活动。李彭华在得到盐工报告，日本警察正往船上搬运物资，企图从海上逃窜后，立即组织全厂盐工赶往海滩，把敌人团团围住。这一突然行动使敌人胆战心惊，以为“八路军”从天而降，都乖乖地举手投降。支部利用缴获敌人的武器，组成了3个中队90余人的工人武装大队。9月8日，两支工人武装队伍会合，显示了地下党领导的工人武装迅速壮大。9月10日，党支部决定赵恩光率领这2支武装到庄河接应胶东区党委派来的挺进东北先遣支队吕其恩、于克部，编合后北上参加解放战争。

大连“抗盟”分会也于8月14日，将会员组织起来，正式建立一支600余人的武装队伍，编成1个营，4个连，定名为第十八集团军山东胶东区第五支队，张世兰担任支队长，协助苏联红军解放大连。

1945年8月，解放后的大连地区是“苏军控制下的新民主主义解放区”，中国共产党迅速在大连建立市委，新的党组织在各种实际工作中处于领导地位，领导人民群众，为建立人民政权，发展生产、改善民生，建设新旅大而斗争。

今天，我们纪念抗日战争胜利和大连解放75周年，就是要重温过去大连人民遭受侵略、蒙受深重灾难的痛苦历史，深入进行爱国主义和革命传统教育，发扬先辈们不怕流血牺牲、艰苦奋斗、勤俭建国的精神，增强实现国富民强、全面建成小康社会的信心。

［**作者**：陈光真　中共大连市委党史研究室　离休干部　大连　160021］

目　录

·卷首语·

甲午、日俄战争史研究

殖民统治史研究

抗日战争史研究

中共大连地方组织史研究

历史方志文化研究

甲午、日俄战争史研究

大连近代史研究　第17卷

北洋水师旅顺基地选址始末

于孝东

摘　要：1874年，日军犯台，清廷被迫屈辱议和，引发朝野震荡，海防筹议随之而起。北洋水师因位处“京畿门户”“观听之所”的关系而优先发展。李鸿章的“购船置器”开启了北洋的海防事业，“泊船之所”“修船之坞”的选建也成时下之需。旅顺“天造地设”的地理优势并“屏藩辽沈，锁钥北洋”的战略价值为国人瞩目，尤为马建忠、汉纳根等人推崇。在北洋官僚的影响下，李鸿章亲临旅顺并登岸查勘，认为旅顺“实居北洋之险要”，继而建阃择地，确址旅顺。

关键词：北洋水师　旅顺口　基地选址

一、水师基地建设之缘起

1874年，日犯台湾，清廷“明知彼之理曲”而“备御无方”，不敢贸然开仗，不得不委曲求全地与日本签订《台事专条》，承认日本的侵略行为是“保民义举”，并对日赔偿50万两白银以为抚恤等。此事引发朝野震荡，总理衙门奕䜣等吁请急筹海防，提出“练兵、简器、造船、筹饷、用人、持久”六条整顿海防的意见[①]，以求亡羊补牢，以为补苴之计，中国海防筹议因之而起。海防筹议后，清廷“著派李鸿章督办北洋海防事宜，派沈葆桢督办南洋海防事宜”[②]，中国近代海防筹建自此开始。

中国近代海防筹建虽坚持南北“两洋并举”的方针，但因为筹办经费拮据短绌，以及北洋位处“京畿门户”、各国“观听之所”的关系，只能“拟先就北洋创设水师一军，俟力渐充，就一化三”[③]。这奠定了北洋一支独大的发展局面，中国近代海防的筹建因之而成为北洋一家的发展。在李鸿章的运筹下，北洋的事业以向西方购船置器为开端，虽始终围绕铁甲舰这一核心，但过程曲折反复，先是在海关总税务司赫德的游说下，从英国购买了据说可以洞穿铁甲的“蚊船”，再是从英国订购了可以驰驱大洋的“超勇”“扬威”碰快船，在发现“赫德为人，阴鸷而专横，怙势而自尊，虽食厚禄，受高职，其意仍内西人而外中国”[④] 的本质后，中国的外购舰船开始“权自我操”。1881 年 1 月 8 日、5 月 23 日，驻德公使李凤苞、参赞徐建寅历经曲折，与德国伏尔铿船厂签订了被各国海军奉为“自雄之具”的“定远”“镇远”铁甲舰。随着这批大型舰船的外购和即将归国，“泊船之所”“修船之坞”成为必需，水师基地的选建被提上日程。1880 年，李鸿章在天津大沽选购民地辟建了北洋的第一座船坞——大沽甲坞。甲坞的建成虽解决了“蚊船”并中国自造小型兵轮的驻泊与维修问题，但其位处内河和高纬地带，航道冬季封冻且“水浅胶舟”，北洋已经订购的大型兵轮仍存在“沽口不

① 《廷寄》，李书源整理：《筹办夷务始末》（同治朝）十，中华书局 2008 年版，第 3952 页。

② 《著李鸿章沈葆桢分别督办南北洋海防谕》，张侠等合编：《清末海军史料》，海军出版社 2001 年版，第 12—13 页。

③ 《奕䜣等奏请由洋税厘金项下拨南北洋海防经费折》，张侠等合编：《清末海军史料》，第 617 页。

④ 转引自陈悦：《北洋海军舰船志》，山东画报出版社 2015 年版，第 40 页。

得人”① 的尴尬。为此，李鸿章焦灼不安，为避免外购舰船归国后“无坞可修，便成废物”，避免外购舰船没有基地遮护而为敌虏获，于19世纪80年代初开始选建港阔水深的大型兵轮基地。

二、旅顺口战略价值及国人推崇

旅顺口最终被确定为北洋水师基地并大力营建有其地理的成因。旅顺口扼守渤海门户，位处辽东半岛的最南端，三面环海，一面负山，南与胶东半岛隔海相望，东与朝鲜半岛毗邻，西与天津大沽一衣带水，屏藩辽沈，锁钥北洋。地形地势上，旅顺群山环绕，少有平地，辖区500多平方公里分布着大大小小290余座山丘，这些山丘星罗棋布，漫布旅顺各处，形成旅顺多山的地形并东北高西南低的地势。另外，旅顺负山环海，岸线曲折，港湾众多，尤其旅顺口一地，口门南向，口宽不过300米，狭窄的水道无法容纳多船同时入口，利于防守，而口内的水域则宏敞开阔，又利于舰船的屯泊。更为重要的是旅顺口口门两侧，东有黄金山高耸，西有鸡冠山和老虎尾半岛遮蔽，恰如蟹之双螯环抱湾区，生成天然的防卫条件。在气候方面，旅顺位处北温带，具有大陆海洋性气候的特征，四季分明，雨量适中，海水终年不冻……旅顺口自然地理的优越条件成就了它“天造地设之门户”的美誉，为此，晚清学者华世芳以为，就海军基地选址而言，论“中国之形势，实无有逾于此者”②。

国人很早即关注旅顺的战略价值。清初，学者姜宸英在其《海防总论》中首次提及旅顺口。鸦片战争以后，洋务运动的启

① 李鸿章：《复陈海军规模筹办船坞》，王希智、韩行方主编：《大连近百年史文献》，辽宁人民出版社1999年版，第45页。

② 转引自王家俭：《中国近代海军史论集》，台北文史哲出版社1984年版，第101页。

蒙思想家魏源、经世学者郭嵩涛再次提及："旅顺口渤海数千里门户，中间通舟仅及数十里。两舨扼之可以断其出入之路。泰西人拘患天津必先守旅顺口，此中形势之显要，泰西人知之，中国人顾反而不知，抑又何也！"① 同治十三年（1874），海防筹议兴起，盛京将军都兴阿指出："查奉省滨海之处，自山海关、宁远、牛庄、营口、盖州、熊岳、复州、金州、旅顺口迤东，直至岫属之大孤山等处，紧要口岸三十余处，其中金州地界（按：泛指旅顺口、大连湾沿海地区），海口多系老水贴岸，亟为扼要，应该先其所急，妥为豫筹。"② 同年，直隶总督、北洋大臣李鸿章在议复总理衙门的奏议时，提出"北洋宜分驻烟台、旅顺口一带，东洋宜分驻长江外口，南洋宜分驻厦门、虎门"，其理由是这三处地方"皆水深数丈，可以停泊（大号兵船）"③。由此可见，早在1874年海防筹议期间，旅顺口的战略价值即受到关注，李鸿章甚至有把旅顺建为水师基地的想法。

只是朝野上下该时普遍主张水师基地应"以大连湾为坐营"。1880年3月1日，朝廷颁发谕旨，指出"金州海口关系紧要，应如何预筹防守之处，著李鸿章、（盛京将军）岐元会筹办理"，同时要求李鸿章"备齐战舰于烟台、大连湾等处择要驻扎，以固北洋门户"④。

李鸿章不敢怠慢朝廷的要求，安排英籍洋员葛雷孙、哥嘉前赴大连湾实地勘察，只是这两名英国人认为："大连湾口门过宽，非有大枝水陆军相为依护不易立足。"在北洋筹办经费拮据并"船数无多"（按：此时北洋仅有蚊船四艘，大型兵轮尚在订造之中）的情况下，李鸿章不得不搁置大连湾的筹建，而"只可

① 转引自王家俭：《中国近代海军史论集》，第100页。

② 《同治十三年十月二十八日盛京将军都兴阿奏》，中国史学会主编：《洋务运动》（一），上海人民出版社、上海书店出版社2000年版，第39页。

③ 李鸿章：《筹议海防折》，中国史学会主编：《洋务运动》（一），第46—47页。

④ 李鸿章：《遵旨密筹防务折》，王希智、韩行方主编：《大连近百年史文献》，第40页。

先择著名险要之旅顺口屯扎”。李鸿章此时的先择旅顺口屯扎并非放弃大连湾大型基地的选建，只是按照为他代购蚊船的赫德提议，拟在旅顺先期建设一座小型蚊船基地而已，实属权宜之计。至于大连湾大型基地的筹建，用李鸿章的话说：“俟丹崖（按：丹崖即驻德公使李凤苞）续造铁甲二只到华，兵船气大稍厚，再移扎大连湾为妥。”①似乎大连湾还有机会。

为修筑旅顺这座小型蚊船基地，1880年11月，李鸿章安排幕僚陆尔发带领德国退役陆军少校汉纳根、英国海军校官柯克前往旅顺口。汉纳根受过专门的军事科学训练，精于炮台的修筑，深得李鸿章的赏识和倚重，是这次勘察的实际主持者。在旅顺期间，汉纳根周详勘察了地形地势，并高度认可旅顺的战略价值，继而向李鸿章提出修筑黄金山炮台的想法并很快得到了批准。黄金山炮台的修筑，标志着旅顺口海防建设的正式开始。

1881年4月25日，正当黄金山炮台修筑期间，受天津海关税务司德璀琳的鼓动，李鸿章的幕僚马建忠乘“镇海”轮来到旅顺。在旅顺的四五天时间里，马建忠在汉纳根、陆尔发等人的陪同下周详勘察了旅顺，并记述了这次勘察的过程，留有《勘旅顺记》一文。②

在马建忠的眼中，旅顺口的形势是：距大沽一百七十迈，合五百一十里，口门南向，水道狭窄，仅容一船通过，水深“两丈至三丈有差”。口门左右两山对峙，左侧为黄金山，高四十丈，右侧为鸡冠山，高十六丈。以口门为界，“南望（外海）有山屹然峙于中流者，城隍岛也。北望白玉山后浩然无际者，金州湾也。东西浅沙浮屿，若隐若现”。口门正对的白玉山，与黄金山、鸡冠山等峰峦围拱旅顺口湾。旅顺口湾“东西长约六七里，（南北）宽无逾二里”。口门处的老虎尾半岛向内伸展，把旅顺口湾

---

① 李鸿章：《议造铁甲并留戈登》，王希智、韩行方主编：《大连近百年史文献》，第41页。

② 马建忠：《勘旅顺记》，中国史学会主编：《洋务运动》（三），第406—410页。

分成东西两湾，西湾开阔宏敞，以鸡冠山为庇护，可“泊大舟数十艘”，只是鸡冠山山势低矮，“敌弹或能及我，我弹不能及彼”。东湾有“黄金高山蔽其前，敌弹断无可及我之理”，但是东湾海底泥沙淤积，疏浚浅淤较为困难，“若挑濬亦可容大舟十数艘”。若站在黄金山上“跻巅四眺，则口内外之形势，口左右前后之群山毕呈目前，若掌上观也”。白玉山恰恰“宛如人胸，东西两湾隐然两臂，右臂长伸……左臂短缩”，旅顺口山障其前，湾隐其后，可以说是形势天险，形胜天然，实在是天造地设且不可多得的优良水师口岸。

通过此次实地勘察，马建忠对旅顺口的战略价值高度认可。1881年冬，他致信李伯相，与其讨论驻日公使何如璋关于水师选址的奏议问题，再次流露出对旅顺口战略价值的推崇。信中，马建忠反对何如璋在天津、崇明、南澳、台湾各口设置基地的意见并指出了它们的不足，继而援引西方国家建港筑坞的经验，认为水师基地的选址必须符合“六要”条件，即：“水深不冻，往来无间，一也；山立屏障，以避风飚，二也；路连腹地，以运粮粮，三也；土无积淤，可建坞澳，四也；口滨大洋，以勤操作，五也；地出海中，以扼要害，六也。”以此标准检验中国的各海口，与“六要”相合的，“北惟旅顺，南惟北馆，可以设营，可以建澳，可以造坞，诚足为水师之重镇”。除此之外，马建忠认为澎湖、台湾、定海、胶州澳、威海卫、庙岛、海洋岛、朝鲜巨文岛也都具有一定的战略价值，应该予以关注，只是鉴于海防工程浩大，兴工应有先后，布防应有次第，时下应“先使旅顺屹然成一重镇，则北洋之门户可固”。在旅顺的经营上，马建忠还提出委派“深明外洋水师工程之员”通盘筹划，“公明正直之大员”监督管理的意见；提出“设灯塔、安水雷、置炮台、建药库”等具体工程内容。① 可见马建忠对旅顺基地筹建谋划思考之

① 马建忠：《上李伯相覆议何学士如璋奏设水师书》，中国史学会主编：《洋务运动》（一），第444—445页。

细致周全，和旅顺口在马建忠心目中至高无上的地位。

三、建闸择地确址旅顺

李鸿章深受马建忠意见的影响，在马建忠勘察旅顺后不久，即不再把旅顺口作为蚊船小型基地来经营了，也不再有铁甲舰归国后“再移扎大连湾为妥”的既往提法。李鸿章的这一思想转变体现在1881年10月9日与驻德公使李凤苞的通信之中。该时马建忠已自旅顺归来四个多月，黄金山炮台正在大力兴建之中，就是因为黄金山炮台的修筑，李凤苞提出了“不甚稳妥”的质疑，为此李鸿章回函解释：“渤澥乃一小海，如葫芦形，旅顺与登州相对，仅百二十里。（旅顺）口内有塘，可泊多船，正葫芦之颈也。敌必经口外以达津沽、营口，有险可扼，视烟台、大凌湾（按：意指大连湾）之散漫无收束者迥异。”李鸿章指出了旅顺口的区位优势和地利条件，随之反问李凤苞：北洋水师选址旅顺口，“各国水师名将皆谓得地，卓见独谓不然，何耶?”最后，李鸿章坚定地指出：“异日北洋水师总埠、船坞均当在彼建置，即两铁舰（按：意指正在德国建造的定远、镇远）亦宜驻泊。”①从李鸿章给李凤苞的回信，我们可以看出，此时的李鸿章已经决定把旅顺口建设为北洋水师的大型基地了。

1881年11月18日，清政府在英国阿姆斯特朗船厂订购的“超勇”“扬威”碰快船终于驶抵天津大沽。借验船机会，李鸿章在马建忠等人的陪同下，于11月24日下午乘两舰驶抵旅顺口，李鸿章终于亲临旅顺海防工程现场。第二天，李鸿章率员登岸并查勘旅顺口形势，甚为满意，随后把这次验船并旅顺勘察的情况奏报朝廷。奏折中说：旅顺口“实居北洋险要，距登州各岛一百八十里，距烟台二百五十里，皆在对岸，洋面至此一束，为

① 李鸿章：《复李丹崖星使》，王希智、韩行方主编：《大连近百年史文献》，第42页。

奉、直两省海防之关键。口内四山围拱，沙水横亘，东西两湾中浤水深两丈余，计可停泊大兵船三只、小兵船八只。内有浅滩，其口门亦有浅处，拟用机器船逐渐挖浚。目前之快船、炮船及他日购到之铁甲船，皆可驻泊，为北洋第一重捍卫”。至于基地防御，“其口旁黄金山高四十丈，可筑炮垒，以阻敌人来路”。奏折中，李鸿章还报知朝廷黄金山炮台已经委派官员会同汉纳根修筑，且工程已进展大半了。另外，船坞、厂局等也将陆续筹款兴造，等黄金山炮台竣工后，还将调派陆军加以防护等。[①] 李鸿章的这份奏折，是在亲自勘察的基础上，以官方文件的形式确定了旅顺口为北洋水师大型基地的地位。

自此以后，旅顺口海防工程在李鸿章的竭力经营下不断拓展，修船之坞、泊船之池、海防炮台、陆防炮台、厂房库房、饮水工程、电灯电报、兵营雷营、码头铁轨、学堂医院等等陆续兴办，旅顺基地在中外人士十年齐心合力打造下，历经国人自营、法国人包办两个时期，终成“中国坞澳之冠”。

［**作者**：于孝东　大连博物馆　副研究馆员　大连　116023］

① 李鸿章：《订购快船来华折》，顾廷龙、戴逸主编：《李鸿章全集》9，安徽教育出版社2008年版，第507—508页。

刘公岛旗顶山设防研究

隋东升

摘 要：山东威海刘公岛旗顶山在近代海防建设中先后出现过两座炮台，一为甲午战争期间的清军“大顶子炮台”，二为英租威海卫时期的英军“百夫长炮台”，现存的“旗顶山炮台”遗址即为后者。通过对两座炮台历史脉络的梳理，解读威海刘公岛旗顶山百年以来的设防情况及其地名考证。

关键词：刘公岛　旗顶山　炮台　设防

刘公岛是元、明、清三代北方海运航线的必经之地和重要的泊船避风港，史志典籍中多有记载。元末明初，倭患猖獗，官府将岛民迁至内地，弃岛防卫。万历末年，登州知府陶朗复招岛民入岛垦荒纳税，并在岛内“中峰之岭”① 设墩台戍兵防守，此为与刘公岛设防相关的最早文献记载。“中峰之岭”并非岛内最高峰，岛内最高峰今名“旗顶山”，海拔153.5米。与刘公岛之古今闻名相比，“旗顶山”可谓名不见经传，清代及之前各类史志典籍对此地名均无任何记载，直至英租、民国时代，“旗顶山”

① 疑为明末“望海楼”。详见《刘公岛》，山东省出版总社烟台分社1988年版，第26页。

之名才逐渐出现。[①]

一、大顶子炮台的建设

清末，威海卫被选定为北洋海军基地之一。自 1887 年起，戴宗骞、张文宣所率绥巩军、护军陆续进驻威海卫，分驻岛内外，开始基地防务设施建设。至 1894 年中日甲午战争爆发之时先后建设竣工“水泥花岗岩穹顶结构”西式永久性海、陆防炮台十四座，包括岛内四座（含日岛炮台），岛外南北帮十座。各炮台配设由德国克虏伯、英国阿姆斯特朗、中国江南制造局制造的 120 毫米至 280 毫米中、大口径要塞炮近 50 尊，其中以德制克虏伯要塞炮为主流。1894 年中日甲午战争爆发，威海卫基地防务工程并未完全竣工，尤其是在陆路防务方面尤为不足。为此，绥巩军于岛外陆防各要点添建多座临时炮台（配设行营炮为主）以加强防务。在刘公岛上，护军张文宣部于岛内最高山顶修建大顶子炮台，另于岛内东部修建高场营炮台（台址可能为今天刘公岛南嘴炮台遗址处，日方称作“东泓稍西南炮台”）以及相关配属的临时火炮阵地。

大顶子炮台这个名称对于很多甲午历史爱好者来说较为陌生，如果提起今天的刘公岛旗顶山炮台遗址，相信很多人都会知道它的位置。但是，甲午战时的大顶子炮台与今天的旗顶山炮台遗址并非同一座炮台。1894 年 8 月 1 日，中日两国宣战。30 日，李鸿章复电张文宣：“新勇操练更紧，大顶安炮六尊，运土拉炮，准添长夫三百名，炮设齐，即报明裁撤。”[②] 此为大顶子炮台的名称第一次出现在中方史料之中，也是该炮台建设之开始。11

① 威海市地名委员会办公室编：《威海地名志》，山东省地图出版社 1995 年版，第 139 页。

② 《复刘公岛张镇》（光绪二十年七月三十日亥刻），顾廷龙、戴逸主编：《李鸿章全集》24，安徽教育出版社 2007 年版，第 289 页。

月5日，护军统领张文宣致电李鸿章："刘公岛高场营炮台七月内大工以竣，大顶子炮台赶凿台基，两台共估料银一万五千金之谱……"① 此时，甲午中日开战已经过去三月有余，大顶子新炮台基础土木工程尚未完成，台炮配设也就无从谈起，此后，大顶子炮台也再未出现在中方的史料记载之中。

1895年2月17日，日军进占刘公岛。日本国民新闻战地特派员古谷久纲氏站在刘公岛最高处观察并描述：全岛皆山，其最高顶高出海面300尺，仅一条道通达山顶，其险莫可名状。此处的炮台正在建设中，四个炮位已开掘完成，铁板、石块也已搬运到其中，二十八珊榴弹炮二门横陈山顶。而其他两门炮及弹药，尚在海岸，将被我等携归本国。②

古谷久纲氏所提到的"二十八珊榴弹炮"是指口径为280毫米的榴弹炮（臼炮），该炮是一种炮身短、射角大、初速低、高弧线弹道的曲射火炮。因其炮身短粗，外形类似中国的石臼，因此在汉语中被称为"臼炮"，清军也多称其为"田鸡炮"。《日清战争实记》中《战后的刘公岛》一文称：海岸堆场有廿四珊（240毫米）榴弹炮四门，及其炮架、弹药等附属品，半曝露于风雪之中，据说刘公岛的最高峰新备二炮，与此榴弹炮同种。③

刘公岛的最高峰即是今天的刘公岛旗顶山顶，这里就是甲午战时大顶子炮台的构建之地。文中提及海岸堆场的四尊240毫米榴弹炮与刘公岛最高峰未完工炮台的两尊280毫米榴弹炮实为同一型号，只不过这里误将该炮的口径记述错误。海岸堆场的四尊加上已运置于山顶的二尊，数量与李鸿章电文里提及的大顶子炮台计划安炮六尊的数量相一致。也就是说，到甲午战争结束时，大顶子炮台原计划配设的六尊280毫米榴弹炮，仅仅是开建了配

① 《附 张光前来电（排版错误，应为张文宣）》（光绪二十年十月初八日未刻到），《李鸿章全集》25，第116页。

② 《刘公岛的状况》，东京博文馆：《日清战争实记》（第二拾一编），1905年3月17日，第113—114页。

③ 《战后的刘公岛》，《日清战争实记》（第二拾一编），第38页。

设六尊榴弹炮所需炮位中的四座，而且还有二座未完工，六尊榴弹炮中已有二尊搬至山顶，却未配设到位，余下四尊还在山下海边堆场尚未搬运。至此，这六尊280毫米榴弹炮在甲午战时刘公岛的实际情况已经清晰，这座从未完工的大顶子炮台，在甲午战争之中未经战阵。

战后日军在刘公岛共缴获克虏伯1892年式（此型号为日军标注）280毫米榴弹炮六尊及其配属弹药一宗，六尊榴弹炮的制造编号为1#至6#，制造时间为1893年，炮管长3440毫米（3.44米，12倍径），膛线84条，重10870千克（10.87吨，此为炮管重量，不包含炮架及附件重量），该型榴弹炮采用中心轴旋回炮架。从制造时间和制造编号上看，该型榴弹炮应是德国克虏伯公司的新产品，而清政府则很有可能为第一个海外购买用户。1893年生产，说明该炮由德国埃森运至中国威海卫刘公岛的时间不会早于1893年，甚至有可能是1894年甲午战争爆发之前才运到。该型榴弹炮在德国克虏伯公司售华火炮纪录表[①]内也有所记载，型号为“28cm Haubitze L/12 Küsten”，即陆用280毫米12倍径榴弹炮，订购时间为1890年，数量为6尊。因此，此六尊德制克式榴弹炮也是北洋海军威海卫基地1889年第二次购炮合同[②]中所订购炮械的其中一部分，中、日、德三方史料得以互相印证。

根据先前威海卫基地各炮台建设与所购买台炮的实际配设情况来看，配设中大口径要塞炮的炮台都为花岗岩水泥结构的永久性炮台，所以，配炮六尊的刘公岛大顶子炮台作为一座建设规模较大的炮台，应该也是岛内原计划建设的永久性炮台之一，只不过因为工期和战争等原因，致使该炮台最终没有建成。计划配设六尊280毫米德国克虏伯榴弹炮的大顶子炮台如果建成，该炮台

---

① 该销售纪录表为克虏伯公司档案，未公开对外展示，该型榴弹炮销售纪录所在页内容已由厦门胡里山炮台复制展出。

② 《席步天致盛宣怀函》，王尔敏等合编：《盛宣怀实业朋僚函稿（上）》，台湾“中央研究院”近代史研究所1994年版，第489页。

与南帮最大之赵北嘴台（配设德国克虏伯制280毫米加农炮2尊、240毫米加农炮3尊）、北帮最大之北山嘴台（配设240毫米加农炮6尊）相配合，无疑将为威海湾的防务加上重重一码。1895年5月，6尊德制克虏伯榴弹炮作为战利品由日本千代丸号商船载运，从刘公岛运至日本佐世保。自此，建设使用周期仅有8年的清北洋海军威海卫基地再未成为近代中国人的“防海健将”，其建设之精、存时之短也堪为中国近代海防各要塞炮台之最。

二、由“百夫长”到“旗顶山”

1898年5月19日，英舰“HMS Narcissus（水仙花）”号驶入威海湾，与中方官员接管日军防地。23日，日军撤离威海卫。24日，黄龙旗与米字旗同时在黄岛炮台升起，标志着英租威海卫时代的来临，刘公岛也自此成为英国皇家海军在华的北方基地和疗养度假区。

英租威海卫之后，依中英《租威海卫专约》的内容为据，英军可在威海卫租借地内“择地建筑炮台、驻扎兵丁……行防护之法……”[①]。出于抗衡旅顺俄军的目的，英军遂于刘公岛建设炮台以加强防务。原清军张文宣部护军所建未完工的大顶子炮台因其特殊的地理位置而被英军选定为刘公岛基地新炮台的台址之一。[②] 英军利用岛上原清军营舍、护墙、炮台等拆毁的建筑材料，将新炮台建设完工，取名为“Centurion Battery（百夫长炮台）”[③]。炮台之名来源于当时的英国皇家海军中国舰队旗舰

① 《中英议租威海卫专条》，威海市档案局（馆）办：《威海足迹》，2016年第2期，第73页。

② 英军于岛内修筑的另一处炮台为今天刘公岛的“迎门洞”炮台遗址，此台规模要小于旗顶山台，为单炮位设计。

③ 现在的旗顶山炮台遗址建筑外仍清晰可见凿刻于石岛红花岗岩上的“Centurion Battery”字样。

“HMS Centurion”（百夫长）。随着英军将原始岛民强制迁出，原本就流传不广的“大顶子”地名自此彻底失传。“百夫长”炮台建成后不久，英军将原设于北洋海军刘公岛探照灯台处的对海联络信号旗台迁于新建炮台处。久而久之，再次上岛的新岛民即以此山顶有英军信号旗台为名，将岛内最高顶称为“旗顶山”，而这座英军的“百夫长”炮台自然也就成为了今天的“旗顶山”炮台。这就是本文一开始所提到的，直至英租、民国时代，才出现“旗顶山”地名的根本原因。但是，这座“百夫长”炮台自建成之日起却从未配设过一尊台炮，仅仅是空有炮台建筑而已。

1902 年，威海卫学校教员布鲁斯-米特福德在《威海卫租借地》指南手册中进行了详细描述：……刘公岛最高处（约 155 米），上面有一个信号台、一处旗杆和一座从未完工的新炮台……这些防御工程，这些“相对比较简单的设防”，两年前还被认为非常重要。实际上，它们已于 1901 年初完成，花费远远低于预算成本。当“大学者们意见分歧”（1902 年 3 月 18 日，上议院讨论威海卫问题，改变了港口设防计划），“停工”令随之而来时，炮台已准备完毕，只差 9.2 英寸口径岸防炮和 6 英寸口径速射炮的装备……新建的这座“百夫长”炮台即使是没有武装的空炮台，英军也将其设为军事禁地，禁止华人游客和岛民接近。①

19 世纪末，随着当时世界火炮技术的快速发展，大口径后膛炮的应用，炮台建筑设计也随之发生了根本性的转变，炮台建筑及炮位的设计建造由所选定的炮型而定。新建炮台建筑在设计之初，就要充分考虑所选用炮械的配设方式、作战模式、维护方式等相关参数内容，以达到炮械与台体的完美匹配，发挥其应有的战斗效能。由英军建设的“百夫长”炮台，专为配设其英制

① ［英］布鲁斯-米特福德：《威海卫租借地》，威海市档案局（馆）办：《威海足迹》，2015 年第 2 期，第 82 页。

9.2英寸（233毫米）台炮所设计，炮位主体为圆形，炮位外侧有一圈面积较大且与炮位同心的倾斜散水坡，其炮位形制与配设德制克虏伯台炮的“八卦式”“半圆式”炮位有明显的区别。在诸如药弹存储、药弹运输方式以及兵员配设数量上的不同，也决定了英式与德式炮台在台体建筑设计与建造上的较大差异。英制9.2英寸台炮在当时被英军大量应用于英国本土及其殖民地的港口防卫，直至今天，与“旗顶山”炮台建筑形式相似的英式炮台建筑仍然可以在英国及其前殖民地的很多旅游景点中见到。而在国内，除香港之外，刘公岛英式炮台可是国内唯一的英式炮台标本，是英租威海卫时代的重要军事历史遗迹。

三、海防历史后记

1950年10月23日，中央军委发布组建海岸炮兵的命令。与此同时，海军将存放于上海华东海军司令部的各种口径岸炮共计161门分配于全国海防要点，以加强各港口防卫力量。

此时的刘公岛旗顶山再次成为海防军事要地，驻军利用原英军所建“百夫长”炮台中的两处圆形9.2英寸岸炮的旧炮位，通过重新改造炮位基础以适应美制舰炮的配设，另在两座旧炮位之间和东侧添建两座较小的马蹄形新炮位，新旧炮位共配设美制MK22型50倍径76.2毫米高平两用舰炮4门，编制为连级单位。自此，建成近半个多世纪的旗顶山炮台终于得以配设岸炮，具备了作战能力。美制MK22型舰炮在新中国成立之初被人民海军大量配设在水面舰艇和沿海要塞，这批美制舰炮并非缴获自国民党军的战利品，而是购买自苏联。二战期间，美国根据租借法案援助苏联大批军火和物资用以抗击德国法西斯，此型舰炮也在军火援助之列。新中国成立后，人民海军水面舰艇和岸防部队急需炮械，这批当属二战剩余物资的美制援苏舰炮被转手卖与中国，出现在中国的海防线上。20世纪60年代初，驻威海军海岸炮兵部队中，装备美制MK22型舰炮的岸炮连队将军械及阵地移交陆军部队接管。1987年7月，刘公岛驻军将已经撤防的“旗顶山”炮台遗址移交威海市北洋海军提督署文物管理所（中国甲午战争博物馆前身）修复并对外开放。[①] 1988年1月13日，包括“旗顶山”炮台遗址在内，岛内28处旧址遗迹并称“刘公岛甲午战争纪念地”，被国务院公布为第三批全国重点文物保护单位。[②]

由“大顶子”“百夫长”到“旗顶山”，前后两代炮台由始至今已历经一个世纪的风风雨雨，见证了近代以来中国海防的风云变幻，也见证了刘公岛旗顶山设防百余年的历史全过程。

[**作者**：隋东升　山东省威海市政协文史研究会　威海　264200]

① 戚俊杰主编：《中国甲午战争博物馆》，山东大学出版社1995年版，第190页。
② 戚俊杰主编：《中国甲午战争博物馆》，第191页。

日藏甲午黄海海战沉船打捞档案

周　强

摘　要：1894年9月17日黄海海战，北洋海军不敌日军，致远、超勇、扬威、经远相继沉没在交战区域，广甲在回旅顺途中搁浅在大连三山岛外。海战结束后，日本对这些沉船进行了打捞。日本亚洲资料中心公开了防卫省防卫研究所的档案，其中有六份档案披露了沉船打捞的情况。

关键词：黄海海战　沉船　打捞　档案

关于黄海海战后日本打捞北洋舰队沉船，亚洲资料中心公布了六份档案，即：《艦船衝突並坐礁付沈没艦船引揚方出願の件（2）》C08040699600；《沈没艦船引揚（1）》C08040732200；《沈没艦船引揚（2）》C08040732300；《沈没軍艦引揚に関する件（1）》C08040757000；《沈没軍艦引揚に関する件（2）》C08040757100；《31年4月8日清国沈没軍艦物件引き揚けに付伺の件》C10126105500。这些档案的时间在1894年9月至1897年4月之间，内容包括打捞沉船的申请和批复、关于打捞细节的请示、打捞物品的处置、海军内部的讨论四个方面。通过这些文件大体能了解日本对海战沉船的打捞情况。因原文为古日文手写体，识别翻译极为困难，个别字未能识别，这类内容本文中用“□”表示。

一、打捞沉船的申请和批复

日本联合舰队取得甲午海战胜利后，立刻引起很多日本人对北洋海军沉船的注意，1894 年 9 月至 10 月间，先后有 5 批共 10 位日本民间人士向战时大本营等机构递交了打捞沉船的申请。

最早提出申请的是长崎县长崎市的桥本清，他于 1894 年 9 月 20 日向日本战时大本营递交了打捞清国沉船申请。有可能当时他并未得知黄海海战的消息，所以申请中只提到了 7 月 25 日丰岛海战的沉船。

1894 年 10 月 3 日，神奈川县横滨市的增田万吉向日本战时大本营海军军令部递交了调查沉没军舰及打捞兵器的申请书。

1894 年 10 月 9 日，大阪府知事山田修道向海军大臣西乡从道转达了本府平民栗谷品三的申请书。

1894 年 10 月 13 日，山科礼臧向日本战时大本营递交了打捞清国沉船的申请。

1894 年 10 月 30 日，山本盛房、西之原铁之助、川村后秀、浅山知定、高田露、木村万作六人联合向海军大臣西乡从道递交打捞清国沉船的申请。

日本战时大本营经过考虑，拒绝了栗谷品三的申请，批准了其他人的打捞申请。1894 年 11 月 10 日，日本战时大本营正式回复了其他申请人，将沉船的打捞权分配如下：

1. 批准桥本清打捞广乙号；
2. 批准增田万吉打捞广甲号；
3. 批准山科礼臧打捞经远号和致远号；
4. 批准山本盛房、西之原铁之助、川村后秀、浅山知定、高田露、木村万作打捞扬威号和超勇号。

日本战时大本营在1894年11月20日通知海军省：我方已于本月10日，批准长崎县松本清及另外8人申请打捞沉没军舰物品之事。特此通知。

二、关于打捞细节的请示

在打捞工作开始之后，这些打捞人遇到了很多困难，需要官方出面解决或给予指导意见。这些问题主要集中在打捞物品的储存和运输，船体的处置等方面。不同的打捞人提出不同的要求，海军也分别给予回复。

（一）经远、致远

1894年12月13日，山科礼藏代理平野新八郎向日本战时大本营递交批准打捞沉没军舰物品申请书，其中提到了四项关于打捞细节的请示，摘要如下：

1. 申请临时将打捞物品放在大鹿岛、八岔岛等地点，以及使用政府船只将打捞物品运至该所指示的港湾。

2. 若船体被打捞出水面，申请以政府船只送往贵方指定的修理所。

3. 若无法将船体打捞出水面，申请使用炸药摧毁船体。

4. 申请给予本案相关人员及潜水员免签证出国的资格。地址及姓名已申报。

1894年12月25日，日本战时大本营正式回复了山科礼藏代理平野新八郎：

关于今年11月以大海第67号文件批准打捞沉没军舰物品之事，我方批准你方于本月13日，申请的如下3件事项。第一项：打捞物品放置地点及使用政府船只之事。第二项：将打捞物品运至船体修理所之事。第三项：无法将船体打捞出水面时的处理方法。你方申请的第四项不在日本战时大本营指示权限之内。

在大本营的回复后面还附有一份军务局写给江头大尉的分析

报告。内容如下：

第一项之理由：无异议。

第二项之理由：扬威号、超勇号、经远号、致远号是在距离中国大陆3海里外的公海上沉没的军舰。该军舰的所有权今天已完全归属于我国，这与明治二十七年（1894）十一月的情况相同。因此，大本营于明治二十七年十一月下达的打捞命令自然具有效力。(但若不需要该军舰，最好将其摧毁)

第三项之理由：合理理由。

第四项之理由：若之前未发生实际问题，最好不要就此提出异议。(第四项之理由容易产生异议，最好不要提出。因为如果有人详细援引国际法，该军舰即便属于日本，日本也有可能得不到)

因此，我方给出如上最稳妥的方案。

关于大本营于明治二十七年十一月批准打捞清国沉没军舰一事，于归还辽东半岛之日起失效。关于申请打捞扬威号、超勇号物品之事，拟订如下方案：

若无命令禁止打捞，则可继续打捞。因此，请驳回该申请。

追述，扬威号、超勇号的所有权自然归属于日本。但因须对该军舰进行打捞，9日，海军省就上述请示案发出了指令：打捞者若出于打捞方面的原因，将根据地设在海洋岛及大孤山，或与中国地方官厅之间产生任何关系，海军省均不负责处理，属于外务省的公务范围。海军省本着沉没军舰位于公海的原则，视大本营于明治二十七年十一月发出的指令有效。请不要误以为这一原则与中国地方官厅有直接关系。

此外，本案还涉及沉没军舰及漂流物的处理方法。但大本营上述沉没军舰及物品□□，对于该沉没军舰及漂流物，请在漂流地及沉没地点，依照上述方法处理。

1894年12月24日，山科礼臧代理平野新八郎递交了关于将打捞物品转运于陆地上的申请，内容如下：

不久前沉没军舰经远号致远号打捞一事承蒙批准，已经派出民工到现场，关于上述打捞所需机械及其他物品及粮食等已装船运送，本来可驶往大孤山港登陆，关于结冰一事，大连湾及旅顺口其他占领地之内□□之地□□，该货物需要暂时贮藏一事，亦可有之，□□□□关于上述各港船舰出入及货物装卸之事，请给予批准为盼。

1894年12月27日，海军副官向海军省转达了山科礼藏代理人的申请。1895年1月2日，日本战时大本营通知山科礼藏代理平野新八郎：去年十二月二十四日的申请不久前已批准，关于沉没军舰打捞物品，暂时在占领地陆地（贮藏）之事予以批准。

（二）广甲

1895年1月7日，日本战时大本营通知广甲号打捞人增田万吉代理鹿毛信盛：

为了探检清国军舰广甲号，申请□□□派遣该舰所在地之公司职员之事予以批准。不过，在探检之前可到本营（日本战时大本营）迎接二名公司员工。清国军舰广甲号打捞所需材料食物□□，以三百吨以上一千吨以下之汽船一艘在大连湾附近港湾航行用于运输，并在该港湾附近的小□□□建筑仓库之申请予以批准。但是，在小□□□建筑仓库应接受大连湾要港部之指挥。

（三）超勇、扬威

1895年3月20日，山本盛房、西之原铁之助、川村后秀、高田露、浅山知定、木村万作向日本战时大本营提出关于打捞超勇号、扬威号的特许申请，其中提到四件事：一是关于舰体明细图形附属品说明书誊写，二是申请打捞物品暂存在大鹿岛或其他适宜的场所，并使用官船运输。三是舰体浮出时，在指定的工作现场使用官船运输。四是申请舰体无论怎样均无望达到浮出时，使用达纳炸药将其炸碎。1895年3月21日，日本战时大本营批准关于打捞扬威号、超勇号的特许申请，同时提出要接受西海船队司令长官的指挥。

1895年12月6日，高田露向日本战时大本营请示：

我方之前得到日本战时大本营的批准，自6月上旬至10月下旬，赴大孤山大鹿岛打捞清朝沉没军舰扬威号、超勇号之遗留物品

(见附页打捞物品清单)。我方按之前得到的批准，于10月下旬，在大鹿岛近海搭乘日本政府船正义丸，将打捞物品送往我国。之后，鄙人另搭乘日本形风帆船，于12月1日回国。特此汇报。

此外，在档案中发现了五份电报，内容是海军追查从“超勇”“扬威”上打捞的大炮及另外4件物品，经过多方查找，最后查清在宇品货物厂支厂。

三、打捞物品的处置

1896年3月9日，海军大臣西乡从道在发给时任海军参谋长伊东祐亨的电报中写道：

今有打捞申请人申请将在威海卫及大孤山近海附近打捞的沉没军舰物品进行处置。我方依照大海第433号之1及大海第424号之2文件将该案移交给你方。烦请你方就下述打捞物品处置方法进行商议后，尽快给予回复。一、对于打捞物品中可供海军使用之物，应命打捞人无偿上交，还是应向打捞人支付费用。二、对于将打捞物品从当地送往海军所需地点的费用，应由打捞人承担还是应由政府承担。三、对于打捞物品中海军无需之物，是否可将其给予打捞人。

1896年3月11日，海军参谋长伊东祐亨回复海军大臣西乡从道：

关于官房第608号之2文件，向我方申请处置在威海卫及大孤山近海附近打捞的沉没军舰物品。特此通知。一、对于上交打捞物品者，向其支付实际打捞费用，但仅限有实用价值的兵器类物品。对于没有实用价值的纪念品，则命其无偿上交。二、上交给政府的物品须由政府支付打捞费用。三、第三项之打捞物品可给予打捞人。

在官方制定好处理沉船打捞物品的政策后，1896年4月27日，高田露向海军大臣西乡从道汇报扬威舰打捞物品清单，他认为这些物品已经没有利用价值，申请下放由他自行处理，目录如下：

大炮：贰门　其重①约为三千日本斤②铁制

大锚：壹个其重约为三千日本斤

中锚：两个其重约为二千五百日本斤

钓鱼船：五条其重约为每条船七百日本斤

卷扬装置：壹个

在打捞物品的目录下附有海军的批注：

大炮数门无尾栓且海水的多处侵蚀严重无论如何也无望专供军用。大锚以下四个□□□□□□参谋长同意并理解（上述）估计不需要□□□。

1896年6月18日，海军省回复了高田露，认为扬威号打捞物品在海军省无必要保留，同意下放。

四、海军内部的讨论

海军内部曾就打捞沉船的意义进行过讨论，其中主要围绕高千穗炮术长海军大尉筑山的函件，摘要如下：

我在报纸上看到了打捞沉没舰船的传闻。为此，我认为不久天气转暖后，当局就将尽快着手于准备工作。我希望陈述自身见解，以此研究船体的破损情况。

在黄海的海战中，日本的炮弹实际击沉了3艘舰船，它们分别是超勇舰、致远舰、经远舰。从击沉的实际情况来看，超勇舰沉没，致远舰、经远舰覆没，其区别十分明显。沉没意味着船体垂直地下沉，而覆没意味着船体向左或向右颠覆后下沉。

超勇舰的样式为旧船，防水的区划不足，再加上没有安装防御甲板。因此，对于其沉没一事，没有值得研究之处。但是，我相信致远舰、经远舰的覆没情况与前者不同，有重要的研究价

① 字迹难以辨认，根据前后文判断或为“重”字。

② 一日本斤=600克，三千日本斤=1.8吨。

值。致远舰向右舷倾倒，而经远舰向左舷倾倒。而这两艘舰船在覆没之前，其两舷都被炮弹击中。因此，无法得知它们是否倒向炮弹穿入的一侧。高升号的炮弹穿入孔位于水面上，并破坏了相反一侧的船舷，因此，海水流入后导致船体沉没。

致远舰是巡洋舰，而经远舰是装甲炮舰。在造船时，都采取了新样式，几乎没有缺点。如果此类舰船因炮弹而覆没，则类似的现有舰船被炮弹击中后，也必将覆没。它们的覆没并非指因浮力低于重力而沉没，而是从破坏孔流入海水后，导致舰体倾斜，随着海水的增加，倾斜度越来越大，并丧失了复原能力。最终，重心超出浮心后，舰体才倾覆。研究此事，将非常有利于造船术层面及炮术层面。

一、船体为何倒向一侧?

二、炮弹击中防御甲板的下部后，是否贯穿舷侧?

三、炮弹贯穿舷侧后是否进入舰内，是否穿透防御甲板后破坏对面的舷侧?

在打捞时，上述三点是应深入研究的重点项目。弄清第一点后，能得知舰船是否直接、间接地因炮弹而覆没，而只有深入研究实物，才能弄清第二点、第三点。自从防御甲板被应用以来，如今，首次有舰船因炮弹而倾覆。对此，应着重从造船术、炮术上进行检查。

总而言之，这是日本人进行的前所未有的实验，因此，我迫切地希望日本人亲手探究其结果，并把其利益应用于造船、炮术上。日本在战争中战胜了清国的舰船，但是，我希望因战争而产生的造船、炮术上的成果，不要被外国人发现。

上文是我的个人见解，以供贵方参考。如果深入研究后，能获得实际利益，并在造船术、炮术上获得改良的好结果，将是日本海军之大幸。

不仅仅是技术问题，因在打捞期间发生了三国干涉还辽事件，辽东半岛归还中国，日本失去了打捞黄海海战沉船的有利条件，因此海军内部也曾就是否继续打捞进行过讨论。在档案中有一份未署名也未标注时间的文件，其中讨论了这些沉船的归属权和日本是否有权进行打捞，还涉及丰岛海战沉船广乙号及威海湾沉船。内容如下：

对于明治二十七八年战役之际被击沉的清国军舰扬威号、超勇号、经远号、致远号、广甲号、广乙号，大本营于明治二十七年十一月十日，批准日本人某某进行打捞。上述6艘军舰的沉没位置（与现在位置相同）如附图所示。对于在明治二十七八年战役之际，在威海卫被击沉的定远号、威远号、来远号、宝筏号，大本营于明治二十八年五月二十六日，批准日本人某某进行打捞。今后是否可以继续打捞上述军舰的物品。

意见

原清国军舰扬威号等已被日本帝国军舰击沉，因此已不属于清国军舰，属于战胜国日本之所有物。因此，该军舰应按以下几条处理：

一、广乙号虽现位于朝鲜国境内，但在击沉之后，已属日本所有。因此，日本可继续对其进行打捞。但若日本停止打捞，或日本宣布放弃该军舰时，其所有权将转移至朝鲜。

二、因扬威号、超勇号、经远号、致远号现位于公海，日本可继续对其进行打捞。若日本停止打捞，或日本宣布放弃该军舰时，其所有权不归属于任何一国，按废弃物处理。

三、广甲号现位于清国领海之内，原属于日本所有。依照有关归还辽东半岛的条约第一条，自实施该条约之日起，该军舰属清国所有。因此，日本不得继续对其进行打捞。

四、依照马关条约，沉没在威海卫的军舰属于清国所有。但该条约无有关该军舰所属权的正文。明治二十八年二月，日本联合舰队司令官与清国牛道台签订的条约第八条有明文规定。因此，日本可继续对其进行打捞。

五、结论

这些档案向我们揭示了这段鲜为人知的历史，勾勒出日本对甲午黄海海战沉船的打捞的基本情况，同时可以发现日本的打捞活动有以下特点：

（一）海军打捞沉船的目的之一是技术层面的，为了探明沉船的原因，将技术革新应用在造船、炮术上。而民间的目的是为作为帝国的纪念品，流传万世，同时也不排除有经济目的。

（二）当时的打捞技术似乎无法将船体整体打捞出水，因此打捞人都提出“若无法将船体打捞出水面，申请使用炸药摧毁船体”，而且海军也同意这一做法。结合致远、经远的水下考古调查情况，推测这些船都曾被炸药破坏过。

（三）在三国干涉还辽后，日本真正研究了他们打捞活动的合法性，官方默许民间继续打捞，不批准也不禁止。但是与中国地方的交涉由外务省负责，海军不予干涉。

（四）海军向打捞人支付了一定费用。海军需要的物品全部上交，并且支付费用，包括中间的运费，海军不需要的物品则由打捞人保留。

（五）日本在打捞海战沉船一事上，各个细节都处理得非常谨慎，都是在进行充分研究分析的基础上做出决定。这些做法也非常符合日本人做事严谨的性格。

目前发现的档案虽然能揭示一些信息，但仍然缺少很多重要的资料，比如打捞的具体时间和人员安排，对船体的破坏情况，打捞使用的技术，打捞物品的清单，运输的具体情况，打捞物品最后的归属等等，这些内容有待以后进一步发掘，让今人更加清晰地了解那段历史。

［**作者**：周　强　威海市博物馆馆员　威海　264200］

《汉纳根证词》孙瑞芹译本的失误及其影响*

王 琦

摘 要：通过对勘六种不同版本的汉纳根证言，考证1956年中国史学会所编《中国近代史资料丛刊·中日战争》（第六册）中所收录的孙瑞芹先生译《汉纳根大尉关于高升商轮被日军舰击沉之证言》一文存在多处漏译与误译，对事件过程的描述存在诸多偏差之处。作为百年以来学界所掌握的唯一中文译本，孙瑞芹译本的诸多失误直接导致"清军胁持高升号"的观点在国内长期流传，有误导后世研究之嫌，应予以及时纠正。

关键词：汉纳根证词　高升号　孙瑞芹译本

长期以来"高升号事件"一直是学界研究的热点，所使用的基本史料为孙瑞芹先生所译《日舰击沉高升号实况文件三种》，底本为意大利学者伏拉第米耳（Vladimir）所著《中日战争》。由于孙瑞芹所译《汉纳根大尉关于高升商轮被日军舰击沉

* 基金项目：2019年度江苏省扬州大学研究生科研创新计划"'高升号事件'研究"（编号：XKYCX19-012）。

之证言》（以下称“孙译本”）中确有关于事发之时“船长丧失自由”的明确记载，因此，多年来学术界在研究甲午中日战争时，对清军是否曾胁持高升号这一重大问题或予以回避，或予以默认，始终未能从正面予以回应。2018 年，笔者偶然觅得一个新的汉纳根证词中译本，并据此撰文对长期以来日本方面所持“清军胁持高升号”观点提出了三点质疑，认为三大核心证据证明力不足，“清军胁持高升号”的说法难以令人信服，并进而对孙译本的真实性与准确性产生怀疑。[①] 此后，笔者陆续搜集到更多不同版本的汉纳根证词。截至目前，可以肯定该证词至少有中、英、日三种文字六种版本。通过对勘以上诸多文本，可以确定孙译本并非一个很完善的译本，存在多处的漏译与误译，对事件过程的描述存在诸多偏差之处，有误导后世之嫌。

一、汉纳根证词的不同版本

现以见刊时间为序，将汉纳根证词各版本罗列如下：

（一）《THE WAR：MR. VON HANNEKEN'S REPORT》，英文，刊于 1894 年 8 月 10 日出版的《北华捷报》（以下简称“《北华捷报》本”）；

（二）《汉纳根ノ具申》，日语，收录于日本防卫省防卫研究所藏《海军省公文备考》之《明治 27 年战史编纂准备书类第 22——高升号の始末及论评汽船益生号の件（1）》中（以下简称“日语本”），成文时间标注为 1894 年 7 月 24 日至 29 日之间；

（三）《再译韩能根供词》，中文，刊于 1894 年 8 月 24 日出版的新加坡华文报纸《星报》（第 1370 号）（以下简称“《星报》本）”；

① 王琦、韩剑尘：《“清军胁持高升号”说质疑——以新发现的汉纳根证言中译本为中心》，《苏州科技大学学报》（社会科学版），2018 年第 2 期，第 74—79 页。

（四）《详译德国教习汉纳根亲笔供词》，中文，刊于1894年8月24日出版的新加坡华文报纸《叻报》（第3831号）（以下简称“《叻报》本”）；

（五）《MR. VON HANNEKEN'S REPORT》，英文，收录于意大利学者伏拉第米耳（Vladimir）所著《The China-Japan War》，1896年由S. Low, Marston and company limited在伦敦出版（系孙译本所用底本，故以下简称“底本”）；

（六）孙译本，中文，1956年出版。

其中五种版本较易见①，唯有“《星报》本”较难查找，为便于研究起见，现将其全文照录如下：

六月二十八日我中国所请德国教习韩能根君至于仁川英国副领事威金生君而画供签字，译若曰：六月二十一日某与中国统领率华军一千二百二十人，大炮十二尊，并一应军火，兵械乘高升轮船出大沽口开洋，历两昼夜无恙，二十三日清晨，行经高丽之小部岛，据牙山不远，望见铁甲兵舰似中国定远鼓轮西驶，似将往旅顺者，电掣风驰，瞬息已远，无何而桅影没矣。七点钟时又见中国操江轮船张帆乘风而来，似将往仁川者。洎八点钟时，始见日本极大铁甲兵舰一艘绕出舒潭岛之背，直薄高升，渐驶渐近，舰上高悬日本旗号，并缀白小旗于杆杪，操江望见之即返轮驶回威海卫。高升船主自以为所悬英旗号，有恃无恐，处之泰然，而日本兵舰驶近高升亦尚三次扯旗以为礼。不意日本兵舰之后尚有四艘陆续衔尾而至，皆系极大铁甲，内有一艘扬言于同行之三艘曰：高升既悬英国旗号，何得载运华兵，三艘皆置若罔闻，东向驶去，其一艘遂更换他旗，并放空炮二门，欲令高升下椗。高升乃停轮以待，中国统领事急谓我曰：我辈同舟共命，不可为日兵辱。华兵闻之，攘臂而起，其势汹汹。我婉言止之，且

① “《北华捷报》本”可在“晚清民国期刊全文数据库”中检索获得全文；“《叻报》本”已由笔者公开披露过，参见王琦、韩剑尘：《“清军胁持高升号”说质疑——以新发现的汉纳根证言中译本为中心》；“底本”在中国国家图书馆有藏本可供查阅。

曰：俟日兵来前，我随机应变可耳，何必死。既而日兵舰果令武弁乘小杉板通使于高升，武弁径入船主卧室，请验凭据，并以势挟船主，欲令转轮同往日本，船主无奈应诺。我不在室，犹未之知也。武弁既去，船主方为我述之，中国统领拔刀瞋目谓船主曰：敢有降日本，当污我刀。华兵哄然响应，一船鼎沸。我又婉言止之，并怂恿船主升旗复唤日本杉板打话。杉板复至，泊于高升船旁，我则倚舷而告武弁曰：高升自天津开行时中日尚未接仗，船中所载华兵并无不合万国公法之处，今既不容前往，我即开回天津如何？武弁答我以模棱之词，遂驾杉板而回。顷之，遥望日本兵舰复悬旗号以示我，令我船主等西人及速避难。华兵慷慨忠悲，死志益坚，不许西人放舵尾之小船，而西人亦不愿藉小船以远遁，遂亦悬旗以还示之，谓华兵不许船主等离船。于是日本兵舰忽复行巡高升一周而后，泊相距约十五丈，改悬红旗，转瞬之间，鱼雷倏发，复以大炮十二门继其后，但睹毒雾迷漫，大地变色，高升存煤之舱已为击穿，我遂与船主等各西人一跃入海，凫水思逸。华兵亦躁而从之，皆言当死一处为厉鬼以杀贼。是时高升船尾沉没而船首昂，逾半点钟时渐渐灭顶，并大半桅樯不可见睹矣。我于水中望见日本之小杉板游行海面，疑其为救我西人也，及见该杉载有洋炮，燃击海面之凫水者，始知日兵之凶恶，竟欲聚华兵、西人而歼之。幸我载沉载浮，得抵小岛庆更生焉。同时遇救者得一百数十人，不能考其实数。是役也，我与船主初意以为高升机器灵捷，欲行即行，虽不得已而避之海岛亦可以逃生，必不至为日兵所迫袭。万不料日兵之不遵万国公法，甘冒天下所大不韪，而不辨岂我与船主不慎之咎也哉。

从时间上看，“《星报》本”与“《叻报》本”虽在同一日（1894年8月24日）出版，但两者在文字表述上存在较大的差异，如前者译作“韩能根”而后者译作“汉纳根”，显然说明两者应系不同的版本。

二、孙译本的漏译与错译之处

（一）对高升号与操江号相遇过程的漏译。高升号在与日舰遭遇之前，曾与北洋海军操江号相遇过。当日七点，高升号发现一艘身份不明船只向济物浦（仁川）驶去。

“底本”作：“At about 7 o'clock we sighted on our starboard bow a vessel under sail bound in the Chemulpo, so that she would have had to cross our bow (stern), if she kept on her course, and we kept our course for Yashan.”

九点，汉纳根在高升号上识别出此船为操江号，并发现其已改向威海卫行驶。

“底本”作：“The ship which we had sighted under sail, and which had turned out to be the Tsaokiang had meanwhile lowered her sail and turned backward in the direction of Weihaiwei.”

上述内容，“《北华捷报》本”与“底本”完全相同。对于汉纳根所观察到的操江号先是驶向济物浦，遭遇日舰后改向威海卫行驶的情况，“日语本”“《叻报》本”“《星报》本”均有提及。唯有孙译本缺失，完全没有提及操江号出现一事，应属漏译无疑。事实上，正是高悬龙旗的操江号“及时出现”，使得汉纳根等人才产生了日舰意图“只追逐操江，非注意于高升，或不致于有他虞”的误判。而孙译本此处的漏译，显然使得后世研究者无法考察高升号决策者在与日舰相遇之后的心态变化。

（二）对第二次谈判过程中重要信息的漏译。在“高升号事件”中，中日双方共经历了三次谈判。日本军舰在迫使高升号停轮后，曾派军官登舰与英国船方进行了第一次谈判，未果后日本军官下舰撤离。之后，高升号发出旗语信号，邀请日方再次前来谈判，而明确第二次谈判过程则是还原“高升号事件”真相的关键所在。

对于汉纳根发出信号要求日军舢板返回之后的情况，“底本”作：“She came, and this time I myself went to the gangway to speak with the Japaneses officers. We could not risk to let the Japanese parlementaire come on board because soldiers with rifles and swords were flocking about, and surely would have made short business of them if they had shown any signs of not giving into our request.”

“《北华捷报》本”表述与之完全相同。这就说明，为防止中日双方发生冲突，汉纳根等人有意阻止返航的日本军官重新登上高升号并获得成功，第二次谈判实际是在“gangway”或“gangway ladder”处进行的。在“日语本”“《叻报》本”中均提及了汉纳根等人这一意图，并指出此次谈判是在“梯口”处进行的，“《星报》本”则译为“杉板复至，泊于高升船旁，我则倚舷而告武弁”。可见，“梯口”或“倚舷”应是“gangway”或“gangway ladder”的对译，这无疑说明同一个问题，即日军确实没有再次登上高升号，而是双方隔海相望进行的第二次谈判。这也就再次印证了笔者之前的判断，即第二次谈判过程中，高升号依然是在汉纳根等人而非在清军的控制之中，而日军事发之时并未在场目击，事发之后又未再次登船核实，事实上并不具备搜集证据指证清军胁持高升号的客观条件。

然而，在“孙译本”中，以上重要信息均已缺失。事实上，孙瑞芹先生此处仅翻译了“底本”此段话中的第一句，即：“船又来了，我这次亲自到跳板上与日本军官谈话”；而第二句则完全漏译了。不仅误译了第二次谈判的地点，也没有体现出船长与汉纳根等人成功阻止日军上船以防止发生冲突的意图与举动，而恰恰正是这一细节可以证明船长与汉纳根等人依然掌握着对高升号的控制权，并不存在是清军劫持了高升号。

（三）对第二次谈判中汉纳根与日军对话的错译。在第二次谈判中，汉纳根对日军曾有一句关键性的对话，“The captain's hands are forced; he is not able to obey your orders, the soldiers on board would not allow him to do so”。

孙瑞芹先生翻译为“船长已失去自由，不能服从你们的命令，船上的兵士不许他这么做”。此处的“The captain's hands are forced”一句，无论是直译还是意译，都不能译为“船长已失去自由”，更不能据此认为清军曾胁持过船长。笔者已经考证过在第二次谈判中船长本人是全程参与的，岂能认为他此时“已失去自由”了呢?[①] 当然，此句究竟如何翻译为妥，还可进一步地推敲与研究，但孙瑞芹先生将其翻译为“失去自由”是极不恰当的，而在“《星报》本”与“《吻报》本”，乃至“日译本”中都没有这样的表述。此处应是一处明显的错译，严重歪曲了事实真相。

三、孙译本诸多失误的影响

对于中国而言，“高升号事件”不仅是一次军事失利，更是一次外交惨败。“高升号事件”发生后，日本方面迅疾展开外交攻势，为其海军暴行向英方辩解，其重点在于强调事件发生时中日战争已经开始，应适用战争法，而非和平法。日本国际法学者藤吉正雄（Tokichi Masao）与高桥作卫（Takahashi）均抛出同一观点，认为当时的国际法并不要求战争的开始以宣战为前提，中国和日本舰船于“高升号事件”发生前已在丰岛海面展开了激烈炮战，这足以证明两国已处于战争状态。在确定适用战争法后，日方继而论证，即便高升号是英国船只，浪速舰对高升号进行临检、搜查并最终将其击沉的行为也是合法的。[②] 基于这样的逻辑，清军是否曾胁持过高升号这一情节一开始并非各方关注的焦点。然而，8 月 7 日驻长崎英国海事裁判所做出判决，认为“高升号沉没之原因系日本国军舰浪速号之一再炮击”，“船长及

---

① 王琦、韩剑尘：《“清军胁持高升号”说质疑——以新发现的汉纳根证言中译本为中心》，第 74—79 页。

② 徐碧君：《 中日甲午高升号事件的国际法分析》，《求是》学刊，2019 第一期，第 161—171 页。

海员，并无可以避免此种危险之手段”，对清军应承担何种责任则未提及。[①] 就在同一日，日本政府派出驻英公使馆德国籍秘书西博尔德男爵拜访英国外交副大臣柏提，才首次正式提出“清军胁持高升号”的观点，并提出三个核心证据，最终说服英国方面接受此观点。[②] 然而令人遗憾的是，清政府在收集证据方面的迟缓无力，致使对此说未能予以正面回应与有力批驳，而汉纳根等关键证人的证词也始终未能形成正式的官方中译本，直至1956年孙瑞芹先生译本的出现，才成为60多年来史学界所掌握的唯一中译本。通过上文分析可以看出，孙瑞芹译本存在诸多失误之处，不仅漏译很多重要的事件过程，还错译了双方关键对话的含义，直接导致“清军胁持高升号”的观点在国内长期流传，在戚其章、关捷、季平子等学者研究中日甲午战争的专著中均秉持这一观点而未加以任何质疑。2008年，雪儿简思所著的《大东亚的沉没：高升号事件的历史解剖》在国内正式出版，成为第一部关于“高升号事件”的专著，此后该作者又于2015年出版《高升号的沉没：甲午第一战微观史》一书，对事件的定性依然沿袭旧说，认为“清军胁持过高升号”，这不能不说是一大遗憾。因此，有必要及时纠正孙瑞芹译本的失误所产生的负面影响，以还原历史真相，揭露日军暴行。

[**作者**：王　琦　扬州大学社会发展学院　在读博士　扬州　225000]

① 《抄送驻长崎英国海事裁判所之高升号宣判书事》，戚其章：《中日战争》9，中华书局1994年版，第365—366页。

② 日本外务省：《日本外交文书第27卷》，第723号附件三，丙号。

方伯谦被杀与丰岛海战无关

孙建军

摘　要：黄海海战后，"济远"管带方伯谦因临阵逃脱罪名被杀。尽管其同情者及后人掀起翻案之风，但从当时电报资料及丁汝昌、李鸿章性格等方面来分析，均可证明方伯谦是临阵逃脱，但其被杀与丰岛海战无关，更主要的是其在黄海海战中临阵脱逃。

关键词：丰岛海战　济远　方伯谦　丁汝昌

甲午战争中以"临阵退缩"罪被杀的清军将领，一个海军，是因在大东沟海战中临阵脱逃的方伯谦；两个陆军，是参加平壤战役的盛军统领、总兵卫汝贵，以及参加威海卫之战的山东泰靖左营（兼统精健营）管带、副将阎得胜。

这三人死后，都有人为之鸣冤，其中尤以方伯谦为最。20世纪八九十年代，由方氏后裔发动、大批闽人加入而掀起一场为方伯谦翻案的旋风。方伯谦的犯罪事实清楚，经过请旨之后被执行正法，程序上没有问题①，但方氏后裔和方伯谦的同情者们，东拉西扯，甚至将方氏之死说成是李鸿章、丁汝昌、刘步蟾

① 孙建军：《法律视角下的方伯谦正法案》，载《北洋海军新探》，中华书局2012年版，第233—270页。

等人策划的一场阴谋。还有人不断强调方氏在丰岛海战中“英勇善战”，借以说明他“临阵退缩”根本不能成立。[①]

为方伯谦鸣冤的鼻祖是《冤海述闻》。《冤海述闻》说：“至六月廿五日，丁提督率船巡洋，留济远在威海，爵相电问济远赴牙山详细情形，济远以实报。爵相覆电，又‘此番血战，足雪前耻，而张吾军’之语。丁提督回威海闻之，益忌。”[②]《冤海述闻》的作者认为，丁汝昌因方伯谦在丰岛海战的出色战绩而嫉恨方伯谦，从而在大东沟海战后设局谋害方伯谦，这与事实完全不符，此时的丁汝昌不仅没有嫉妒方伯谦，还对他多有维护。

光绪二十年六月二十三日（1894 年 7 月 25 日），丰岛海战爆发。二十五日（27 日），方伯谦在回到威海卫的第二天即电禀李鸿章：“二十一、二日，英轮爱仁、飞鲸装兵抵牙，均陆续上岸。二十三晨，突有倭兵船多只，在牙山口外拦截我兵船，彼先开炮聚攻，济远等竭力拒敌，鏖战四点钟之久。济远中弹三四百个，多打在望台、烟筒、舵机、铁桅等处，致兵弁阵亡十三人，受伤二十七人，并水线边穹甲上有钢甲处遮护，只一处中弹，机器未损；倭船伤亡亦多。午时我船整理炮台损处，倭船紧追，我连开后炮，中伤其望台、船头、船腰，彼即转舵逃去。但见广乙交战中敌两炮，船即歪侧，未知能保否。又，运送军械之操江差船适抵牙口，被倭船击掉。英轮高升装兵续至，在近牙寸峻西南，亦被倭船击中三炮，遂停轮而沉。”[③]

方伯谦报告的战果，只有两项：一、日“兵船多只”“开炮聚攻”，“济远等竭力拒敌”，“鏖战四点钟之久”，“倭船伤亡亦多”；二、“连开后炮”击伤倭船，使其“转舵逃去”。方氏的这个报告很谨慎，因为敌舰的具体损失，我舰相距遥遥又如何

① 《方伯谦问题研讨集》，知识出版社 1993 年版，第 516—518 页。

② 中国史学会主编：《中日战争》（六），上海人民出版社、上海书店出版社 2000 年版，第 86 页。

③ 《北洋大臣来电四》（光绪二十年六月二十五日到电报档），中国史学会主编：《中日战争》（三），第 2 页。

知之？

六月二十八日（30日），丁汝昌率海军大队巡海回到威海，因被催促出海寻战而匆匆离开，丁汝昌未及调查并报告李鸿章。若丁汝昌在威海，还轮不到方伯谦直接电禀李鸿章的。返回刘公岛的丁汝昌，势必要进行一番调查。《卢毓英海军生涯忆旧》："方管带禀报丁汝昌，陈明其如何遇敌，如何攻击，如何被围，如何悬挂白旗诱敌，至敌临近下锚，而后出其不意击中敌舰要害，庶反败为胜，始得脱离虎口逃归各情节。丁概置若罔闻，仅问广乙、威远何往，方答以威远不堪御敌，故令其先行远避。广乙遇敌与敌战数时之后，不知所之。丁曰：令尔保护载兵之船，竟被击沉，全军尽覆，五艘同出，一艘独归，保护之谓何不力可知矣。且悬挂白旗辱国甚，孰尔有何面目归来见我，犹哓哓道功绩耶。方无言而退。"① 在卢毓英的笔下，丁汝昌不仅指出了方伯谦在给李鸿章报告未提到的问题如"悬挂白旗"，还断然驳回了方伯谦请功的要求。看上去，丁汝昌态度冷峻。

经"已分诘管带、员弁、水手"，丁汝昌究竟知道了些什么？辑录当时西方报章的《中东战事本末》一书里的记载："西友之与海战者，自旅顺口贻书云：……至管带济远铁舰之方伯谦，即七月间护送高升运船至牙山、途遇日舰、匿铁甲最厚舱中、继遭日跑毁其舵、竟高悬白旗、下悬龙旗、逃回旅顺口者也。"②

根据卢毓英和"西友之与海战者"的上述说法，至少有三件事情，丁汝昌是知道的或者"风闻"过的：一、丰岛海战中，方伯谦曾"匿铁甲最厚舱中"；二、"济远"在撤退过程中曾悬挂白旗、日本旗；三、"济远"未能掩护运兵船"高升"和"操江"安全撤离。不论上述三件事是否为真，显然军内外都在流传

① 孙建军编注：《北洋海军官兵回忆辑录·卢毓英海军生涯忆旧》，山东画报出版社2017年版，第18页。

② 中国史学会主编：《中日战争》（一），第168页。

着这些说法，方伯谦似乎也是对此“无言”辩解。

但是，丁汝昌是忠厚之人，虽然“悉知内中情由，犹以众寡不敌而恕之”①，当面可以严厉批评方伯谦，在公开场合却是极力为方伯谦邀功请赏。六月二十八日当天，丁汝昌向李鸿章提交了一份关于丰岛海战战况的书面报告：

“前因匆促率队东去，未及详询‘济远’情形。兹已分诘管带、员弁、水手，均称二十三（日）四点，济、乙由牙开，七点余遇敌，彼先开炮，三船聚攻‘济远’，密如雨点，望台、炮架、三舵机均受伤，阵亡弁勇，初甚失势。济、乙炮力不及，敌远还炮不却。迨敌以一船横截‘广乙’，‘济’只剩十五生一炮，猛击命中，敌二船始折回。而‘吉野’督船尾后，连追不止。‘济’停炮诈敌，彼驶近拟擒我船，‘济’即猝发后炮，一弹飞其将台，二弹毁其船头，三弹中其船中，黑烟冒起，‘吉野’乃移逃，四弹炮力已不及矣。查却敌保船，全恃此炮，水手李仕茂、王国成为功魁，余帮放送药送弹之人亦称奋勇。昌已传令为首李、王赏一千两，余众共一千两，告谕全军，以为鼓励。风闻提督阵亡，‘吉野’伤重，途次已没。如果属实，查确后尚当照前定赏额划清补给，以昭信赏。‘广乙’为敌隔断，弹雷力放，远难攻敌，迄今莫视，必被击沉。两船伤亡弁勇随再呈请核办。”②

丁汝昌的报告，不但没有举报方伯谦“挂白旗”，更没有说方伯谦“临阵退缩”，而是为方伯谦补充了战绩，而且还大打李鸿章的马虎眼，凭空为方伯谦增加了几项战绩：一、“敌以一船横截‘广乙’”，“济远”发炮掩护，“猛击命中，敌二船始折回”；二、将“整理炮台损处”改为“停炮诈敌”；三、将后炮击中“吉野”的效果具体化为：“一弹飞其将台，二弹毁其船

① 中国史学会主编：《中日战争》（一），第168页。

② 《丁提督来电》（光绪二十年六月廿八日午刻到），《李鸿章全集》24，安徽教育出版社2008年版，第179页。

头，三弹中其船中，黑烟冒起，‘吉野’乃移逃”。而且“提督阵亡，‘吉野’伤重，途次已没”，只是小心地加上了“风闻”二字。

方伯谦报告是谨慎的，丁汝昌的报告也是谨慎的，这都是必要的，因为这些战绩很难瞒过李鸿章。李鸿章根据驻日公使汪凤藻传回来的消息，早已了解了真实情况，当天就电报回复丁汝昌，揭穿了这一泡沫战绩："济远"接仗情形已悉，前已据方伯谦电禀，转电总署代奏。一炮如此得力，果各船大炮齐发，日虽有快船、快炮，其何能敌？汪使电称，日船在牙山受伤，未言提督亡、"吉野"沉。如无确实证据，岂能滥赏？①

李鸿章一下识破了丁汝昌的伎俩并断然驳回滥赏的请求。可怜的丁汝昌当时没有把这些知道的或"风闻"的情况，如实地向李鸿章汇报，导致后来"流言布满都下"，自己也遭到别人误解、言官交相弹劾。即使在这种情况下，丁汝昌也依然"不肯纠参"、把事实的真相抖搂出去。②

事实上，在当时朝廷不停地催战，言官持续弹劾的背景下，李鸿章、丁汝昌的确需要一场胜利，既可给朝廷和自己来一剂强心针，又可以堵住言官的嘴巴。李鸿章即使知道了真相，还是对外宣称："倭吉野快船伤重几沉是实。"③ 有的时候，迷幻剂也是需要的！这种情况下，大家心照不宣，李鸿章、丁汝昌不可能抛出方伯谦来。

丁汝昌的报告特别说明，后炮四发"却敌保船"，"水手李

---

① 《复丁提督》（光绪二十年六月廿八日酉刻），《李鸿章全集》24，第182页。

② "参折甚多，谕旨极严，汝当振刷精神，训励将士，放胆出力。如林泰曾前在仁川畏日遁走；方伯谦牙山之役敌开炮时躲入舱内，仅大、二副在天桥上站立，请令开炮尚迟不发，此间中西人传为笑谈，流言布满都下。汝一味颟顸袒庇，不加觉察，不肯纠参，祸将不测，吾为汝危之。"《寄丁提督》（光绪二十年七月初六日巳刻），《李鸿章全集》24，第207页。

③ 《寄译署》（光绪二十年七月初四日辰刻），顾廷龙、叶亚廉主编：《李鸿章全集》（二），上海人民出版社1986年版，第848页。

仕茂、王国成为功魁”，没有提及方伯谦。丁汝昌的这个说法引起了《冤海述闻》作者的严重不满，说这是“丁提督竟挟私隙，捏报其事，但以水手李仕茂、王国成为首功，各赏银五百两，而指挥号令之管带竟没其功”①。好人真是难做！如果丁汝昌果真有“挟私隙”害方伯谦之心，恐怕方伯谦的脑袋不会等到大东沟海战做二次逃兵时才被砍掉。

［**作者**：孙建军　中国甲午战争博物馆　客座研究员　威海　264200］

① 中国史学会主编：《中日战争》（六），第86页。

七登南山考　往返莫徒劳

——侵华日军山本信行战殁处碑寻踪

周祥令

摘　要： 日俄战争中，日军在旅顺战殁的最高军官是山本信行少将。战争结束后，日本殖民当局在旅顺南山坡山为其立“陆军少将山本信行战殁处”碑。“文化大革命”初期，该碑被推倒，残址被树丛遮掩难寻。为寻找此碑残址，笔者根据史料记载，曾先后到战争遗址考察7次，终于找到碑座残址，为研究日俄战史提供新的实物资料。

关键词： 日俄战争　山本信行　战殁处碑　寻踪

20年弹指一挥间。1999年，笔者在旅顺图书馆看见一本1936年出版的日本照片资料集《旅顺的战迹》，在里面发现有张照片的碑上铭文“陆军少将山本信行战殁处”，立刻引起我的注意，这座碑的具体位置在哪儿？我查找资料后发现，日俄战争时山本信行少将充当日本第三军第一师团旅团长，在率兵攻打旅顺二〇三高地时，战死在外围阵地南山坡山。战后，日本殖民当局在山上为其树碑立传。1966年全国开展“破四旧”活动以后，该碑被推倒，碑身下落不明。

为寻找日军侵华物证，也为旅顺近代文物考察增添新发现，从 2000 年 7 月开始，笔者曾先后 6 次去南山坡山考察，却始终未找到碑刻遗址以及碑石下落。2019 年春夏之际，笔者第 7 次上山寻找，在当地居民的帮助下，终于找到碑刻残址。

一、三老一少忙考古

寻找文物是文博工作者的天职，不达目的不罢休也是我的禀性。2019 年 5 月 17 日，适逢国际博物馆日的前一天，出于一生从事文博工作的职业特点，我通过电话和寺沟村老友宋万有联系，请他去找本村高守业当向导，到南山坡山考察甲辰战争侵华日军少将山本信行战殁处。

为什么那么多次总是无功而返，问题究竟出在哪里？这回我接受以往的教训，学会依靠群众。头一天我先到寺沟村进行走访，巧遇 68 岁的村民高守业。当我问他是否见到村西头南山坡山上当年日本立的大碑、小碑时，他说 12 岁时经常和小朋友上山挖铅弹，看见山顶有一通大碑，半山腰有一通小碑。小碑在“文化大革命”初期被砸倒后，他上山拾草时亲眼看到原碑座还在，但碑身不知下落。我告诉他，我是博物馆的退休人员，请他协助查找这处文物遗址，他欣然同意。

5 月 17 日早晨，儿子开车带我去考察。当车载着我们 3 位老者沿着崎岖的山路到达南山坡山麓后，发现山上松林茂密，根本找不到上山的路，于是就在松林中向上攀登。高守业是个急性子的人，他手持镰刀在前面开路。因为松林间长满了狗椒，它浑身是刺，前拉后扯成为拦路虎，所以我们必须一边走一边用刀砍。高守业说，多年没上山了，这里变化很大。也因为没有人上山拾草，所以脚下厚厚一层落叶，踩上去就像席梦思床垫，扑哧扑哧，还发滑。我年纪大，心有余力不足，走不动了，大家就前面拉后面推。当时心想，假肢都能登珠峰，我这老腿岂能在丘陵半坡退却，可能这也是我最后一次登山考察了，说什么也得爬上去。10时左右，4个人终于登上山顶，在1916年日本殖民当局立的“南山坡山”战迹碑前休息，看见碑铭记载“明治37年（1904）9月19日，第一师团的一部队负责攻击，于20日占领”。我立即拿出相机拍下位于东南方向的二〇三高地，它和南山坡山相距约1050米。

高守业领着我们沿东北山脊下山，寻找本次考察的主要目标——山本信行碑座。刚走十几米就发现有人来过这里，还摆着祭祀品，从文字上发现原来是祭拜美猴王孙大圣的。我想此人不一般，因为他能知道这座山现名“猴石山”。

“碑座找到了！”听到走在前面的高守业一声惊呼，大家忘记疲劳急不可耐地向他靠拢。功夫不负有心人，到跟前一看，果然就是这方水泥墩，像一个乌龟壳卧在山坡上，它就是战争狂人耻辱和罪孽的佐证。

二、山本信行残碑座现状

之前根据旧照片来判断，碑座周围好像有一片平地，但现场考察发现，在山坡几平方米空地周围已经长满高大的松树，残缺的碑座就藏在这里。碑座采用山上的石头砌成，用混凝土罩面。宋万有帮我进行测量：基层座纵1.32米，横1.32米，高0.55米。上层座纵1.22米，横1.22米，高0.26米。从碑座中心凹槽估算，花岗岩碑身宽约0.55米，厚0.20米，高约2米。碑和座的造型是日本墓碑的传统风格，即座在下，碑立在座上面中间。

我从包里掏出指南针定向，发现碑坐南向北，碑座的西南角残缺，可能是碑石被推倒时砸碎的，也可能是被人刨过。距离碑座后3米处，发现有一条战壕遗址，约2米宽，1米深。如今这里虽然是杂草丛生，但依然可以令人想象出当年的血雨腥风和日俄争战时的凶残情景。根据笔者多年的考察经验，加上现场分析确认，当年山本信行就战死在这个战壕里。

三、山本信行的侵华过程与战死经过

山本信行是日俄战争中在旅顺战死的日军最高长官，少将军衔。他的仕途根据资料记载：1852 年 9 月出生于日本山口县（是第三军司令乃木希典大将的同乡），名“信行”，原来取之中国孔子名言“言必信，行必果”。不料长大后却反而来侵略中国，当然没有好结果。1875 年被授予陆军少尉军衔。1894 年甲午战争中，他随军侵入中国东北地区，双手沾满中国人民的鲜血。战后于 1896 年便充当第六旅团三十五联队长（相当于团长），1897 年晋升为陆军大佐（大校）。1900 年出任侵占中国台湾的日军补给场场长。1903 年被调回日本任第三旅团第四联队长，负责驻防日本仙台地区，他到任后便按军令率部用武士道精神进行战前训练。1904 年 2 月，日本偷袭盘踞在旅顺港的俄军舰队，日俄战争爆发，山本信行再次提刀上阵，随日军第二师团经朝鲜侵入中国东北。1983 年，笔者曾到丹东考察，发现 1916 年日本殖民者立在九连城的“鸭绿江战迹碑”上记载：“1904 年 5 月，在司令官黑木为桢指挥下，山本信行所在的第二师团为左翼，向安东县追击，迫使俄军向凤凰城溃退。”

因侵略有功，山本信行于 1904 年 7 月被晋升为少将，并转为入侵旅顺的日本第三军第一师团任旅团长，“在旅顺陆防西线同俄军争夺战中，于 1904 年 9 月 24 日午后 3 时 40 分，视察二〇三高地俄军阵地时被击毙。”晋升少将不到 3 个月，便葬身火海，结束了他的侵略仕途。1907 年被追封男爵。

1904 年 8 月，日俄战争旅顺陆防线争夺战开始，第三军司令乃木希典向部队下达攻击命令后，日军便于 8 月 13 日午前 10 时，从西部俄军陆防线薄弱环节开始突击。

日军第一师团长松村务本中将下达各队具体攻击方向后，当天午后 8 时，第一旅团长山本信行少将率领中部攻击队、寺田锡类中佐率领日军向于大山进攻；高崎常之助中佐督军向一六四高地发动袭击。俄军在山间布有铁丝网，并挖掘很深的壕沟，不时采用闪光弹照明，日军在进攻途中与俄军相遇，遭到俄军机枪猛烈扫射，伤亡惨重。同时，因天气突变，连日倾盆大雨，日军攻击受阻，只能暂停，一直等到16日雨过天晴，日军才攻占一六四高地。一六四高地的占领，为日军进攻二〇三高地以及整个西线战场起到了重要作用，日军在此设立了第一师团重炮观察所，并取高崎常之助的姓，将一六四高地命名为“高崎山”。

日军在完成攻城准备之后，向俄军劝降不成，遂于8月19日发动第一次总攻击。日军第一师团为右翼纵队，兵分三路，其中旅团长山本信行少将指挥中路攻击寺沟西北高地。8月19日至20日，日军用两天时间攻占俄军大顶子山阵地。在休整月余后，立刻调兵遣将，集中火力，于9月19日，日军发动第二次总攻。派遣山本信行少将指挥日军主攻南山坡山（该山标高182.3米，俄军称长山，日军则根据狭长的山体取名海鼠山，即海参山）。贪婪的日军妄图一口把“海参”吞掉，但因俄军在山上配备15厘米加农炮2门，37毫米速射炮3门，野炮和机枪若干，双方展开艰难的争夺战。

山本信行指挥日军抢占南山坡山的东北角山包，并以此为据点向主峰挖掘3条之字形战壕。俄军因为在这一带没有混凝土工事，加上丘陵地势平坦，战时无树木遮挡，故临阵又增加两个连的兵力，进行严防死守。日军在付出大量伤亡后才于20日16时击退俄军，攻占南山坡山。

扫清外围阵地后，日军集中兵力攻击二〇三高地。9月21日、22日，日军在炮火的掩护下多次向二〇三高地发动猛烈进攻，均遭惨败。9月23日1时，俄军陆防司令康特拉琴科命令波德古苏斯基中尉用焦棉弹将日军逐退。9月24日午后3时40分，日军旅长山本信行少将伙同寺田联队长在南山坡东北角隐蔽在战壕里，全神贯注用望远镜观察对面二〇三高地上俄军军情，突然山本信行中弹阵亡，成为武士道精神的牺牲品。如此准确的射击，子弹来自对面俄军狙击手的来复枪。山本信行阵亡后，二〇三高地争夺战进入白热化阶段，又经过 72 天火拼落入日军之手。1905 年 1 月 2 日，俄军战败投降，日本自此霸占旅顺，蹂躏长达 40 年。

日俄战争结束后，日本殖民当局为彰显山本信行的“为国尽忠”，特在他战殁处立碑。碑身采用花岗岩，正面阴刻隶书铭文“陆军少将山本信行战殁处”，但从碑的设计和使用材质来看，与 1916 年“日本满洲战迹保存会”立的许多战迹碑不同。笔者还查找了 1926 年日本出版的《旅顺的战迹》一书，该版本却未有山本信行战殁处碑的照片，所以为山本信行立碑的具体机构和时间还有待考察。同时，碑身至今隐藏在哪里，也尚待继续搜寻。

日本陆军少将山本信行战殁处碑立在旅顺西部的南山坡山，此处松林茂密，人迹罕见，所以鲜为人知。百年即逝，虽然硝烟已经散尽，但当年侵华日军指挥官山本信行战殁处残碑座依然暴露在光天化日之下，这个反面教材时刻在告诫我们：牢记历史，国难长铭。

旅顺口，这座闻名世界的军事要塞，在 20 世纪初叶，当世界战争正式进入阵地战时，这里便首先成为主战场、重灾地。从当年旅顺口人遭受的巨大民族灾难中，一定会让世人认清世界列强的侵略本性。所以，旅顺口至今保留的大量甲辰战争历史遗址、遗迹和遗物，都是珍贵的世界历史文化遗产。作为物证，至今仍在默默地向人们诉说那些被淹没在历史长河中的往事。

正是：八十三叟，登山探寻。国难踪迹，警示后人！

[**作者：**周祥令　旅顺日俄监狱旧址博物馆　特邀研究员　旅顺　116041]

“佐渡丸”事件始末

关国磊

摘 要：日俄战争期间，俄国符拉迪沃斯托克巡洋舰分队多次袭击日本商船，破坏日军海上运输交通线，以便牵制日本舰队，分散旅顺口方向日军海上兵力。虽然日本海军有实力较强的第二舰队负责海上警戒，并多次出航谋求压制俄国巡洋舰分队，但日本运输船仍不断被侵袭。1904年6月15日，日本运输船“常陆丸”“和泉丸”被击沉、“佐渡丸”被击伤，运输船上大量人员伤亡。事件发生后，日本国内一片哗然，指责日本联合舰队，尤其是第二舰队之声不绝于耳，迫使日本海军加强附近海域的警戒和封锁，并更加积极寻求对俄决战。

关键词：佐渡丸 常陆丸 和泉丸 巡洋舰分队

日俄战争爆发前，俄日双方即不断调整海上兵力部署，旨在一举击溃对方，控制海权，协助陆军作战。俄军方面：由于旅顺与符拉迪沃斯托克之间相距1500公里，两者难以快速互相支援，同时旅顺缺乏足够的物资储备，无法支撑持续的海上关键战役，因此远东总督阿列克谢耶夫选择在旅顺施行保守的防御方案：俄国希望依靠旅顺为据点控制附近海域以阻止日本人在辽东半岛或者朝鲜西海岸直接登陆；俄国希望通过海上防御赢得时间将陆军调赴“满洲”，这样才能真正防守住旅顺这一据点；与此同时，俄国可以自符拉迪沃斯托克派出巡洋舰向日本的舰船发起进攻并割断其海上交通线路。[①] 为此，俄国太平洋舰队司令斯塔尔克根据远东总督意见，成立了符拉迪沃斯托克巡洋舰分队（日军称之为“浦盐舰队”），以四艘巡洋舰为主担负上述任务。日军方面：日本海军将常备舰队编为第一、第二、第三舰队。这种编制的主要目标，是让第一和第二舰队作为“联合舰队”，在黄海海域共同作战，抵御敌军的旅顺舰队，并为登陆部队提供掩护。第三舰队则负责守卫海峡，并在防备来自北方的敌军巡洋舰的同时，分兵保护和协助登陆舰队。[②]

战争爆发后，日本海军经初期对旅顺港口的攻击，虽然基本将俄国太平洋分舰队封锁在旅顺港内，但未能将其彻底击溃，反而担负守卫警戒任务的第三舰队无力阻止俄国巡洋舰分队的侵袭。由此，日本海军将第三舰队及稍有战力的第五、第六舰队均纳入联合舰队，而由实力较强的第二舰队负责海上警戒，以期阻止甚至消灭俄国巡洋舰分队。然而尽管对俄符拉迪沃斯托克基地进行炮击并进行水雷布置作业，但仍未能阻止俄巡洋舰分队的行动，俄国巡洋舰分队的每次出航，都不断有日本商船遭受袭击，尤其俄国巡洋舰分队在玄界滩海域击沉日军“和泉丸”“常陆丸”，击伤“佐渡丸”，造成日军大量人员伤亡，给日本海军带来巨大压力，迫使日方不得不延缓旅顺攻城计划，更谨慎更积极地寻求对俄决战。此次事件被称为“佐渡丸”事件，亦称“常陆丸”事件。

---

① 曹群：《日俄战争前的俄国政府决策研究（1894—1904）》，中国社会出版社 2015 年 7 月版，第 128—129 页。

② ［英］朱利安·S. 科贝特著，邢天宁译：《日俄海战 1904—1905：侵占朝鲜和封锁旅顺》，台海出版社 2019 年版，第 91—92 页。

一、俄国巡洋舰分队的行动

早在1901年时，俄国就计划将符拉迪沃斯托克作为一支巡洋舰分队基地。其原因在于：一是巡洋舰为线型战舰，是为游击战争而产生的，在宽阔的海域中作战明显优于常规战列舰舰队；二是以此为巡洋舰分队基地，有利于吸引日军舰队的注意力，进而分散日本海军力量。1903年6月7日，独立的巡洋舰分队在符拉迪沃斯托克基地正式组成[①]，以装甲巡洋舰“俄罗斯号”“留里克号”“雷霆号”，防护巡洋舰“壮士号”四艘巡洋舰为主，另有数艘水雷艇及运输船，以海军少将施塔克贝尔格为巡洋舰分队司令，负责对日本西海岸、朝鲜东海岸一带，以及对日军部队和物资运输线发动攻击。

1904年2月8日，日本海军采取突然袭击，不宣而战。第二天，俄国对日宣战。宣战当天，俄海军上校莱岑施泰因[②]即率领四艘巡洋舰开始了第一次巡航。2月12日，在津轻海峡入口海域击沉日本货船“奈古浦丸”（排水量1800吨），击伤日本货船“全胜丸”（排水量300吨）；14日，返回基地。[③] 2月24日，俄巡洋舰分队巡航元山一带，但未有收获，于29日返回基地。为打击俄巡洋舰分队，3月6日，日海军中将上村彦之丞率第二舰队第二战队对符拉迪沃斯托克基地进行了一番炮击，但未给俄舰队带来损伤。4月22日，俄巡洋舰分队在海军少将卡尔·耶森[④]

① ［俄］梅尔尼科夫：《留里克是第一个》，1989年版，附录三。参见http://militera.lib.ru/tw/melnikov1/12.html。

② 原舰队司令施塔克贝尔格因身体原因在战争爆发前卸任，由莱岑施泰因接任舰队司令一职。

③ ［英］朱利安·S. 科贝特著，邢天宁译：《日俄海战1904—1905：侵占朝鲜和封锁旅顺》，第164页。

④ 俄太平洋舰队司令马卡洛夫于3月中旬将莱岑施泰因调回旅顺，任命卡尔·耶森为分舰队司令。

的率领下开始了第三次巡航。25日上午6时击沉日本商船“五洋丸”（排水量600吨），上午9时击沉日本商船“萩之浦丸”（排水量220吨），晚11时击沉日本运输船“金州丸”（排水量3500吨）；27日，返回基地。[①] 此后至“佐渡丸事件”发生前，俄巡洋舰分队未再进行破袭行动。

二、“佐渡丸”事件经过

在沉寂一个多月后，俄巡洋舰分队接到总督传来的接应旅顺分舰队突围的命令，于是6月12日，俄海军中将别佐布拉佐夫[②]率领“俄罗斯号”“留里克号”“雷霆号”三艘巡洋舰从基地出港[③]，向朝鲜海峡方向行进，15日晨行至日本壹岐岛附近海域。[④]7时15分，日第二舰队第四战队最小巡洋舰“对马号”巡逻冲之岛方向时，于浓雾中发现俄巡洋舰分队，遂发出三艘俄舰在冲之岛附近向南行驶的情报，但由于无线电信号原因，直到8时35分，日本第二舰队才收到“对马号”情报。而直到9时45分，第二舰队的装甲巡洋舰才全部出航。[⑤]

在“对马号”发现俄舰队时，俄舰队也发现了“对马号”，但俄舰队没有理会“对马号”而继续行驶。上午9时，俄舰队先发现日本运输船“羽后丸”“芙蓉丸”，但两船逃脱，而后发现“和泉丸”（排水量3229吨）。“和泉丸”是在完成向盐大澳运兵任务后，于12日从该地载着日军病患者，穿越海峡准备返回日

① ［英］朱利安·S. 科贝特著，邢天宁译：《日俄海战1904—1905：侵占朝鲜和封锁旅顺》，第244—247页。

② 马卡洛夫死亡后，别佐布拉佐夫成为名义上的太平洋第一舰队司令，但因旅顺被封锁，被迫滞留在符拉迪沃斯托克。

③ “壮士号”于5月15日触礁后一直未能修复，故此次未出航。

④ ［日］海军司令部：《极密明治三十七八年海战史》第一部战纪卷10，第167页。

⑤ ［英］朱利安·S. 科贝特著，邢天宁译：《日俄海战1904—1905：侵占朝鲜和封锁旅顺》，第359—360页。

本宇品港，结果返航途中遭遇俄舰队。“和泉丸”奋力向海岸方向逃跑，俄舰“雷霆号”追赶并不断炮击，炮击中日军死亡5人、重伤5人、轻伤9人，“和泉丸”停船投降，随后俄舰将其击沉。“和泉丸”乘组人员112人（乘客3人、船员84人，杂役25人），死亡7人、被捕83人、22人获救。[①]

上午10时，日运输船“常陆丸”（排水量6175吨）与俄舰队遭遇。“常陆丸”6月14日上午10时从宇品港出发向大孤山方向航行，15日行至玄海滩海域时听闻炮声，随后发现冲之岛方向浓雾中出现三艘俄舰，“常陆丸”监督官预备海军中佐山村弥四郎不顾俄舰停船示意，决心掉头逃跑，并指挥下属焚烧机密文件，俄舰“雷霆号”发现其逃跑意图后立即进行炮击，在“雷霆号”八枚炮弹及一枚鱼雷的攻击下，监督官被当场炸死，随后输送指挥官陆军步兵中佐须知源次郎亦被炸死，下属士兵及英籍船员或被炸死，或跳水，至下午3时左右“常陆丸”沉没。[②]“常陆丸”运载近卫后备步兵第一联队本部及该联队第二大队727人（缺第八中队）、第十师团第三粮食纵列359人、海军监督官以下4人、船员118人、杂役30人，共计乘组人员1238人，1091人战死、147人获救。[③]

在“雷霆号”截获“常陆丸”的同时，“俄罗斯号”也向日本运输船“佐渡丸”（排水量6226吨）靠近。“佐渡丸”6月14日下午5时从宇品港出发，向盐大澳方向航行。15日上午通过马关海峡（现关门海峡）后，并于上午10时追上“常陆丸”。[④]

---

① ［日］海军司令部：《极密明治三十七八年海战史》第一部战纪卷10、11附表及附图，第8—10页。

② ［日］海军司令部：《极密明治三十七八年海战史》第一部战纪卷10，第165—166页。

③ ［日］海军司令部：《极密明治三十七八年海战史》第一部战纪卷10、11附表及附图，第9—10页。

④ ［日］海军司令部：《极密明治三十七八年海战史》第一部战纪卷10，第162页。

正此时，收到前方“常陆丸”发来遇见异船的信号，并见“常陆丸”右转掉头，同时“佐渡丸”监督官后备海军少佐小惊元吉收到下属传来发现三艘俄舰的情报，遂下令右转掉头逃跑。俄舰一边炮击，一边发出停船信号，自知难逃的监督官下令停船，在与输送指挥官陆军工兵大佐田村意义、陆军炮兵中佐佐藤刚次郎、陆军工兵中佐武内徹、陆军工兵少佐星野庄三郎商议对策时，前来会合的“留里克号”向“佐渡丸”发出派人用小艇过去和速速弃船的旗号。小惊监督官及俄语翻译梅田洁乘小艇登上“留里克号”，向俄军表示“佐渡丸”上有非战斗人员千余名，请给两小时退船时间。俄军要求“佐渡丸”在1小时内让非作战人员全部退船，随后又改为必须在40分钟内撤离，并拘捕了监督官、翻译员、陆军三等军医官泽泰次郎和铁道大队员14人、船员8人、英籍船员4人合计29人。[①] 然就在一切准备就绪之前，俄舰队司令官突然命令“留里克号”归队[②]，在此情况下，俄舰向“佐渡丸”发射一枚鱼雷，但“佐渡丸”并未下沉，于是俄舰向另一舷再补射一枚并留下它自生自灭。[③] 然“佐渡丸”遭受鱼雷攻击后虽然大量进水，但却并未沉没，漂流至冲之岛东南偏东约十三海里处搁浅，而该船最终于7月2日被拖曳进长崎港维修。“佐渡丸”运载野战铁道提理部867人、第二临时筑城团34人、攻城炮兵司令部14人、戍锚地司令部169人、海军监督官以下4人、临时乘客3人、船员123人、小蒸汽船员14人、杂役30人，共计1258人[④]，其中236人战死、29人被捕、993

---

① ［日］海军司令部：《极密明治三十七八年海战史》第一部战纪卷10，第163—164，168页。

② 将“佐渡丸”的处置权交给“留里克号”后，“俄罗斯号”离开，在冲之岛附近与“雷霆号”会合。

③ ［英］朱利安·S. 科贝特著，邢天宁译：《日俄海战1904—1905：侵占朝鲜和封锁旅顺》，第360页。

④ 部分著作称“佐渡丸”上还运载18门攻城炮，但日俄双方资料，均未有此记录。

人获救。[①]

俄巡洋舰分舰队在冲之岛附近会合后，向隐岐诸岛方向航行继续进行破袭行动，16日上午9时左右俘获日本雇用的英国汽船“阿兰顿号”（排水量4253吨），而后于19日返回基地。而作为分舰队掩护的俄水雷艇队，15日出港后，于16日击沉日本帆船“安静丸”（排水量105吨），“八幡丸”（排水量136吨），17日临检多艘日本帆船，18日拦截“巴港丸”（排水量238吨），19日俘获“博通丸”（排水量211吨），最终20日返回基地。[②]

三、“佐渡丸事件”影响

“佐渡丸事件”，可以说是日俄双方协防舰队的一次攻防战：俄方巡洋舰分队采取游击战术，对日本海上运输线进行破袭作战；日方第二舰队则对海上运输交通线进行防护并寻机歼灭俄方舰队，力求正面交锋。然而，宽阔的海域、信号传递的干扰、恶劣天气的影响，似乎天时地利都偏向于俄方，导致日方舰队屡屡与俄方舰队失之交臂。“佐渡丸事件”的发生，使日方清醒认识到，即便旅顺分舰队陷于围困之中，但制海权并未完全地掌握在日方手中，海上交通线仍面临威胁，符拉迪沃斯托克巡洋舰分队仍是日方完全掌控制海权的一个巨大隐患。同时，此次事件使日本国民对海军舰队发出质疑之声，给舰队带来更大压力，促使日本海军舰队不得不更谨慎、更积极地寻求正面决战，从速解决海上危机，确保海上交通线安全，最终协助陆军歼灭俄国太平洋分舰队。

---

① ［日］海军司令部：《极密明治三十七八年海战史》第一部战纪卷10、11附表及附图，第8—10页。

② ［日］海军司令部：《极密明治三十七八年海战史》第一部战纪卷10，第169页。

四、后续

“佐渡丸事件”发生后，当时日本国内报刊纷纷不遗余力地进行宣传，文学作品、历史书籍、军歌、琵琶歌等都对舰上的军人和船员们壮烈战死的场面进行详细描绘和歌颂，比如“常陆丸”运输指挥官须知源次郎在中弹负伤后依然指挥销毁军旗和焚烧机密文件，士兵船员们或切腹、或还击、或投水，等等，这些战时宣传，在一定程度上刺激了日本人的复仇情绪，进一步激化了日俄矛盾，使日本国民更加支持对俄作战。此外，为表纪念，日本还在千鸟渊公园设立了“常陆丸殉难纪念碑”，在大连昔日的花园町设立了“佐渡丸殉难纪念碑”。

对于给日方造成如此灾难的符拉迪沃斯托克分舰队，日本舰队更是加紧搜捕，作为整体舰队主力的第二舰队第二战队以及第四战队，甚至缺席了黄海海战。最终在 8 月 14 日的“蔚山海战”中，日舰队击溃俄巡洋舰分队，从此，俄巡洋舰分队再也无力对日本沿海发动有效的袭击。

[**作者：**关国磊　旅顺日俄监狱旧址博物馆副研究馆员　旅顺　116041]

美国作家杰克·伦敦笔下的日俄战争*

刘啸虎

摘　要：美国著名作家杰克·伦敦在1904年日俄战争期间曾亲赴日本、朝鲜半岛和中国东北担任随军记者，并留下了珍贵的文字记录。杰克·伦敦的日俄战争采访共历时3个多月，其间只亲历了鸭绿江之战这一场战事。但杰克·伦敦对鸭绿江之战的描述极为准确，这段不长的战争经历更影响着他对东方尤其是对日本的看法。而以杰克·伦敦为代表的西方人对日俄战争的观察和相关著述，更值得全面搜集和利用。

关键词：杰克·伦敦　日俄战争　鸭绿江战役

杰克·伦敦（Jack London，1876—1916），美国著名现实主义作家，他以《野性的呼唤》《热爱生命》《海狼》及《马丁·伊登》等经典之作而享誉世界文坛，百年来在中国同样广为人知。而对于杰克·伦敦的中国观和东方观，长期以来存有争议。杰克·伦敦的东方观，无疑与其1904年日俄战争期间亲赴日本、

*本文蒙大连本地文史研究者胡显通先生、王国鹏先生指导与鼓励，特此致谢。

朝鲜半岛和中国东北担任随军记者的经历有关。有关于日俄战争时期外国记者对战事的报道，以及交战双方如何对待外国记者，近年来学界已有所研究。但具体到杰克·伦敦的个人采访经历和前方见闻，则尚待进一步挖掘。

一、杰克·伦敦与鸭绿江之战

1904年1月中旬，28岁的杰克·伦敦受雇于美国报业巨头赫斯特集团（Hearst Corporation），以记者身份乘船从夏威夷出发，前往日本横滨。到达横滨之后，杰克·伦敦却发现自己没有相应的采访条件。美国著名传记作家欧文·斯通（Irving Stone）在为杰克·伦敦立传时指出："因为还没有正式宣战，日本官员回避询问，只向记者提供观光旅行、豪华宴会与娱乐享受。"杰克·伦敦更是觉察到，"日本政府根本无意让记者接近火线"①。

杰克·伦敦从日本本土孤身前往朝鲜半岛的经历颇为传奇。1904年2月14日左右，杰克·伦敦乘坐一艘朝鲜小型渔船抵达济物浦（Chemulpo，今仁川）。经过艰苦的旅程，杰克·伦敦于3月4日到达平壤（Pyongyang）。而2月28日南下侦察的哥萨克骑兵已在平壤城外与日军爆发过小规模战斗。于是，杰克·伦敦率先记录下了平壤城中的恐慌景象。随后杰克·伦敦继续北进，却于3月9日左右在平壤以北的顺安（Sunan）被日军扣留。日军禁止杰克·伦敦前往义州，强行派士兵将其"护送"回汉城。杰克·伦敦只得逆着成千上万开赴义州的日军人潮南返，一路上给女友查米安（Charmian）② 写信倾吐

① ［美］欧文·斯通著，褚律元译：《杰克·伦敦传——马背上的水手》，北京十月文艺出版社1999年版，第179页。

② 即查米安·基特里奇（Charmian Kitterdge），后成为其第二任妻子查米安·伦敦（Charmian London）。

心中不快。[①] 杰克·伦敦在汉城与随日军第一军司令部行动的其他外国记者会合，依靠日军的官方通报来撰写新闻报道，前后滞留近一个月。到4月上旬，他和部分外国记者终于获准赴前线，但采访限制极多：

我们在那里（指汉城）等了一段时间，直到我们这些记者中的一部分人被分派去前线。……有日本军官照看着我们，其主要职责就是别让我们什么都看到。[②]

4月17日左右，杰克·伦敦随日军抵达安州；4月24日，他在义州写下了给查米安的信。此时日俄战争中的第一场大规模陆上战役鸭绿江之战爆发在即，杰克·伦敦目睹了日军的备战行动，却因日军严苛的新闻审查和报道管制而无法发稿：

他们（指日军）在义州做出决定：渡过鸭绿江之前，记者不可以在义州发出的电讯报道中注明日期。……记者就在这一问题上受到严格约束。……[③]

当然，这样的作战行动实际是无法保密的。鸭绿江战役结束后的5月10日，杰克·伦敦在安东（Antung，今丹东）写下前方报道，进一步讲述了自己当时所见的日军架桥行动：

（日军的）又一个计策，是在义州城前架一座桥。俄军就在

---

① *Letters from Jack London to Charmian London during the Russo-Japanese War, January-May* 1904. Utah State University（USU）Digital History Collections. https://digital.lib.usu.edu/digital/collection/jacklondon/id/515-https://digital.lib.usu.edu/digital/collection/jacklondon/id/527 杰克·伦敦在这段旅程中对彼时朝鲜半岛的人情风物进行了观察，留下不少颇为有趣的记录。他中途在村庄下榻时被当地百姓围观其假牙等经历，经后世文学家的渲染更广为世人所知，如日本作家村上春树《杰克·伦敦的假牙》等。

② *Russo-Japanese War article written by Jack London*, *July* 1, 1904. Utah State University（USU）Digital History Collections. https://digital.lib.usu.edu/digital/collection/jacklondon/id/281.

③ *Russo-Japanese War article written by Jack London*, *July* 1, 1904. Utah State University（USU）Digital History Collections. https://digital.lib.usu.edu/digital/collection/jacklondon/id/281.

对面九连城（Kieu-Liang-Cheng）东那座圆锥形的山丘上，望这里视野一马平川。所以，他们耗费了大量时间和弹药来炮轰这边。这恰恰是日军建这座桥的意图所在。这座桥吸引俄军的注意力，而就在顺流而下略远一点的地方，日军施工建造了另一座桥。这座桥有江心岛上小小的柳树林遮蔽，到完全竣工时俄军都未向这边开过一炮。①

4月29日夜至30日凌晨，日军第一军开始渡过鸭绿江。杰克·伦敦在报道中用Z、X、Y师团分别代指日军第一军下辖的三个师团。他注意到，Z师团（即第12师团）率先渡江进入“满洲”，战火正式延烧到中国境内；而汇入鸭绿江的支流叆河（Ai-ho river）则是日军的另一道障碍。“俄军部署在那座锥形山上的16门火炮，对渡过叆河构成了严重威胁。这一天要为4月30日做的工作，就是干掉那16门炮。日本人竭尽全力要达到这一目的。那里是一处暴露的阵地，集中火力持续轰击20分钟，扔出去60发炮弹，目的达成。俄军的炮火哑巴了，火炮都趁夜撤了下去！日军顺带着炮轰俄军营地，营地选址疏忽大意，从朝鲜这边的山上看去完全暴露，结果营地遭到了严重破坏。”②

4月30日，鸭绿江战役正式打响。杰克·伦敦写道：

4月30日夜，X师团（第二师团）和Y师团（近卫师团）渡过鸭绿江干流，在沙洲上集结，与俄军隔叆河对峙。X师团组成日军左翼，直面那座锥形山上的俄军右翼；Y师团在叆河河口附近展开；Z师团则沿叆河展开达数英里。这三个师团对面，是

① King Hendricks and Irving Shepard, eds. *Jack London Reports: War Correspondences, Sports Articles, and Miscellaneous Writings*, Garden City, N. Y.: Doubleday, 1970. p. 114. 又可见 Daniel A. Métraux. *Jack London: The Adventurer-Writer Who Chronicled Asian Wars, Confronted Racism and Saw the Future*, *Asia-Pacific Journal: Japan Focus*, 2010, Issue 4.

② King Hendricks and Irving Shepard, eds. *Jack London Reports: War Correspondences, Sports Articles, and Miscellaneous Writings*, Garden City, N. Y.: Doubleday, 1970. p. 114—115.

俄军实际兵力约4000人的战斗部队。……在炮火和弹片的掩护下，日军投入全部力量发动总攻；加之日军以巨大的兵力优势从侧翼进攻，叆河一线的俄军左翼首先被突破，败兵朝蛤蟆塘(Hamatan)方向逃窜。那座锥形山上的俄军右翼顽强战斗的时间更长，幸存者跟着也逃往了蛤蟆塘。①

杰克·伦敦特意指出，蛤蟆塘是位于虎山后方6英里处的交通要冲，这里有大路南下直通北京。他后来在6月1日的手稿中写道："我们的确从义州的外城城墙上目睹了鸭绿江之战的部分战事，负责监督的日本军官带领我们观战。随着一路追击X英里，激烈的战斗在蛤蟆塘爆发，日军在那里进行了最后的殊死坚守。一个中队的日军全军覆没。我们目睹了这场战斗的开始部分。"②

在5月10日的报道中，杰克·伦敦对战况的描述更为详细：

进行追击的其他日军部队未能赶到。不过，一个中队的人马堵在了俄军和通往北京的道路之间。这个中队的日军死守不退。中队长及三名副手战死，仅有一名军官活下来。最后一颗子弹打光了，还活着的日军上刺刀准备迎击冲锋。就在这时，左翼、右翼还有中央，他们那些追击的战友赶到了。俄军正从这三个方向冲杀过来。局面发生翻转，但俄国人仍以同样的勇气战斗。大势已去，俄国人心里清楚；但他们依然顽强死战。夜幕即将降临，日军步步紧逼。俄军解开缰绳放走自己的马，破坏或扔掉火炮的炮闩，砸碎马克沁机枪的后膛。然后，随着刺刀对刺刀的白刃战，他们从口袋里掏出了白手帕，示意投降。③

---

① King Hendricks and Irving Shepard, eds. *Jack London Reports: War Correspondences, Sports Articles, and Miscellaneous Writings*, Garden City, N. Y.: Doubleday, 1970. p. 115.

② *Russo-Japanese War article written by Jack London, July* 1, 1904. Utah State University (USU) Digital History Collections. https://digital.lib.usu.edu/digital/collection/jacklondon/id/281.

③ King Hendricks and Irving Shepard, eds. *Jack London Reports: War Correspondences, Sports Articles, and Miscellaneous Writings*, Garden City, N. Y.: Doubleday, 1970. p. 115.

到傍晚5时左右，俄军终于战败。日军占领九连城，随后又占领安东县城。鸭绿江之战以日军大获全胜告终。

事实上，鸭绿江战役是杰克·伦敦在日俄战争中亲历的唯一一战。如其所言："从头到尾我们被禁止跟进战况，也不准了解所有细节。而且我们竟被命令返回营地，那里坐落于鸭绿江外第三列山丘的后面。直到5月9日，才提供给我们此次战役的细节。而这次战役爆发于5月1日，且本处的新闻审查官禁止我们发出这些细节。"[①] 所以一直拖到5月10日，杰克·伦敦才能在安东发稿。他在报道中没有提及日军番号，且对日军的战斗力和指挥水平多有赞誉之辞。尽管如此，杰克·伦敦仍在报道结尾颇有深意地写道："发明，武器，组织架构（海军学自英国，陆军学自德国），日本人使用的一切都来自西方世界；不过，日本人已然展现出自己乃是唯一一个有能力使用这些的东方民族。"[②]

二、日俄战争采访经历与杰克·伦敦的东方观

就现有资料来看，杰克·伦敦在日俄战争中与中国人几无接触，而对日本人看法相当负面。其重要原因，即在于日军严苛的新闻审查和报道管制。杰克·伦敦写道，鸭绿江之战后，"日本人对待随第一军采访的记者越来越严苛。我们过了鸭绿江，前往了凤凰城（Feng Wang Cheng）。……这里无事可做，我们在这里干耗了两个星期。……相应地，他们收紧对我们的控制，以至于我们的行动自由被限制在凤凰城半径一英里半的范围之内"[③]。

---

① *Russo-Japanese War article written by Jack London*, *July* 1, 1904. Utah State University（USU）Digital History Collections. https://digital.lib.usu.edu/digital/collection/jacklondon/id/281.

② King Hendricks and Irving Shepard, eds. *Jack London Reports*: *War Correspondences*, *Sports Articles*, *and Miscellaneous Writings*, Garden City, N. Y.: Doubleday, 1970. p. 115.

③ *Russo-Japanese War article written by Jack London*, *July* 1, 1904. Utah State University（USU）Digital History Collections. https://digital.lib.usu.edu/digital/collection/jacklondon/id/281.

杰克·伦敦等人甚至组织抗争，试图向日军争取报道自由，结果却是徒劳。更有甚者，日军直接插手干预外国随军记者的报道内容乃至观点结论。杰克·伦敦略带讥诮地记录下这样一件事：

在凤凰城，日本人以官方通报告知我们：战争爆发之初他们曾以为本国骑兵远逊于俄国骑兵；但是日军经多次巡逻作战认识到，本国骑兵其实远强于俄国骑兵，而俄国骑兵时常被强行派去弹压自己的士兵。在战事最高潮的几天里，日本人又以官方通报告知我们：许多次巡逻时发生的交战中，日军根本没有人员伤亡。有位记者急等新闻发稿，不得已间天真地撰写了一份包含以下内容的电讯报道："从近期爆发的众多次巡逻交战中，已经可以观察到双方的审慎。"这份报道翻译给荻野大佐①，他的脸顿时因愤怒而涨得通红。他用拳头狠捶这份讨厌的报道，拿着电报冲出去找人。稍微恢复点冷静之后，荻野大佐称：这份报道不能发出，因为其应该体现出日军的英勇。为了让那位记者更加痛苦，他几乎是被自己的伙计们硬拖回营帐，就因为他当初没将报道改成这样："从近期爆发的众多次巡逻交战中，已经可以观察到俄军的审慎，以及日军的不审慎。"②

也正因为如此，杰克·伦敦与日军当局的冲突龃龉始终不断。最后日军借杰克·伦敦与朝鲜民夫爆发肢体冲突，将其强制遣送回日本。③ 6月1日写下前述报道手稿时，杰克·伦敦已从横滨乘船返回美国。尽管如此，这段不长的战争亲历却影响着他对东方尤其是对日本的看法。显然，日本人给杰克·伦敦留下了极为恶劣的印象。在鸭绿江之战后撰写的报道中，杰克·

---

① 英文原文为 Colonel Haginaw，暂译为"荻野大佐"。

② *Russo-Japanese War article written by Jack London*, *July* 1, 1904. Utah State University (USU) Digital History Collections. https://digital.lib.usu.edu/digital/collection/jacklondon/id/281- https://digital.lib.usu.edu/digital/collection/jacklondon/id/282.

③ [美] 欧文·斯通著，褚律元译：《杰克·伦敦传——马背上的水手》，第182页。

伦敦将日本人称作“笼子里的猴子”，认为其看似无害却会寻机偷袭。他以此比喻日军在战前的佯装架桥等计谋，提醒应“当心猴子笼”，并直接点出要“当心日本人”。① 离开日本之后，杰克·伦敦又对日本人大加批判：“日本人就像一个矫揉造作的小孩子，这一会儿高谈阔论哲学，下一会儿又玩起泥巴团。这一会儿用西方的智慧装模作样，下一会儿又露出了东方的幼稚任性。”②

杰克·伦敦不断否定日本人的民族性，其中却鲜见他从亲身经历的角度提及中国。原因大概正是杰克·伦敦在日俄战争采访经历中只与日本人有过较多接触。他写道：

日本人完全不理解记者，或者说完全不理解记者从事的脑力劳动，那是白人从事的脑力劳动。日本人是一个军事民族。……日本人无法理解直来直去的谈话，也就是白人间的谈话。……日本人感觉，记者心里还藏着些什么事。所以日本人必须用一天乃至一周时间去琢磨记者心里藏着什么事。琢磨完了，日本人才会再跟你谈话。但谈完之后，日本人必须又一次回避，继续琢磨这次谈话后面又藏着什么。所以从记者的观点来看，谈话什么目的也没能达到。③

最为有趣的是，杰克·伦敦并不看好日本在战争中的前景。

---

① King Hendricks and Irving Shepard, eds. *Jack London Reports: War Correspondences, Sports Articles, and Miscellaneous Writings*, Garden City, N. Y.: Doubleday, 1970. p. 114. 并参见王建平：《杰克·伦敦的帝国想象与东方情结》，《外国文学评论》，2013 年第 2 期。

② *Russo-Japanese War article written by Jack London, July* 1, 1904. Utah State University (USU) Digital History Collections. https://digital. lib. usu. edu/digital/collection/jacklondon/id/281 King Hendricks and Irving Shepard, eds. *Jack London Reports: War Correspondences, Sports Articles, and Miscellaneous Writings*, Garden City, N. Y.: Doubleday, 1970. p. 114.

③ *Russo-Japanese War article written by Jack London, July* 1, 1904. Utah StateUniversity (USU) Digital History Collections. https://digital. lib. usu. edu/digital/collection/jacklondon/id/281-https://digital. lib. usu. edu/digital/collection/jacklondon/id/282.

他的报道手稿中，实际已有对战争结局的个人预测：

考虑到俄国国内没有掀起革命，也没有外部大国的干涉介入，我看不到日本如何能赢得这场战争。不是战场上的英雄事迹，而是国内的经济决定着现代战争的结果。日本虽在陆战和海战中全部赢得了辉煌的胜利，却用自己的海关税收做利息6%的抵押，向外国借款。如果日本再用自己的海关税收借一次款，抵押贷款额该是多少？如果战争延长，债主要求的贷款利息会是百分之多少？或者如果日本军队遭遇灾难性的败绩，贷款利息又会变成百分之多少？从日本政治家们的角度来说，借这笔贷款是天大的错误，赎回这笔贷款比占领旅顺还要难。①

预测的失误，体现出杰克·伦敦对这场战争缺乏深入的了解和分析。而且虽曾有过3个多月的战时采访经历，但他对东方的理解仍甚为有限。也就是这些有限的理解，却与日后杰克·伦敦所书写的“黄祸论”关系密切。尽管如此，杰克·伦敦所目睹和记录的具体战况，如对鸭绿江之战的准确描述，依然极具价值。而以杰克·伦敦为代表的西方人对日俄战争的观察和相关著述，更值得全面搜集和利用。

［**作者**：刘啸虎　湘潭大学碧泉书院·哲学与历史文化学院
讲师　湘潭　411105］

① *Russo-Japanese War article written by Jack London*, *July* 1, 1904. Utah StateUniversity (USU) Digital History Collections. https://digital.lib.usu.edu/digital/collection/jacklondon/id/281-https://digital.lib.usu.edu/digital/collection/jacklondon/id/282.

殖民统治史研究

大连近代史研究 第17卷

日本殖民统治时期大连人国民意识调查

齐红深

摘　要：抽取日本殖民统治大连时期100位亲历者的口述历史进行实证研究，探讨当时大连人的国家观念和国民意识，从中发现，尽管日本殖民当局不断对大连人民推行所谓“心性改造”“文化疏导”的奴化教育，但仍泯灭不了大部分人的爱国精神和民族意识。大部分人的心中，仍有被日本侵略的概念，更知道自己是中国人！

关键词：殖民统治　奴化教育　国民意识

为了查证日本侵略政策的实施效果，笔者在本人主持国家教育科学“九五”规划重点课题“日本侵华教育史研究”和“十五”规划一般课题“日本侵华殖民地教育口述历史研究”期间，组织85位专家学者共同搜集整理的口述历史和实物资料中，随机抽取日本殖民统治大连时期100位亲历者的口述历史与档案文献、墓碑等实物资料，进行比对连接和实证研究，探讨日本殖民统治时期大连人的国民意识。为了增强历史判断的科学性，笔者从多方面对研究对象进行量化分析。

自然状况：

(1) 性别：男性89人，女性11人。(2) 民族：汉族98人，满族2人。（3）年龄：1911—1920年10人，1921—1930年81人，1931—1937年9人。

日本侵占时期个人状况：

（1）户籍：原籍大连本地的76人，原住于台湾、“满铁附属地”的各1人，从山东、河北、浙江和东北其他地区迁居来的24人（“寄留民”）。按照1943年日本颁布的户籍政策，属于“民籍”（“州民”）的97人（其中台湾、“满铁附属地”各1人享受“州民”待遇，由“寄留”后改为“州民”的17人，其余为大连本地人）；“寄留民”5人。（2）日本投降前的个人身份：日伪下层官吏2人，工矿职员、技术人员13人，大中小学教师、医务人员15人，大学生（含留学日本）15人，中学生18人，师范、职校生15人，军人1人，工人6人、农民2人，小学生9人，在押、劳工、逃犯、流亡关内的各1人。

接受访谈时和离退休前的个人情况：

（1）工作单位：政府机关、部队19人，教育、科研、卫生部门68人，工矿企业11人，农民2人。（2）职务（或职称）：行政处级和副高级职称以上74人，行政科级和中级职称21人，一般干部和无技术职称3人，曾被判刑、内部控制和错误处理的（与职务职称有重合）17人。（3）工作和居住地在大连的71人，在外地的29人。（4）日本占领时期的国民身份倾向：有明确“中国人（大国人）”意识的13人，国家意识淡薄而有地区意识（如山东人、河北人）的12人，自我认同是“州民”和国民意识淡薄的75人。（5）日本占领时期民族情感倾向较强的17人，一般的47人，淡薄的36人：（6）本人口述历史中表现出的文化（包括但不限于语言）倾向：较好融入日本文化的24人，较好接受日本文化的73人，对中国文化有浓厚兴趣的3人。

经查证日本殖民当局关东州厅编印的历年《关东州现住人口统计》，作为研究样本的这些口述历史者的自然状况与“关东州”人口结构基本吻合。而接受日本人教育的比例明显偏高。据日本殖民当局资料，占“关东州”总人口87%的中国人受教育程度最高年份中等学校生数为1000余人（1945年），适龄儿童就学率51.31%（1939年）。[①] 由此可知，作为研究对象的这一百位亲历者都是当时大连人中受教育程度较高、对社会较为了解的一群，也可以说是受日本“奴化”“同化”较多的一群。

一、初创、发展阶段（1905—1931年）

日俄战争进行时，日本最高军事机构就派参与制订作战方案的上海同文书院创始人根津一到大连地区进行实地考察，提出设立学校推行殖民政策的构想，受到辽东守备军军政长官神尾光臣的赞许，形成军政时期“于满洲各地发展我帝国之势力，并造成巩固根基而永远确保之”[②]的治理方针。主要内容是：鼓励创办学校、聘请日本教师、注重日语教授和普及、实行日本节假日、以《教育敕语》为指针灌输日本精神。日本迫使袁世凯政府接受把大连地区和南满铁路租借期限延长为99年后，摆出了一副统治者的架势，提出加大同化中国人力度的方针：“我国对支那人进行教育的目的，其一是，因为满洲是日支两国人混居和生活地区，通过教育提高其文化水平，促使从日支两国的地位及历史上认识两国互相亲善、共存共荣的重大意义。”[③]

高某[④]是我们访谈到年龄最大的老人，是大连中华青年会小学校的学生，后来也在该校当过教员。他在这里受到的是中国教育，“学生都有很深的爱国思想”。这反映出在20世纪二三十年代，中国人的国民意识还是比较清楚的。

---

① 卢鸿德主编：《日本侵略东北教育史》，辽宁人民出版社1995年版，第373—375页。

② ［日］陆军省：《明治三十七八年满洲军政史》，第5页。

③ ［日］关东厅长官官房文书课：《关东厅要览》，1927年12月。转引自齐红深主编：《日本侵华教育史》，人民教育出版社2004年第二版，第149页。

④ 高某，1911年3月生，籍贯山东省烟台市，离休前系大连市西岗区政协副主席，日本投降前明德公学校教员。

赵某[①]是大连本地人，当时是中华青年会附设学校的学生。她说：……我初中毕业时，家里坚决不让我到外地升学，经过几次斗争都不行，最后我脱离了家庭偷着跑到关内。后来，中华青年会时的老师介绍我加入了共产党。

上述二人都是从小受到爱国组织教育培养，后来也都加入了共产党。

年龄比他们小七八岁的穆某[②]在日本投降前加入了国民党组织。他讲述了伪满洲国成立后，日本对大连人身份归属的变化和穆超[③]等国民党宣传抗日的事情。他说：1928 年我入小学一年级时，就必须学习日语，唱日本国歌《君が代》。但那时候还可以唱《卿云歌》[④]。

二、强化阶段（1931—1941 年）

日本发动九一八事变扶持成立伪满洲国后，对大连地区居民改称为“满支人”“满洲国人”或“满人”，凡是带有“中华”样的校名、印刷品、字迹一律抹掉和更改，采取多种奴化、同化措施，妄图将大连人改造成与“台湾人”“半岛人”一样的“关东州人”[⑤]，明确提出了“关东州人”“州民”的概念，表明了把大连人从中国人中分离出去、使其靠近日本的野心：“对满人子弟的教育方针是培养善良的州民，同时要求他们对我日本帝国及

① 赵某，女，1912 年 5 月生，离休前系大连铁路医院副院长。

② 穆某，1920 年 5 月生，大连市甘井子区管城子镇后牧城驿村人，日殖时期从旅顺高公中学部毕业后在长春私营工厂工作。1951 年因反革命罪被判定死刑缓期二年执行，后几次减刑；1975 年转回原籍在大连市甘井子区机械厂工作至退休。

③ 穆超，1906 年生，旅顺三涧堡镇许家窑下坎子村人，“旅大青年义勇会”发起人之一。抗日战争时期在白崇禧部队任职，后为台湾“立法院”委员。

④ 《卿云歌》，1913 年 4 月 8 日中华民国第一届正式国会开会典礼时暂用为临时国歌，袁世凯执政时期废止。当时因大连与关内分离，仍唱中华民国最早的国歌。

⑤ ［日］关东厅学务科：《关东州的教育设施》，第 25 页，1934 年 12 月。

日本人有正确理解。”[1]

张某[2]对九一八事变后不允许称“中国人”有清楚的记忆。他说：1928年我上普兰店管内老爷庙会第一普通学堂小学一年级时，在10月10日前，老师领着我们用纸做“青天白日满地红”小旗，双十节这天全校学生拿着在校园游行，唱“卿云烂兮，路缦缦兮，日月光华，旦复旦兮……”（《卿云歌》）进行庆祝，知道自己是中国人，也敢说自己是中国人。经常有日本小学生骂我们“チャンコロ”（清国佬），由此互相打架。九一八事变后就被禁止了，连自己是中国人也不敢说了，只得叫“满人”或“关东州人”，中文也改叫“满语”。

1931年，日本发动九一八事变侵占我国东北地区，亡国灭种的危机、悲观失望的情绪主宰了一部分人的头脑。1934年9月25日，鲁迅发表《中国人失掉自信力了吗》，指出“在这笼罩之下，我们有并不失掉自信力的中国人在”。他们当中，既包括历史上那些“埋头苦干的人、拼命硬干的人、为民请命的人、舍身求法的人”，更包括那些“有确信，不自欺、前仆后继的战斗”而又“被摧残，被抹杀”的人。

张某[3]亲身经历和见证了“拼命硬干”的中国人。1937年12月日本侵占南京后，在大连搞提灯游行“庆祝”活动，命令大连市各个学校及各界代表都要参加。在伪满中央银行大连分行工作的大连商业学堂毕业生萧日正对校友鲁恩奎、王慎德（12期）、曲绎君（子儒）说：“我们是中国人，不能参加。”这话正好被一个日本人听见了，他当即向宪兵队密报，4位同学当晚即被抄查逮捕；当晚提灯游行时，一位爱国青年（据说是理发学徒

① ［日］关东厅长官官房文书课：《关东厅要览》，1938年12月。转引自齐红深主编：《日本侵华教育史》，人民教育出版社2004年第二版，第150页。

② 张某，1920年11月生，离休前为大连市旅顺口区人大常委会副主任，日本投降前旅顺高等公学校中学部、旅顺医学专门学校毕业，大连赤十字病院医师。

③ 张某，1920年3月生，离休前系大连市建筑公司干部，日本投降前为大连商业学堂毕业、大连建筑公司会计。

生）事前将一把斧子藏在怀中，当遇到一个日本人指挥在队外呐喊吆喝时，举起大斧就砍倒了日本军官，刹那间，“庆祝”队伍大乱。

许某[1]知道“自己是中国人”却不敢说，也“不知道该怎么说”，因为爷爷教导他“知道也不说”。这是面对强权的明哲保身，也是软弱的无奈之举。

许多亲历者讲述了日本侵略者采用宣传教育和打击镇压两种方式，力图把中国人塑造成服服帖帖的“顺民”。处于被动地位的大连人，“只能委屈顺从，也学会了磨洋工，谁也不会那么傻，吃眼前亏”。这就是他们的心路历程和思维逻辑。

三、崩溃阶段（1941—1945年）

日本发动太平洋战争后，吞并中国和东亚地区的野心极度膨胀，1941年实行《关东州民籍规则》，确定中国“大连人”为“关东州人”的身份。对不具有“民籍”者，在上学、就业、工资报酬、物资配给等方面进行限制和歧视。1943年公布《关东州人教育令》，明确规定日本语为“国语”、日本史为“国史”，取消中国传统节日，“遵奉教育敕语的宗旨，经过全面的教育，以修炼皇国之道，贯彻奉谢皇恩的诚心”，并且明确规定是“明确皇国在东亚及世界上的使命，须知辅佐大东亚建设是关东州人的职责”[2]。但是，爱国主义不仅仍然像地火一样在大连地区奔涌着，也有“敢于冒大不韪”向学生传播火种的人。于某[3]就是

① 许某，1926年11月生，退休前系沈阳大学副教授，日本投降前为大连市夹心子会事务所职员。

② 转引自齐红深主编：《东北地方教育史》，辽宁大学出版社1991年版，第257页。

③ 于某，满族，1921年2月生，离休前系大连玻璃制品厂研究所副所长、高级工程师，日本投降前旅顺高等公学校师范部、新京工业大学毕业，为旅顺高等公学校师范部附属公学堂教员。

其中的一个。他父亲在旅顺大坞（今4810厂）做木工时，目睹了日本侵略者对旅顺人民的血腥大屠杀。他姑夫当时在旅顺城内做生意没逃出来，被日本鬼子杀害，埋在万忠墓里。他父亲常对后代述说悲惨的历史，在他心里牢牢筑起了爱国主义的长城。他在课堂上曾对学生说："咱们是中国人。"

但是，有着明确中国人意识和爱国行动的人越来越少了。谷某①说：学校向学生灌输"大和民族是世界上最优秀的民族"，"武士道精神是日本国民的灵魂、民族的精髓"等等。校长亲自讲授《修身》课，内容不外乎怎样效忠天皇、日本军国主义的一些修养身心的道理。第三任校长小池琴是东京"帝大"化学系毕业，在他的带领下，日本教师处处渗透亲日、崇日的思想。伊藤在讲林业课时说：一个国家到处都是"荒山秃岭"永远不会强盛，进而吹捧三个"轴心国"日本、德国、意大利到处都是青山绿水，引起我们的羡慕。所以，我们在对祖国和世界形势完全封闭的状态下，心里感到"作为关东州民很自豪"。

李某②出生在一个贫苦家庭，19岁在私立大连明德公学校五年级插班。他之所以能上小学，不仅由于家庭经济情况有了一些好转，还由于改成了"关东州"户籍。

由某③的父亲也是托人、花钱把"寄留"改成"民籍"，他才考上协和实业学校的。他说：我从小学一年级开始日语就叫"国语"。课本内容基本上是以日本历史、日本故事为主。全校朝会升日本国旗，唱日本国歌，向东方遥拜，在心灵里刻上了"日本强大无敌于天下"的痕迹。每天在教室里吃午饭时，日本教师领着全班同学默祷感谢皇恩，然后边吃边叫学生轮流上讲台

① 谷某，1925年2月生，离休前系金州区实验小学教师，日本占领前系金州农业学堂学生。

② 李某，1924年12月生，籍贯山东省平度市县，离休前系大连三十七中学教师。日本投降前为大连春柳普通学堂代课教师。

③ 由某，1930年12月生，籍贯大连市甘井子，离休前系大连图书馆党支部书记，日本投降前为大连协和实业学校学生。

用日语讲故事。从语言、思想文化到生活习惯的奴化教育，渗透得无所不至。当时大部分中小学生对中国历史和现实一无所知，不知道自己是中国人，民族感情模糊。学校要求他们为大东亚战争的胜利献身，加紧军备训练，充当后备军。

在日本殖民统治下，大多数中国人缺乏明确的国家观念。日本编写的教科书《东亚史》将中国蔑称为“支那”，且其笔下的“支那”只是朝代更迭、你争我斗。当时中国家庭教育对国家的观念也比较淡薄，更注重于个人和家庭的传宗接代。在内外交困、民不聊生的境况下，“活着”几乎是人们唯一的目的。

张某①出生不久，父亲带着全家闯关东来到大连，他回忆说：当我们被称为“满洲国”人时，我想，我在家里听父亲说，咱们是中国人，怎么到了学校就变成“满洲国”人了呢？那时，我对国家形势一无所知，没听说过共产党、国民党、毛泽东这些名字，只听说过“八路军”这个词，却不知道是怎么回事。

我们访谈的亲历者中没有汉奸，但有不少人说到了汉奸。穆某回忆：人们说大连汉奸多，七七事变后，侵华日军中做宣传安抚工作的宣抚班中许多日语中文兼通的人，都是大连人，当然也有“满洲国”人。不过，来自“满洲国”的宣抚队员日语差，而大连出身的更像日本人。所以，那时关里人称宣抚班里的这些人是“二鬼子”“三鬼子”和汉奸。最被人称道的是“金州三大臣”②，在伪满洲国当大臣、省长级高官的金州人。

请注意口述者用的词语是“被人称道”而不是“被人鄙视”。这反映出当时的价值观：不以当汉奸为耻。其实，在伪满政权中当高官的还有一些人，据《伪满官吏》一书记载，旅顺人在伪满任县级以上官职的就有23人。

---

① 张某，1925年1月生，籍贯山东省潍坊市，离休前系大连市第二中学教师，日本投降前为大连秋月公学堂教员。

② 即伪满司法部大臣阎传绂、经济部大臣韩云阶和文教部大臣卢元善。

四、结语

本文通过"关东州"亲历者的实证方法，描述了日本侵略者对旅大地区"心性改造"、"文化疏导"造成的国民身份的异化。跟随父亲从台湾来到大连的黄启章①的体验是："日本把'同化'、'皇化'台湾的做法搬到了'关东州'"。同时，他在大连也感受到了强烈的爱国主义精神和民族意识："自己在内心里有了'日本侵略'的概念。而我在台湾时，根本没有'中国'这个概念，更不知道自己是中国人。那时候，日本占领台湾后，我们这些小孩子都以为自己是台湾的日本人。"

生在大连、长在大连和沈阳，伪满洲国最高学府建国大学一期生、在日本驻美国新闻社工作的日本人先川佑次②对当时中国东北地区（包括但不限于大连）中国人的国家观念阐述了个人的看法：在当时的"满洲"有一件大事，那就是中国的国家还没有确立。我们小孩子都深刻感受到了这一点。那里有"满铁附属地"，有"商埠地"。这是谁许可的竟然茫然不知。中国自身主体是谁？清朝崩溃后，一直军阀割据，哪个军阀代表中国呢？没有作为国家的实体存在呀！中国人过着什么样的生活呢？他们与日本人的感觉完全不同，他们没有可以依赖的国家，即便有，也不知道什么时候就会发生变化。

在国家四分五裂、内斗频仍、软弱无力的情况下，普通国民为了活着，只能迁就屈服，国家观念越来越淡薄。我们在西岗区荒山上发现了一片"关东州"时期的公共墓地。墓地埋葬的除少数日本人和朝鲜人外，大多数是中国人。笔者随机调查了80

---

① 黄启章，1922年1月生，籍贯台湾省彰化县，离休前系大连市铁路医院院长、主任医师，日本投降前为旅顺医学专门学校附属医院副教授。

② 先川佑次，1920年8月16日生于大连（其父系朝鲜银行大连分行次长、"满洲"银行奉天分行的行长），退休前任西日本新闻社华盛顿分局局长。访谈时间：2016年8月、2017年6月。

座中国人墓碑。经过研究分析，这 80 座墓碑是在没有直接外力强制和监督下形成的。其中使用公元纪年的 3 个（其中 2 人是基督徒）；使用中华民国纪年的 22 个；使用日本纪年的 10 个；使用伪满洲国康德纪年的 45 个。对日本统治和伪满洲国认同度高达总数的 68.75%。这和亲历者回忆的历史事实大体一致，并且负面情况更为严重。正如历史当事人所说："当时，不许说自己是中国人，只许说是关东州人或'满洲国'人。有时，警察故意冷不丁地问你是哪国人，如果说是中国人，就会挨打。"

［**作者**：齐红深　大连理工大学　兼职教授　大连　116013］

对“自疆”碑的研究与探索

周 兴

摘 要：近代大连命运多舛，近半个世纪的风雨沧桑使这座城市饱受苦难。而时至今日，从殖民统治时期遗存下来的侵略见证物值得我们去研究。对于一块小石碑（刻石），只要用心地去审视，同样可以获得其历史背景下的真实记忆与重要启示。

关键词：自疆 侵略物证 东京奥运会

石碑，作为纪念物或标记象征，多镌刻文字，意在留置久远。而对于部分石碑则会从事件经过、思想表达等多重角度，记录并反映立碑之际的时代背景和社会意义，使后世之人可以触摸到曾经的岁月。

一、大连地区“自疆”石碑

1905年日俄战争结束后，日本占据大连地区，至1945年战败投降，对大连地区实施了长达40年的殖民统治。其间，日本侵略者或逢重大活动、或须歌功颂德、或求警醒鞭策，多有碑刻铭记并流传于世。而近期新发现的日本殖民统治大连时期的“自疆”石碑，即是如此的历史物证。

大连市内长江路呈东西走向，并跨越中山区、西岗区和沙河口区，其最西端与呈南北走向的沙河口区西安路为 T 字形交接。2019 年 9 月底，笔者获悉“自疆”石碑线索后，在位于该 T 字形会接处附近的长江路 935 号——大连市口腔医院的停车场内西南角找到该石碑。

该石碑为花岗岩质地，被发现时碑身平置于室外地面，但碑体厚度约有 1/3 埋在土层之下，石碑形制近似呈椭圆状，高 75 厘米、宽 72 厘米、厚 24 厘米（露出地面部分）。裸露的平整碑面上有一长方形凹槽，槽内竖式三列阴刻“越智校長制定紀元二千六百年舊職员建之”18 字楷书。后在迁移时发现另一面呈凸起状，竖式阴刻“自疆”二字，故称之为“自疆”碑。该石碑是近年医院在院区范围内施工时挖掘而出，后搬运到之前所述的发现石碑位置。

关于所立时间：碑文中有“紀元二千六百年”字样。日本纪元采用皇纪，从神武天皇开始，神武元年对应公元前 660 年，因此“紀元二千六百年”为 1940 年，即该石碑所立时间。

关于何人而立：碑文“越智校長制定”和“舊職员建之”，似乎已经在说明石碑是何人所立，但以其中旧职员的信息只能说明那时候立碑人的状态，而越智校长的信息如果按照语境习惯，暂且可以假设为，或是一所名称含“越智”的学校，或是一位姓氏是“越智”的校长，即校名与人名的辨析。在所获知的史料中，“越智”作为日本姓氏，有一位曾在日殖时期任职大连地区学校校长职务的教员叫越智末一郎。“关东州及‘满铁’附属地”名录资料记载①，越智末一郎曾经作为“全国小学校教员精神作兴大会役员参加者”② 在“1934 年 4 月 3 日于宫城前广场赐御观阅”③，以此推测，此人应该在当时大连的教育界具备一定

① ［日］森本信次郎：《全国小学校教员御亲阅纪念帖》，皇德奉赞会本部 1934 年版，第 100 页。

② ［日］森本信次郎：《全国小学校教员御亲阅纪念帖》，附录。

③ ［日］森本信次郎：《全国小学校教员御亲阅纪念帖》，附录。

影响力；又有资料证实，越智末一郎曾于1934年8月至1935年6月担任过“大连家政女学校和大连圣德寻常高等小学校校长”①职务。反观碑文中的“舊職员建之”，笔者基本可推断“越智校長”指越智末一郎，而石碑应由他或其同校职员所置立，若再进一步考虑越智末一郎在日本殖民大连的教育界威望，其人应具备树碑纪事的资历，并根据碑文中“越智校長制定”的语意，石碑另外一面的“自疆”碑文，又很有可能是越智末一郎的亲笔手书。

关于所立何地：经比对1937年版的大连市街图，显示发现该石碑的大连市口腔医院所在地，正是当年“沙河口神社”的位置。

“沙河口神社”建于1914年10月17日，后由于其社殿日显简陋狭隘，为加强殖民地统治，推行殖民化教育，安抚日本移民的情绪，“关东局”“满铁”、日伪大连市政府和民政署内相关人员商议对旧社殿进行改建，于是新社殿在1934年开工，1935年9月竣工，9月28日晚举行了迁移仪式。石碑的纪刻时间在“沙河口神社”的初设和改建之后，从年代顺序上符合石碑被后期置立于神社的考证逻辑。但分析碑文“自疆”若是学校教员所制定，“疆”与“强”同字，只是差异书写，按照“自强”含义，若将石碑置立于神社或学校，二者相比较，哪里更适宜激励世人的自强精神呢？笔者认为石碑被置立在学校，为实现教导广大学生的目标，相较于石碑被置立在神社应更加适合。那么，置立石碑的这处地点便可能就是越智末一郎曾经担任过校长的学校，即大连家政女学校和大连圣德寻常高等小学校（后合为同一所学校），石碑最初的归属应该也在学校。

大连家政女学校和大连圣德寻常高等小学校旧址，位于日殖时期回春街81番地（今沙河口区东北路与同力巷交会处东北

---

① ［日］吾妻力松：《关东厅职员录》，“满洲”日报社印刷所1934年版，第277、255页。

角），原大连高等女学校的南侧。大连圣德寻常高等小学校，1927年5月开校，是日本殖民统治大连时期日本人开办的6年制附设高等科小学，后成为大连家政女学校附属学校。大连解放后，学校改称“大连市第一完全小学”和“旅大师范学校第一附属小学”。从1956年至今，为大连市沙河口区东北路小学。石碑是何缘故被搬运移动，只能期待未来有新线索、新资料出现再进行补遗。

关于为何而立：日本史料《大连会》是以各时期的报纸新闻为主要参照，在其中的大连市史年表里关于1940年记载有：“9月，庆祝纪元2600年，举行关东州体育大会，市内和各中小学举行庆祝活动。”1940年，正是日本侵华战争的僵持阶段，日本政府为炫耀其所谓的“武威”以鼓舞国民士气，大肆操办起“皇道纪元2600年大典”。此时处于日本殖民地的大连，市内多地及各中小学纷纷响应并举办庆祝活动，大连家政女学校和大连圣德寻常高等小学校在参与庆典的同时，由日本殖民大连时期的教育界权威人士，已是学校前任校长越智末一郎为学校书写“自疆”二字并镌刻于石碑。故此，石碑后来被置立在学校校园，正面碑文“自疆”，背面碑文“越智校長制定紀元二千六百年舊職员建之”。

二、探知1940年视域下的日本

对距今80年的石碑进行研究，可以更好地探知1940年视域下的日本。

在日本，公元1940年是昭和十五年，但更重要的纪年说法是“皇纪两千六百年”。这一年的日本在亚洲扩张达到高潮，日本民族主义的情绪更是狂热一时。为纪念皇纪两千六百年，日本在本土及其殖民地举行了声势浩大的庆祝活动。不但组织隆重的聚会和仪式，征集有关歌曲，发行相关纪念章、邮票及刻有“纪元两千六百年”的佩刀等，还在各地建立纪念碑。直到今天，人们游览大阪道顿崛时仍能看到当年竖立的纪念碑，在台湾苗栗狮头山山门处还有相关的铭文。[①] 而大连市市内，2017 年 5 月 23 日，于劳动公园莲花池边施工时，发现日本殖民统治时期的“大连忠灵塔鸟居建设由绪之碑”[②]，据考证，修建大连忠灵塔鸟居，主要是为了庆祝并纪念日本皇历纪元 2600 年，以“告慰尽忠殉国之英灵”，“高扬对关东州民英灵之感谢、敬仰之念，使其成为振作精神之源泉”[③]。由此可窥日本在皇纪两千六百年庆祝活动中所宣泄情绪的狂妄程度。

并且，日本在第二次世界大战时的陆海空装备中很多是用皇纪的最后两位数标识，比如命名战斗机，因为是 1940 年，即皇纪两千六百年服役，最后两位数字恰好是“0”，所以被称为“零式战斗机”。二战后，日本自卫队的军备则改用西元年份的最后两位数字标识，比如“90 式战车”。关于零式战斗机，日本编剧作家百田尚树写有著名的小说《永速の0》，并被改编成电影。能够看出“0”这个数字标识的是日本皇纪纪年，蕴含的是日本自诩万世一系的数千年民族认同精神，而纪念皇纪两千六百年，也就是公元 1940 年的那一系列庆祝活动则是这种精神的愚民式“里程碑”。

1940 年 8 月 1 日，日本近卫内阁外相松冈洋右在声明中宣称，日本外交政策的当前任务是以日、满、华（指“汪伪政权”）为核心，确立大东亚共荣圈，第一次公开提出“大东亚共荣圈”的战略构想。同月，近卫内阁的《基本国策纲要》鼓吹建立一个“以皇国为核心，以日、满、华的强固结合为基础的大东亚新秩序”，“确立包括整个大东亚的经济协同圈”，“共存共荣”。大东亚共荣圈的地理范围包括，中国、朝鲜、印度支那（今越南、老挝、柬埔寨）、缅甸、泰国、马来西亚、菲律宾、

① 孙英刚：《谶纬思想与制造日本国史》，《读书》杂志 2019 年第 9 期。

② 该碑刻现收藏于旅顺日俄监狱旧址博物馆。

③ 崔再尚：《这通 70 余岁的石碑记录了怎样的历史》，《大连日报》2018 年 10 月 18 日，第 8 版。

荷属东印度（今印度尼西亚）、澳大利亚、新西兰、英属印度（今印度、巴基斯坦、孟加拉国），阿富汗及太平洋上的所有岛屿。

“大东亚共荣圈”的计划，首先是一个政治概念，日本在共荣的幌子下，妄图达到政治上统治东方各国各民族的目的，日本自封为共荣圈的核心和“领导者”，实际上是想要登上东方霸主的宝座，打着“解放者”的旗号，自命为亚洲各国各民族的“救世主”，是利用亚洲各国人民对西方殖民者的憎恨，来达到其对亚洲人民强行统治和奴役的目的，即以东方日本法西斯的殖民主义来代替西方帝国主义的殖民主义而已；其次是一个经济概念，即由日本来垄断共荣圈内的丰富资源和广阔市场；再次是一个军事概念，是日本确立南进政策的一个重要原因，是企图占领南洋地区，再利用南洋地区的资源加强经济和军事实力，通过南进和夺取军事战略基地，强化日本在东方的军事战略地位，以同英、美展开持久战争。“大东亚共荣圈”还包括思想文化方面的内容，即用日本法西斯的思想文化来奴化共荣圈内的各国人民，泯灭他们的民族意识。由此可见，“共荣”是假，“掠夺”是真，侵略和奴役亚洲以及太平洋地区的国家和民族才是“大东亚共荣圈”的实质。

日本南进战略和建立“大东亚共荣圈”的方针加剧了其与英、美之间的矛盾，因此日本加紧与德、意法西斯的勾结，于1940年9月27日，在德国柏林签订了《德意日三国同盟条约》，直接反映出日本意欲发动太平洋战争的军事目的。

从1930年开始，日本就着手申办1940年东京奥运会。1936年柏林奥运会时，二战尚未开始，国际奥委会仍在准备下一届奥运会，当时提出申请的有日本东京、芬兰赫尔辛基、意大利罗马等14个城市。日本申奥官员为取得举办权，甚至于1934年会见意大利总理墨索里尼，成功劝说意大利放弃申奥。经过几轮投票，东京、赫尔辛基两市获得预选权，最后表决时，东京胜出，第12届奥运会定于1940年9月21日至10月6日在日本东京举办。但是，1940年东京奥运会是没有真正举办的一届奥运会。1937年7月7日发生卢沟桥事变，日本奥委会在军方压力下，宣布1940年的日本为了纪念神武纪元2600年，要在这一年举行大规模的军事演习而无法举办奥运会。

事实上，日本在1940年取消东京奥运会，是日本军部推行军国主义政策，扩大侵华战争，征集兵员的单方面宣告。日本发动侵华战争前，日本政府曾有3任首相因反对侵华战争而遭到日本军部的暗杀，日本政府彻底沦为日本军部的傀儡。这时候的整个日本都陷入了战争，或者是为战争而筹备物资，所以根本没有能力去举办一届奥运会。

1940年10月15日，日本在东京的靖国神社举行了规模庞大的一万四千四百尊护国英灵的招魂祭。10月16日至21日靖国神社临时大祭，从日本全国各地有30000遗族到来，东条英机等陆海军大臣参加了这一祭祀活动；同期，大连的日本侵略者也带领侨民进行大型祭祀活动。借机“天皇论”盛行的“皇纪两千六百年”，日本侵华行径达到顶峰，军国主义举行的庆典异常隆重。在大连发现的“自疆”石碑，也正是揭露这一过程，并记录下日本侵华历史的有力罪证之一。

［**作者**：周 兴 滨梦之旅文化传播中心研学导师 大连 116011］

日本殖民统治时期旅顺商业研究

崔再尚

摘　要：1905年日本侵占旅顺后，为了稳定殖民统治，开始扶植和鼓励商业活动，日本人在旅顺的商户主要从事土木建筑、进出口贸易，以及经营服装、百货、食品、饭店等，中国人在旅顺的商户主要从事经营杂货、服装、食品、五金建材、药店、澡堂、鸦片。通过中日商户的比较研究，可以发现日本商户经营的资金、规模、领域远远超过中国商户，形成强大竞争力。

关键词：殖民统治　旅顺　商业

1898年3月27日，俄国通过签订《中俄旅大租地条约》，攫取了对旅大地区的租借权，并将旅顺作为其远东的统治中心。随着城市的建设和港口的发展，工商业逐步发展起来，旅顺有各种华商工业者500余户。许多日本人也来旅顺经商，在旅顺居住的日本人有678人，大部分人从事工商业。1904年2月，爆发日俄战争，旅顺成为双方交战的主战场，商贸业损失惨重，经济处于停滞状态。

1905年9月5日，日本和俄国签订《朴次茅斯和约》，俄国强租借大连和旅顺的权益"转让"给日本。1906年9月1日，日本在旅顺成立关东都督府，作为日本殖民统治"关东州"和

“满铁”附属地的最高统治机关。关东都督府内设置殖产课，其下属民政署内设地方课，直接担当殖产、商工的调查与指导。日本殖民当局为了稳定殖民统治，开始实行经济鼓励与扶植政策，旅顺的商业得到迅速发展。至1911年，旅顺有日商337户，华商纳税额在30元以上者77户，外商1户。[①] 1941年，旅顺有日商173户，华商680户，外国商人3户。[②]

一、日本殖民统治时期旅顺的商业团体与组合

日本殖民统治旅顺时期，日本商人为了维护自身利益，谋求商业发展，在殖民当局经济政策允许的范围内，成立了各自的商业团体。日本人设立旅顺商会，会员60名，设有会员相互融通的机关部。会长细川清，副会长兴贺田靖雄、大川忠吾，常务理事上岛龙藏，主事牧岛喜一郎。旅顺的中国人成立旅顺商民公议会，成立于1901年2月1日，位于池月町一〇，会长潘修海、副会长刘慧生、评议员、书记，任期1年，会费设有6个等级，1等为7.20元，6等为1.20元。

殖民当局为了协调在旅顺的日商的发展，便让各业种成立各种不同的同业组合。旅顺的日商同业组合主要有15家：旅顺人力车马车组合、旅顺药种商组合、旅顺糕点商组合、旅顺古董商组合、旅顺浴池同业组合、旅顺当铺组合、旅顺洗涤业组合、旅顺杂货商组合、旅顺写真纪念品土产商组合、旅顺中国饭店组合、旅顺输入组合、旅顺市场商人组合、旅顺布匹店组合、旅顺文房具店组合、旅顺西服商组合。华商同业组合主要有3家：旅顺妓院组合、旅顺华商当铺组合、旅顺车站商人组合。[③]

---

① 顾明义等主编：《大连近百年史》（下），辽宁人民出版社1999年版，第871页。

② 大连商工会议所编：《关于关东州营业分布的调查》，1942年11月，第6页。

③ ［日］南满洲铁道株式会社殖产部商工课编：《满洲商工概览》，南满洲铁道株式会社殖产部商工课1930年版，第451—452页。

二、日本人在旅顺的主要商户介绍

1905年9月，日俄战争结束后，日本殖民当局为了殖民统治的需要，允许日本人自由往来旅顺，货物进出口都免税，鼓励日本人来旅顺从事商贸业。日本的一些公司和商人，抓住商机纷纷来旅顺创办商号，从事商业活动。日本人在旅顺兴办的商号主要集中在土木建筑、进出口贸易，以及经营杂货、服装、服务、食品、饭店等行业。

（一）日本人在旅顺的土木建筑业的商户

1904—1905年的日俄战争，旅顺成为日俄双方交战的主战场，城区的房屋、街道经受了连番炮火，大多建筑被破坏，百废待兴。日本殖民统治旅顺后，急需恢复旅顺城区的生产和生活，大兴土木建设，对城区的街道、房屋建筑进行修复。日本大批的土木建筑业的商人蜂拥而至，进行商业活动，先后在旅顺开设18家涉及土木建筑、建材类的商号。

经营土木建筑业的商户主要有：筑岛组创立于1893年，位于乃木町二ノ四；久野组创立于1905年，位于鲛岛町三ノ四；矶谷组创立于1906年，位于忠海町一ノ一；大谷组创立于1906年，位于名古屋町；清住组创立于1906年，位于靖江町一二；森谷组创立于1906年，位于乃木町三ノ二五；水间组创立于1906年，位于朝日町一ノ三七，经营土木建筑业，并经营“满洲”各地的土木建筑业。木下组创立于1909年，位于大津町三六ノ一；宫川商店创立于1912年，位于鲛岛町一一；和田组创立于1923年，位于乃木町二ノ一九；前西组创立于1924年，位于大津町四一；桥本组创立于1926年，位于鲛岛町一；山村组创立于1926年，位于乃木町二ノ一九；本田组创立于1906年，营业主本田兴一，担任土木建筑承包业组合监事、商工业基金会代表，位于乃木町三ノ二七，政府指定的土木建筑业承包商，经营土木建筑、保险代理、贷家业和农场；石井组创立于1909年，资本金20万元，营业主石井本一，担任旅顺圣德会会长，“满洲”土木建筑协会评议员，建筑协会评议员，来自日本冈山县后月郡，位于名古屋町一九，是日本政府和“满铁”指定的土木建筑商，经营土木建筑业兼监督和设计，在大连和奉天（沈阳）设有支店；秋田商会木材株式会社旅顺支店创立于1905年，店长秋富久太郎，位于乃木町三丁目，经营建筑材料和木材，资本金150万元；真田商会创立于1926年，位于扶桑町，为关东厅提供劳工，是“满铁”建材砂石的指定商；久野商会创立于1907年，位于敦贺町九，经营介绍土木建筑劳务人员，并经营食品和杂货。①

（二）日本人在旅顺的进出口贸易货商户

1910年7月，日本将旅顺港西部开放为商港，允许各国舰船的停泊。1923年8月1日，“满铁”在旅顺设立的大连埠头事务所旅顺办事处开始经营码头业务。旅顺港输出的货物主要是煤炭、盐、硅矿石，其次是农产品和水产品，输入的商品为生活用品、金属机械及电器等。这些商品的输向地或购入地主要是日本。旅顺港的开放使用，带动了旅顺进入出口贸易发展。日本商人在旅顺开设进出口商号和杂货商号。

经营进出口贸易的商户主要有：佐佐木进口商店创立于1906年，位于鲛岛町一〇，经营军队使用的薪炭，并经营中国东北产的薪炭；圆桥电器商会创立于1906年，位于乃木町二丁目，经营日本政府使用的电器；藤井进口商品店创立于1907年，位于松村町，经营进口商品、杂货、化妆品；外山洋行创立于1908年，店主外山宗一，位于青叶町七二，销售日本和外国的商品，资本金3万元；矢幡商店创立于1913年，店主矢幡谦治，担任旅顺市市会议员和旅顺输入组合评议员，位于八岛町，经营煤炭，“满铁”指定煤炭经营商，并代理保险和仓库业；满昌洋

① ［日］帝国商工会编撰：《昭和十年度版帝国商工信用录》，帝国商工会发行，1935年1月版，第65—67页。

行创立于1921年，位于八岛町，“满铁”指定的煤炭经营商；大六运送店创立于1922年，位于乃木町，经营海陆运输业、海关通关代理，旅顺和大连之间定期货物汽车运送；津田商会创立于1920年，店主津田雄二郎，担任旅顺电器商组合长，位于乃木町三丁目，经营电器具材料和汽车用品；德永商会创立于1932年2月，位于乃木町三丁目，经营汽车用品；久富商店创立于1906年，位于乃木町三丁目，经营五金和杂货；大西商会成立于1910年，位于乃木町二，经营日本酒、洋酒、食品、杂货等，是日本政府和海陆军的指定商店；山口商会创立于1924年，店主山口世基，来自日本佐贺县，担任旅顺市会议员、金融组合评议员，在长春和洮南设立支店，资本金14000元，经营各种满蒙蓄产，肥皂，是日本海军的指定经营商；旅顺运送合资会社创立于1920年3月11日，位于乃木町三丁目，经营海运货物运输，介绍劳工，资本45000元。

（三）日本人在旅顺的服装、百货业商户

日本侵占旅顺后在旅顺设立了政府、军队、学校等机构，加上大量日本移民的涌入，对百货和服装的需要增加，日本商人设立了很多的服装、杂货商号。

经营服装的商户主要有：池田洋行创立于1905年，位于青叶町，经营布匹、纺织品、外国绸缎，资本金30000元；高岛西装店创立于1905年，位于乃木町三丁目，制作关东局警务部西装；岩崎西装店创立于1906年，位于乃木町三丁目，制作西装；岛村西装店创立于1907年，制作政府官衙和学校的西装；井本西装店创立于1919年，位于乃木町三丁目，制作陆军偕行社西装；齐藤西装店创立于1927年，位于乃木町三丁目，制作陆海军和诸官衙西装；高田西装店，本店在大连，旅顺分店创立于1928年，位于松村町二二，制作政府官衙和学校的西装；熊井洋行创立于1918年，经营各政府使用的革具、包、旅行用具。

经营百货的商户主要有：玉井工艺所创立于1911年，位于鲛岛町一，经营销售照相机的材料和拍照摄影；南满公司旅顺照相馆创立于1920年，位于乃木町三丁目，经营销售照相机的材料和拍照摄影，是日本偕行社、水交社、军部各方面指定摄影拍照的地方，资本金3000元；后藤古董店创立于1905年，店主后藤勇太郎，担任旅顺古董商组合长，位于末广町一二，经营各种古董、书画、刀剑、宝石、毛皮类、贵金属、贵金银、钟表，制作日式、洋式家具和檀木制品；新见钟表店创立于1911年，位于青叶町，经营钟表、贵金属、眼镜；樱井钟表店创立于1933年，位于乃木町三丁目，经营各国钟表、贵金属、眼镜、留声机，资本金5000元；大阪屋号书店创立于1911年，位于青叶町，经营书籍、图书、杂志、文房具，来自日本鸟取县。

(四) 日本人在旅顺的食品店、饭店商户

日本侵占旅顺后，随着大量日本移民进入，将日本的饮食文化带入旅顺。日本商人在旅顺开设食品店，销售日本人喜欢的清酒和豆酱。日本人开设了很多的日式料理店和西式料理店。

经营食品的商户主要有：大矢组株式会社旅顺分店，本店在铁岭创立于1905年，旅顺分店创立于1920年，资本金100万元，位于鲛岛町，经营陆海军用品，输出入贸易，大米和麦子加工，豆酱和酱油酿造；东光堂合资会社创立于1905年，代表者岩永幸三郎，担任旅顺糕点业组合长，位于敦贺町，制造和销售西式和日本糕点，陆军和各官府指定的糕点商店；桃太郎糕点店创立于1927年，位于乃木町三丁目，经营日本和外国的糕点；荣金堂糕点店创立于1928年，经营日本和外国的糕点，位于乃木町三丁目；甘道乐花园创立于1932年，位于松村町，经营日本和外国的糕点，是关东厅指定使用的糕点商；宫川商店创立于1931年，位于鲛岛町，经营米谷和食品；佐藤组旅顺支店，本店在大连，创立于1911年，店长佐藤至诚，担任旅顺烟草贩卖组长，位于敦贺町五六，经营东亚烟草和杂货，东亚烟草会社特约店，是对旅顺政府卖烟的专门经销商；大连制冰株式会社旅顺支店创立于1904年，位于严岛町，经营清凉饮料和制造冰；吉村商会合资会社创立于1904年，资本金30000元，位于乃木町三丁目，制造豆浆和酱油，是陆海军指定的经营商；金太屋本店创立于1906年，经营精肉和食料品，位于乃木町三丁目，是日本政府和陆海军的指定供应商；大日本盐业株式会社旅顺支店，位于朝日町，经营食盐的销售；武田商店创立于1918年，位于明治町，经营食盐及进出口贸易；矢原商会创立于1920年，位于严岛町一四，经营食盐及进出口贸易，销往日本内地、朝鲜、中国东北及日本侵占的桦太岛；北川酒造合名会社创立于1919年，资本金15000元，销售正宗槐花和神刀牌清酒；广桓商店创立于1919年，位于忠海町二八，经营清酒；神田商店创立于1925年，店主神田小太郎，担任关东州酿造组合副组合长，酿造和销售“神代”牌清酒。

经营的饭店主要有：木村食堂创立于1921年，位于敦贺町，经营精肉、西餐、日本料理；千岁俱乐部创立于1927年，店主石川清次郎，担任旅顺饮食店组合长，旅顺新市街町总代，联合町内会干事，来自日本高知县，位于千岁町二，经营西餐和日本料理；松金食堂创立于1929年，营业主松岛一夫，担任咖啡店组合长，位于敦贺町一，经营西餐和日本料理；万年喜创立于1930年，位于名古屋町五，经营宴席、日本料理；文化食堂创立于1931年，位于松村町二二，经营日本和外国的料理。

三、中国人在旅顺的主要商户介绍

旅顺自古以来，商贸业兴盛，是交流南北物资的商港和渔港。1880年，清朝在旅顺修建军港，建立北洋水师基地，旅顺市区内店铺林立，一些中国商人开设绸缎庄、百货店、杂货店、粮店。甲午、日俄战争期间，很多商户纷纷倒闭。日俄战争后，随着局势的稳定，中国人口的增加，旅顺的中国人商贸业逐渐发展起来。

（一）中国人在旅顺的杂货、食品、服装商户

日本殖民统治旅顺时期中国人开设的商户，以杂货商为主，包括经营绸缎、食品、蔬菜、酒类及日用品杂货和外国的杂货。大多数商户是个人经营，以批发兼零售的形式经营，主要为了满足当地百姓的生活需要。

经营布匹的商户主要有：德泰号创立于1892年，位于敦贺町，店主欧阳鹏，设立有大连、上海、大阪支店；东瑞祥创立于1933年，资本3000元，位于池月町一五，经理王宇能；仁和利创立于1934年，资本2000元，位于新市场町三一，经理李仁阁。

经营杂货的商户主要有：新顺永创立于1898年，资本10000元，位于新市场町二九，经营者李元通；义盛远创立于1905年，资本2000元，位于新市场町四〇，经理智光远；双盛祥创立于1907年，位于山手町一，经理马兆麟；源顺兴成立于1913年，位于靖江町一三，经理房兰生；永顺祥创立于1917年，资本1000元，位于旅顺市靖江町一六，经理葛吉周；福兴东创立于1924年，资本1000元，位于乃木町二丁目，经理苏文才；庆顺德创立于1927年，资本2000元，位于十年町一五，经理鲁荣轩；仁昌盛创立于1932年，资本2000元，位于新市场町三二，经理董振仁；顺兴号创立于1933年，资本600元，位于乃木町三丁目 ，经理于锡三。

经营食品的商户主要有：顺永和创立于1912年，位于敦贺町，经营精肉；福昌盛创立于1922年，位于朝日市场，经理张福至，经营食品、蔬菜、酒类和杂货；三盛德创立于1928年，位于朝日町市场内，经理赵崇三，经营精肉；天合祥创立于1936年，资本2000元，位于朝日町市场内，经理张郁周，经营杂货、蔬菜。①

① ［日］帝国实业兴信所编撰：《昭和十四年度版帝国实业商工录》，帝国实业兴信所发行，1939年6月版，第65—67页。

（二）中国人在旅顺的五金、建材、运输业商户

随着旅顺港口贸易的发展，在日本贸易商的夹缝中，出现了华人贸易商，他们从事木材、五金及进口商品的销售，并进行运输业的经营，这些中国人贸易商的贸易额，在旅顺的输入贸易额中，所占比重很少。

经营五金建材的商户主要有：德兴玉创立于1933年，资本1900元，位于乃木町三丁目，经理陈尔丰，经营宝石及金属制品；茂栈木铺创立于1933年，位于鲛岛町三二，经理国法成，经营木材；振声木铺创立于1931年，位于青叶町二二，经理黄克声，经营木材；利顺号创立于1933年，位于八岛町二三，经理陈守铭，经营船具和钓具；裕顺五金行创立于1934年，位于末广町三〇，经理李懋章，经营金属器具、小五金；双戚泰创立于1928年，位于末广町一〇，经理金启君，经营自行车及其附属品；鑫隆石灰专卖店创立于1936年，位于桥立町一，经理王地岱，经营石灰。

经营运输业的商户主要有：共和运送店创立于1929年，位于东町一二，经理刘兆富，经营汽车运输业；辽东运送店创立于1929年，资本6000元，位于末广町三六，经理王仁福，经营货物运输业；日满出租车租赁店创立于1935年，位于西町二二，经理孙贵芳，经营出租车租赁。

（三）中国人在旅顺的药店、浴堂、鸦片商户

旅顺殖民统治时期，随着城区的建设，大量的移民来到旅顺。为了满足生活需要，一些中国人开始经营药房和浴堂。日本殖民统治旅顺时期攫取巨额财富，允许中国人开设烟馆，销售鸦片，毒害中国人的身体。一些不法商人，在利益的诱惑下，在旅顺开设烟馆。

经营药店的商户主要有：同和堂药房创立于1926年，位于新市场町一二，经理刘善庭；同春济德药房创立于1936年，资本800元，位于善通寺町三，经理孟德新。

经营浴堂的商户主要有：福德堂创立于1897年，资本5000

元，位于十年町二，经理刘金祥；福兴堂创立于1915年，资本3000元，位于善通寺町一，经理徐允吉。

经营鸦片的商户主要有：双兴楼创立于1912年，资本2000元，位于朝彦町九，经理王范氏；德聚楼创立于1915年，位于朝彦町七，经理罗福厚；宝裕祥创立于1918年，资本1500元，位于忠海町一〇，经理苏充恭；卧云馆创立于1926年，位于十年町一四，经理王佩弘。

四、结　语

日本人在旅顺的商业活动，是伴随着日本殖民统治的发展而兴起的，其根本目的是满足日本殖民统治的需要，掠夺旅顺的经济。日本商户资金雄厚，规模比较大，很多是日本政府、陆海军的经营商，经营种类繁多，掌握土木建筑、进出口贸易等经济命脉的产业。且多位于乃木町、鲛岛町、青叶町等旅顺市中心的位置，交通便利，人流密集，占有优越的地理位置。反之，中国人商户资金少，规模小，多是个体商户，且主要集中在旅顺的朝日町、新市场町、十年町等旅顺老城区中国人聚集的地方，这些地方距离旅顺市中心较远，交通不便。因此，与日本商户相比，中国商户极度缺乏竞争力。

［作者：崔再尚　旅顺日俄监狱旧址博物馆副研究馆员　大连　116041］

近代在连台湾人活动述略

孙 军

摘 要：近代大连与台湾地区同被日本殖民统治，两地虽相隔遥远，物产气候条件迥异，但由于远高于台湾岛内的就业机会和薪资水平，加之交通便利，吸引了大量台湾人前往大连就业。总体而论，近代在连台湾人整体素质较高，且不乏知名人物，尤其在医疗卫生领域为大连贡献良多。近代台湾人在大连的生活经历，既是台湾人岛外活动的重要一环，也是大连近代历史值得关注的事件。

关键词：近代　大连　台湾人

近代大连与台湾地区同被日本殖民统治，两地虽相隔遥远，但人员往来十分密切。由于史料阙如，有关两地人员互动的研究少有问津。笔者根据所掌握的部分史料，试对这段史实略作铺陈。①

① 这部分的资料较不易得，留下文字记录的也不多。台湾学者许雪姬主编的《日治时期在“满洲”的台湾人》访谈了伪满洲国时期的台湾医生、官员和学生等。这些人在返台定居后对东北经历长时间讳莫如深。

一

近代在连台湾人是当时台湾人大规模迁入东北这一时代洪流下的特殊群体。在日本殖民统治台湾期间，由于实行差别化的就业政策，日本人与台湾人同工不同酬，重要部门和关键职位也不向台湾人开放。此外，因偏重初等教育及初级职业教育，当时台湾中等以上教育机构严重缺乏，普通台湾人缺少充分且公平的升学机会。反观东北地区，虽与台湾相隔遥远，但毕竟生活习惯与语言没有太大障碍。更重要的是东北急需各类人才，所能提供的就业机会和薪资待遇远超岛内。

日本殖民统治时期，日本官员常在台湾和大连之间轮调，因此台湾报纸常有关于大连的报道。早在1906年，曾在台湾执政，历任台湾“总督府”卫生顾问、台湾“总督府”民政长官的后藤新平即受儿玉源太郎之邀到大连担任“满铁”总裁。当时的台湾报纸均作了大幅报道。伴随着后藤新平等日籍官员调任大连，陆续有台湾人前往大连或经由大连再转赴东北各地。加之两地交通方便，自高雄、基隆两港均有终到大连的航船，最快3天即可到达。① 不少到东北其他地方的台湾人也是先乘船在大连上岸，再转乘其他交通工具到东北各地。当然，吸引台湾人来到大连的最大动力在于远超于岛内的就业机会和薪资水平。② 根据台湾学者许雪姬通过查阅日本大使馆统计数字，并结合回到岛内的台湾人口述历史，粗略统计出仅在战后由东北回到岛内的台湾人就有5000人左右。这些人中又以中级官员、技术人员和医生为

---

① 自1932年起，台湾出现高雄天津线及高雄朝鲜线两条航路。天津线自高雄、基隆经福州、上海、青岛抵达大连，一年航行30次；朝鲜线则航向仁川，而在大连登陆，每艘船可载客100名左右。

② 台湾人虽在岛内受到就业、入学等各种歧视，但由于日本当局采取以华制华、分而治之的统治策略，在东北的台湾人却能在薪资待遇、配给细粮、子女入学等方面享受特殊待遇。

多，其素质也要平均优于在大陆其他地方的台湾人。[①]

二

台湾人进入大连始于20世纪初。1909年就有台中丰原谢秋涫在台湾完成医学教育后乘坐油轮抵达大连，并在当时的“满铁”大连医院工作。[②] 日本殖民台湾期间，由于职业限制，台湾人少有学习政治、经济等学科，大部分年轻人只能选择医学或农学等实用技术类学科。但是就医学教育规模而言，台湾只有一所医科大学，即台北帝国大学医学部，且招收数量有限。台湾学生即使读完医科、取得医生资格，也很难拥有开业资本，进入公立医院则只能担任日本医生的助手。反观当时东北地区，公共卫生观念尚未普及，时有传染病发生，但本地医生缺额严重，因此台湾医学院毕业生中有相当一部分奔赴东北行医。据不完全统计，截至1945年8月日本投降，移居大连的台湾人约有700多名。[③] 从职业分布来看，移居大连的台湾人很少从事公职，主要以行医为主。

起初台湾医生大多在“满铁”大连医院工作。由于在工资收入和资格晋升等方面的限制，许多台湾医生在取得一定资历之后，大多选择独立开业。其中有一定规模的包括：孟天成的博爱医院、陈英的普爱医院、简仁南的仁和医院、杨燧人的民生医院、徐荣的春华医院、傅元煊的大同医院、江涂龙的回生医院、陈章哲的仁济医院、王祖阶的同德医院、卢昆山的慈爱医院（瓦房店）、洪顶霖的洪光医院（旅顺）、卢清池的清池齿科医院、

---

① 许雪姬：《在中国东北的台湾人（1908—1945）》，载《日据时期台湾殖民地史学术研讨会论文集》，九州出版社2010年版，第324页。

② 谢秋涫是台中丰原望族谢氏族人，其父谢道隆，是抗日保台志士丘逢甲表哥。1895年高举虎旗抗日的“台湾民主国”运动失败以后，谢道隆离开台湾前往大陆。

③ 郭玮：《大连地区建国前的台湾人及其组织状况》，载《大连文史资料》（第六辑），1988年内部发行，第70页。

陈远堂的大华牙科医院以及郭进木、郑国辉、吕天钦、高梦雄、刘万、林肇周、蔡宝章、江文勇等人开设的20多所私人医院或诊所。[①]

上述人中，成就最大者当数孟天成。孟天成，字学孔，台湾省台东卑南人，1882年出生在一官宦家庭。[②] 台湾“总督府医学校”[③] 毕业以后，留校任助教。1907年，受聘为解剖学讲师，成为该校第一位台湾人教师。1910年，任日本赤十字会台湾支部医院、台北医院医务嘱托。1914年受“满铁”大连医院院长尾见薰之邀，前往“满铁”大连医院就职，先后任内科医师和中国人部医务主任。后又在大连小岗子病院执医，任日本赤十字会大连救护所所长。这一时期，孟天成还曾入奉天南满医学堂学习。1917年，在友人赞助下，创建大连博爱医院（今大连市第二人民医院前身）。由于医术高明、经营得法，就诊者络绎不绝，规模不断扩大。1932年，在奥町（今中山区民生街一带）建立分院。1934年，又在宏济街扩建博爱医院新馆，建筑面积4200平方米，设置床位400张。1939年至1942年，为解决医院职工住宿问题，孟天成还先后购买三处住宅。当时的博爱医院和分院，共有建筑面积6200平方米、500张床位，是大连市医疗水平先进、规模最大、医疗设备和门类最为齐全的私营综合性医院，仅次于“满铁”医院。孟天成还专门设立博爱产妇女学堂，不仅减轻了旧式助产给妇女带来的痛苦，也培养了数百名助产士，有力提升了大连地区的妇产科水平。孟天成1924年曾经回到台

---

① 郭玮：《大连地区建国前的台湾人及其组织状况》，第70页。

② 相关事迹可见王河盛等纂修的《台东县史·人物篇》。

③ “台湾总督府医学校”成立于1898年，学制5年，根据规定，该校毕业生并不具备在台湾以外地区行医资格。据许雪姬推测，该校毕业生之所以能前往东北执业，乃因校长高木有枝透过台湾“总督府”与关东州都督和民政长官之交涉推荐。孟天成可能也是基于这样背景，比照先期来连开业的谢秋涫，以限定执业、区域为限，但一经申请可再核发许可。参见许雪姬：《在中国东北的台湾人（1908—1945）》，载《日据时期台湾殖民地史学术研讨会论文集》，2009年，第329页。

湾，将其妹妹孟涛、妹夫陈煌，陈煌子陈远堂等接到大连。陈远堂先在博爱医院做口腔医生，后来开设大华牙科医院。

孟天成本人在执医期间刻苦钻研医术，在黑热病防治研究方面更是卓有建树。为弄清黑热病在辽南地区流行状况，他曾深入大连周边地区，步行查访边远村落，发现100多名黑热病小儿患者，搞清了黑热病流行地域和发病原因。凭借在黑热病防治方面的研究成果，孟天成获得“满洲医科大学”医学博士学位。

1946年5月，孟天成和日籍夫人、儿科医生日冲希娜在《大连日报》前身《人民呼声》报发表声明，将博爱医院所属房产、仪器、药品和资料等全部财产无偿献给国家。1946年6月，孟天成携医疗队伍，在市政府指导下组建公安总局医院。这所医院实际是旅大地方党组织在大连的部队医院。1954年，由公安总局医院和39军陆军三分院等重组建成解放军第215医院，孟天成担任院长。1951年至1966年间，孟天成连任四届大连市政协委员。其故居在今中山区枫林街36号，欧式建筑，原为二层，后在东北角加盖两层。现为大连市第二批重点保护建筑。

在连台湾医生中影响较大的还有简仁南先生。与其他台湾人求学或求职目的不同，简仁南是对日本在台湾统治不满而来到大连。简仁南，字静村，1893年出生于台湾台南。自幼父母早亡，家境贫寒。15岁在西药店当杂工，利用夜间补习文化。1917年，自学考入台湾医学专科学校。在校期间，加入由林献堂、蒋渭水等发起成立的抗日文化组织“台湾文化协会”。毕业后，简仁南在台南市医院、台南安仁堂医院行医。1922年4月，因参加抗议日本当局成立“台湾议会”的签名运动而受到迫害，被开除公职。1923年，简仁南来到大连。在孟天成帮助下，他先在“满铁”医院做外科医生和中国人病房主任。1924年，他参加“大连中华基督教青年会”，并以该会名义组织医生到市郊为贫民治病。他还兼任该会平民学校校长，为贫民子女补习文化知识。1925年起，简仁南赴日留学，考入东京医学专科学校，从事病理学和法医学研究。经东京医学专科学校考试获得医学士学位。1928年，简仁南学成回到大连创办仁和医院。1938年，他又在码头工人聚居的寺儿沟一带设立分院。由于人手不够，简仁南曾将妻弟卢昆山（后在瓦房店开办慈爱医院）请来帮忙管理X光室。简仁南在科研方面亦卓有成就。1940年，简仁南以《动脉硬化症的实验研究》一文，获得“满洲医科大学”博士学位。

简仁南同情贫苦病人，时常免费为码头工人治病。为使体弱工人免遭日本殖民者劳役，他还经常为他们开诊断书。简仁南乐善好施，他创办的仁和医院也是当年台湾人在大连和东北地区的落脚点。1938年，台湾财经巨子陈逢源①曾以台湾《新民报》经济部长的身份游历大陆地区，其间自青岛乘船抵达大连。陈逢源在连期间，与简仁南、杨燧人②等有交往。陈逢源《溪山烟雨楼诗存》记载，“简仁南在日本镰仓的海滨饭店和台南名媛卢淑贤结婚，正门悬挂中日国旗，致遭日政府干涉。仁南君结婚后，渡东北，入大连医院外科，其后在大连市开业，院名为仁和医院”③。陈逢源大连之行似乎没有见到孟天成，“没有遇到大前辈孟天成君，听说他至少雇了十数名医生和助手，一天可以诊察六七百名患者，是大连第一成功的医生……”④

大连解放以后，简仁南同样将仁和医院及所有医疗设备、药品和房产等无偿捐献给政府，支援国家经济建设，并积极投身卫

---

① 陈逢源，台湾台南人，台湾新文化运动骨干。抗战胜利后，投身于工商界。曾于1922年、1934年和1938年三次游历中国大陆地区，并留下相关记载。简仁南与陈逢源不仅是台南同乡，两人还同是“台湾文化协会”成员。1923年，陈逢源被捕入狱；简仁南则避居大连。

② 杨燧人，台南人，毕业于“台湾总督府医学校”，后赴日本留学，就读于东京医学院医科。毕业后到哈尔滨行医，后来在大连开设民生医院。据杨燧人弟杨兰州回忆，他是在1932年前往伪满洲国法制局工作。当时杨燧人已在大连执业，故杨燧人来连当在1932年之前。

③ 关于滞留大连，仅为陈逢源后来回忆所提，并不准确。简仁南因有家业才主动选择留下，其子孙早已在大连定居。

④ 转引自简锦松：《1934—1938年台湾菁英陈逢源的中国旅行印象》，台湾东华大学中国语文学系、华文文学系主编：《东华汉学》，2013年第17期，第239—286页。

生行政领导工作，担任过大连市医师公会副会长、市卫生局医政科长、卫生局考试委员会委员、大连医学会监察委员等职务。1945年10月27日，简仁南代表大连医师公会参加了由苏军支持召开的大连市中国人各公共团体代表大会，协商成立大连市政府事宜。1946年12月至1948年8月，简仁南先后在大连临时医学专科学校、关东医学院（大连医科大学前身）任教。1949年，关东医学院并入大连大学，更名为大连大学医学院。1950年，撤销大连大学建制，大连医学院独立，简仁南继续担任解剖学和外科教授。通过简仁南的名望和人脉，来自台湾的邱琼云、邱宝云姐妹，李辰、周辉、陈文、黄奕柳等台籍医学精英相继进入大连医学院。辽沈战役中，简仁南曾参加辽南军区大连第三批手术队，负责抢救伤病员。简仁南在新中国成立以后还被选为辽宁省第一届和大连市第四届人民代表、中国人民政治协商会议第二届全国委员会委员。1956年出席全国政协会议期间，受到毛泽东主席等党和国家领导人的亲切接见。

三

日本投降以后，在连的台湾人人心波动，有的面临失业、失学等压力，有的思念家乡，想要回到台湾。为增进乡谊，解决台胞困难，1945年9月，一部分在连台胞自发筹建“大连市台湾省同乡会”，简仁南被选为副会长，会址即设在简仁南家中①，参加同乡会的台胞（包括家属）总计388人。同乡会每月集体活动一次，并按月向大连市政府上报“工作呈报表”，内容主要包括会员变动和组织活动情况：一是关于救济生活困难户及赞助回乡贫民的情况；二是政治学习情况。当时主要学习新人生观和新民主主义论以及配合形势进行活动，以提高台胞的政治觉悟。台湾省同乡会成立以后，积极帮助生活困难、家乡有事的台胞办理

① 简仁南故居在今大连市中山区五五路91号，2014年拆除。

回乡手续。1949年3月，由于全国形势的迅速发展，许多留连台胞陆续投身社会主义建设，作为同乡会形式存在的社团，已跟不上形势发展需要，正式向政府申请解散。[①]

台湾省同乡会解散以后，中共党员，台胞苏子蘅[②]受命来连参与组建大连大学，并接到台盟总部要求在东北台胞集中的大连组建台盟支部的意见。在苏子蘅等人努力下，经中共旅大区党委批准，台盟旅大特别支部于1949年12月正式成立，是大连市成立最早的民主党派组织，也是台盟在全国成立较早的地方组织之一。简仁南被选为主任委员，继续为团结海内外在连台胞贡献力量。

四

近代在连台湾人中，除行医之外，还有一小部分考入旅顺工科大学、大连南满洲工业专门学校等读书，毕业后留在大连或到其他地方就业。如李永清，台湾新竹人，1934年大同学院毕业，后在伪满洲国外务局政务处大连办事处工作。[③] 何德和，台湾台中人，我国电器电子行业奠基人之一，曾在大连工作近10年。1936年至1940年间，考取日本东京电机大学电机学校电气科学习。1940年来到大连义昌无线电气株式会社（大连早期无线电厂）担任技术员、技师，精通无线电收发报机的生产技术。大连

① 郭玮：《大连地区建国前的台湾人及其组织状况》，载《大连文史资料》（第六辑），1989年，第73页。

② 苏子蘅，台湾彰化人，在日本留学期间接受马克思主义，投身反帝斗争和民族解放运动，1928年加入中国共产党。1945年至1952年曾用名宋明。1949年赴东北解放区，参加大连大学筹建工作。建校后，任大连大学化学研究所研究员、室主任。1952年到北京，调任中国科学院计划局数理化组组长，协助竺可桢、钱三强等组建中国科学院数理化学部。1955年任中国科学院化学研究所研究员，从事高分子化学研究，1975年任中国科学院感光化学研究所研究员。曾任第三届台盟总部理事主席。

③ 许雪姬：《在中国东北的台湾人（1908—1945）》，载《日据时期台湾殖民地史学术研讨会论文集》，第328页。

解放后，何德和继续留在大连，担任大连光华电器工厂总工程师，为创建新中国电器工业做出了卓越贡献。1949 年以后，何德和调往哈尔滨市工作。此外，由于大连在日本殖民期间被设置为自由贸易港，在与台湾通航以后，也有一批规模不大，以经营、批发台湾土特产品为主的台湾商人在大连经营，有成就者不多。

近代台湾人在大连的生活经历，既是台湾人岛外活动的重要一环，也是大连近代历史值得给予关注的历史事件。总体而论，近代在连台湾人整体素质较高，且不乏知名人物，尤其在医疗卫生领域为大连贡献良多。因此，这段史实不该湮没无闻。本文也仅就笔者所能查阅到的部分资料粗略爬梳，希望能抛砖引玉，期待更为深入详尽的讨论。

[**作者**：孙　军　中共大连市委党校统战理论教研部　副主任　大连　116013]

日伪统治时期丹东城市规划研究

于生龙

摘　要：日俄战争后，日本强占安东[①]为铁路附属地，并制订《新市街规划》《满铁附属地规划》《安东都邑计划》《大东港都邑计划》一系列规划建设方案，使安东一跃成为当时东北的重要港口城市，在城市规划的技术条件、运作方式、区域规划方面对现如今都有着深远的影响。

关键词：日伪时期　安东　城市规划

日俄战争后，日本取代俄国在中国东北地区的权益，安东成为了日本的铁路附属地。为使其成为侵略中国东北的桥头堡，从朝鲜半岛走向中国内陆的路上门户，日本商品倾销中国的集散地，更是东北资源流向日本的陆路要冲，日本多次进行扩充和完善对安东的城市规划。战后不久，日本陆军少佐大原武庆以军政官身份来安东，先在旧市街设立了“军政署”，并在俄国规划方案的基础上，采用先进的技术，建设一座高标准的城市。这样一方面可以保证安东各殖民机构的人员、“满铁”社员和银行职员

① 安东，是1965年之前辽宁省丹东市的旧称。为叙述方便，下文中仍使用安东。

等，有一个良好的工作环境和生活空间；另一方面可以吸引日本国内乃至欧美人士到安东投资，创办工厂。日本对安东的城市规划以九一八事变为界，前后大体可以划分为两个阶段，即前期的1904年至1931年；后期的1931年至1945年。虽然这些大量的城市规划和建设活动无不体现出殖民者的侵略本质，但是对安东城市规划起到了一定的促进作用。本文将针对日本《新市街规划》《满铁附属地规划》，以及《安东都邑计划》《大东港都邑计划》展开研究。

日俄《朴次茅斯和约》签订后不久，日本即强迫清政府签订了《中日会议东三省事宜条约》，以铁路用地为名，将安东的七道沟和六道沟划为附属地。而后，殖民统治当局成立新市街建设委员会，制订规划建设方案。关于附属地的城市规划与建设原则，“满铁”有如下记述：“纵观满洲之未来，应以暂新的近代产业城市为目标，树立统合日中两街之市街建设规划，以奠定附属地发展之基础。”

附属地规划首先确定了铁路走向。新铁路线从鸭绿江边向上直达镇江山，然后右转沿山麓东北去往沈阳方向。以铁路为界分东西两期规划。铁路向右到旧市街分界处是“附属地”的第一期规划，即新市街规划。铁路向左到六道沟一带是二期规划，即“满铁”附属地规划。

伴随日本在安东进行市街及相应配套设施的城市规划建设，安东的人口也在逐年递增，从1909年至1936年，日本人在安东居住的户口和人数是：1909年318户，836人；1919年934户，2835人；1928年2384户，10096人；1936年36796户，155360人。同时，很快在安东相继建成公园（镇江山公园，今锦江山公园）、寺庙（临济寺）、学校（幼稚园、小学、中学）、医院（“满铁”医院）、银行（朝鲜银行），以及“满铁安东事务所”，水、电、煤气、消防等机构。以上种种设施的建立，不难看出前期主要是围绕“满铁”附属地而建设的，到了后期，随着城市的扩大，才逐步向中国人居住区延伸。

一、新市街及“满铁”附属地规划

（一）新市街规划

新市街作为第一期规划：东与旧市街相对，南临鸭绿江，北到镇江山，面积为150万余坪。新市街建设委员会把制定防洪工程规划作为至关重要的一个专业规划。从1906年至1929年，按规划修成防水堤坝，全长2445米（从五道桥山起，沿七道沟两岸至江沿菜市排水泵站，再西折沿江岸路至铁路土堤为止），又将原五道桥至头道桥段2000米土堤改为钢筋混凝土防水墙。与此同时，在第一期的新市街规划中，把由火车站到旧市街连接的大和桥通（今七经街）作为中央干道；平行的市场通（今五经街）、堀割通（今九经街）为经路方向干线；与经路垂直相交的崛川筋（今十纬路）、京桥筋（今六纬路）、花桥筋（今二纬路）为纬路方向干线，一共由12条经路和11条纬路组合成新市街交通网。1915年，新市街已建成纵横井然的市街，至此，第一期规划大体实现，并初具规模。

（二）“满铁”附属地规划

“满铁”附属地作为第二期规划：向右与新市街毗邻，向左与清政府官有地相接。该区域的规划由“满铁”组织实施，在完成安奉线宽轨改造和鸭绿江大铁桥工程同时，按规划位置建成火车站。在邻近火车站左侧的街区，把新市街的江岸通（今江岸街）、四番通（今江城大街）以及堀割通（今锦山大街）这三条街延长过来，以解决铁路线分割市街所造成的不便。

随着附属地总体规划的逐步实施，江堤、道路、电力、消防、上水、煤气、下水等工程以及绿化等基础设施的规划和建设随之进行。1909年，安东电气株式会社营业，安东第一发电厂发电，安装市区路灯；1910年10月，“满铁”成立安东消防组，在江岸、山下街、沙河镇分别设立工具场和火警瞭望塔；1913年，花园街水源地和镇江山净水场建成；1922年，在市场通（今五经街）、大和桥通（今七经街）和桃园街等地开始按规划设煤气管；1923 年，火车站以东附属地自来水管道铺设完毕，等等。“满铁”附属地规划最重要一个方面是防洪规划，除新市街部分防洪堤的规划和建设外，六道沟防洪堤也于 1927 年开始规划建设。

在两期规划建设完成以后，以火车站为界将其分为两大功能区。火车站右侧为日本人的居住区，火车站的左侧为日本管辖的工业区，而工业区右侧大部分和左侧的官有地一带是中国人的居住生活区。

二、《安东都邑计划》

1931 年，日军全面占领安东。当时安东市区规划几乎处于停滞状态。1932 年 3 月伪满洲国成立后，仅按规划建了镇江桥，1933 年，在大沙河岸边新建水源井和泵站，在元宝山腰建配水池。1934 年，增设了 2 号、3 号水源井。1934 年 3 月，安东省公署设立，日本开始在原附属地规划的基础上考虑更大的城市建设规划，急于向世人展示伪满洲国“欣欣向荣”的发展前景，提出了一系列城市建设构想，由此《安东都邑计划》应运而生。1938 年 11 月 30 日，在伪满洲国新京（长春市）召开的都市规划会议上，确定了安东市 30 年的城市规划，即《安东都邑计划》。

《安东都邑计划》是安东市第一份系统的详细的城市总规划。这个规划包括了旧市区、沙河镇等原中国人居住的地区，范围是从东坎子到浪头，并设想将安东市区与大东港连接起来，规划总面积为 150 公顷，其中居住地占 50%，道路用地占 20%，公园绿地占 18%，工业和铁路用地占 12%。但这次规划主要提升了日本人居住区的条件，而中国人居住区则是完全相反的，对旧市街居民聚居的地区并没有改善。

三、《大东港都邑计划》

日本为加强殖民统治和对东北资源的掠夺，1937年设安东市以后，就着手大东港及港城的建设规划，伪满洲国政府设立特别会计，直接参与领导这项工作。当时伪满洲国政府直接领导的城市建设只有新京（长春）和大东港这两个城市，前者是伪满洲国的首府，后者则计划建设成“满洲”最大的港口城市，伪满洲国初期，就预定安东、奉天、本溪等城市为南满洲的工业区，安东地处“满洲”东南部，称之为“东边道”[①] 的中心。1911年，鸭绿江大桥建成，铁路把“满洲”和朝鲜半岛连接起来，成为通向日本最近的陆上通道。安东濒临黄海，又能发展水上运输。但原安东港设备落后，泊位太小，为了发展水上交通，殖民当局根据“满洲”产业开发的要求，把建设港口和大规模工业开发结合起来，大东港及港城的建设规划由此提出。

大东港及工业城建设并不是单独的，而是与“东边道”开发紧密结合的一个综合开发建设的布局。大东港是“东边道”的门户，是“东边道”矿产和物产资源的输出口。殖民当局通过对“东边道”资源调查，确立铁路线走向，以鸭绿江口新建大东港为起点，连接凤城、宽甸、灌水、桓仁、通化、抚松最后与京图线相接，其目的是更有利于掠夺“东边道”地区的各种资源。

1937年，日本开始实施“东边道纵贯铁道工程计划”。为了尽快掠夺我国的资源，在“东边道”地区内修建了大量南北走向的铁路，其实都呈以日本本土为圆心的放射线状，条条铁路通向日本方向。然而，令他们没有想到的是，1942年由于太平洋

---

① 所谓东边道是指中国东北的两条主要铁路主干线，一条是自西向东的满洲里—哈尔滨—牡丹江—绥芬河的铁路，另一条是自北向南的哈尔滨—长春—沈阳—大连的铁路，这两条铁路形成一个“T”字形，哈尔滨正好在交会点处；哈大线以东，满绥线以南靠近中朝边境所形成的区域就是“东边道”地区。这里面的铁路当时称之为“东边道铁路”。

战争处于激烈交战状态，所以工程资金出现严重的不足，加之人力、物力的短缺，导致“东边道”纵贯铁路最终停止执行，于是变成了现在的断头路。

1939 年 2 月 16 日，日本总务厅出台《大东港都邑计划》，预将浪头三道沟至东港市新兴街道办事处安康村，201 国道至鸭绿江岸，规划成一座 200 万人口的港口工业城市，港口设置在安康村鸭绿江西岸。为能够满足东北地区矿产等资源的集散，同时为能满足伪满洲国物资进出港的要求，预计 1942 年建成年吞吐量为 200 万吨，拥有 4000 吨级泊位的港口，人口达到 100 万，使之成为伪满洲国的重要港口城市。太平洋战争爆发后，日本财力受限，仅做了些前期建设工作。1945 年 8 月 15 日，日本无条件投降，《大东港都邑计划》随之终止。

四、结　语

日伪时期安东城市规划的理念在今天仍有借鉴意义。大兴土木的建设，使安东由一个刚开埠的城市一跃成为当时东北的重要港口城市，城市功能齐全、基础设施完备……但问题是，殖民当局的城市建设，难道真是为了中国人准备的吗？并非如此。其真实性的目的，是为了维持其长久的殖民统治，为了更便利地掠夺东北地区的资源。事实上，日本在很早就有迁都东北的计划了，到了战争末期又被提起，甚至准备把天皇、政府和军队全都从日本本土迁移到中国东北，进行最后的顽抗。

不管怎样，我们应该以负责的心态去看待历史。这些遗址既是历史烙印，也是文物遗产。我们需要的不是忘却，而是更好地去铭记和发展，以此激励当代，教育后人。

[**作者**：于生龙　抗美援朝纪念馆　馆员　丹东　118000]

日俄战争时期日本奉天军政署始末

王 健 郭铁椿

摘 要：日俄战争期间，日军在奉天（今沈阳）设立军政署。军政署的主要任务是保障日本在奉天的利益不受损害。为此，军政署对在奉天的日本侨民情况进行了调查，并对管内当时的中国教育、经济情况进行调查。为了维护日本的利益，军政署还同清地方官员进行了大量的交涉活动；交涉活动既有管区内夜间行走问题，也有人员被害之事。为了维护日本在奉天的利益，军政署还设立了行政警察和司法警察，借以加强军政署对奉天的军事管制。

关键词：日俄战争 “满洲军”总司令部 奉天军政署

一

日军奉天军政署是1905年3月11日设立的。是年3月4日，当奉天大会战还在进行时，日军步兵少佐小山秋作接到命令率宪兵大尉小泽，通译内村、中岛、河崎、田实、滨岗及下士12人，自辽阳出发到烟台（今辽阳灯塔市）“满洲军”总司令部接受在奉天开设军政署的任务。同一天，日军还从烟台军政署调拨“森通译及宪兵下士、上等兵二十八名”[①] 转入小山麾下，并雇用中国人于冲汉为翻译。10 日下午，日军占领奉天，当天夜间小山一行进入奉天城内。11 日上午 10 时，日军奉天军政署在奉天南大门内原俄军衙门（コミサル）[②] 成立，并在军政署管区内各要点张贴了日军总司令官的告示和军政署开署告示。[③]

奉天军政署军政官是小山秋作[④]，下设总务课、警务课、商务课三课。总务课中“文件往来”由通译内村邦藏负责，日志[⑤] 由通译末吉保马负责，告示由曹长二名负责；接待由宪兵大尉小泽寿、通译井深彦三郎、中岛比多吉、森鹤松，曹长 1 名、上等兵 2 名负责；交涉谈判由通译井深彦三郎（兼）、中岛比多吉（兼）、森鹤松（兼）负责；管理（经理）由通译白尾美夫、曹长 2 名、上等兵 2 名负责。警务课由宪兵大尉海津丰负责；警务课下设两个部。第一部与“犯罪”有关案件由通译井深彦三郎（兼）、中岛比多吉（兼）、森鹤松（兼），曹长、军曹、伍长各 1 名，上等兵 4 名负责；与侦察、间谍有关事务由通译井深彦三郎（兼）、内村邦藏（兼）和中国人于冲汉负责。第二部由宪兵大尉小泽寿负责，主要事务是负责市内户口调查和卫生事务管理等项（行政管理），具体事务由通译田实优、河崎武、白尾美夫、滨冈福松和全体宪兵负责。商务课主要负责商品价格、市场商品集散、人力征集等事务，由通译田实优（兼）、河崎武（兼）、白尾美夫（兼）、滨冈福松（兼）负责。

1906 年 6 月 29 日关东总督府下令，8 月 1 日撤销奉天军政署；7 月 1 日起有关日本侨民管理业务、与奉天将军交涉及与军事有关事务转交给日本驻奉天总领事负责。故 6 月末，军政署机

① ［日］陆军省：《明治三十七八年战役满洲军政史》第七卷，小林又七印刷所 1915 年版，第 21 页。

② 俄军占领前，原为清将军衙门所在地。

③ 两个告示均未见记载。

④ 1906 年 4 月 16 日，小山秋作因病离职，军政官改由步兵少佐池内己巳男代理。

⑤ 指单位或团体每天的资料性记录。

构又发生变化，军政官由步兵少佐池内己巳男代理，军政署下设商务、庶务、居住民事务、经理、交涉及文案、外国人接应及医务室几个部门。商务由陆军通译中岛比多吉和富谷兵次郎负责，庶务由步兵中尉中原良平、骑兵曹长工藤增次郎、陆军省雇员福吉德次负责；经理由一等主计野田關次、一等计手及川誠一负责；居住民事务由陆军通译河济友吉、陆军省雇员高桥雄三郎、通译嘱托興津良郎负责；交涉及文案由陆军通译内村邦藏、大原信，雇员石田武亥、堀井仁、市川庄次郎负责；外国人接应由陆军通译森鹤松、金子行德负责；医务室由一等军医志熊貞治和一等看护长藤井兼吉负责。[①]

奉天军政署先是归“满洲军”总司令部管辖，同年11月25日，“满洲军”总司令部撤销后改归关东总督府管辖。

奉天军政署军管区域除奉天城以外，还包括承德县[②]、兴仁县[③]、兴京厅[④]、通化县和临江县；其东临鸭绿江，北接铁岭军政署，西为新民府军务署，西南是辽阳军政署，南是安东县军政署。

考虑到奉天是大都市，为防止在奉天发生对日本不利现象，日军特地在奉天留下两大队士兵（约1650人）守卫奉天安全。其中，在军政署值班16人（炊事员、勤务兵、传令兵、勤杂工），两陵（福陵、昭陵）卫兵120人（两个小队），城门卫兵384人（16个城门，每个城门每班8人，3班倒），守卫战利品仓库、医院和中央金库336人（14处，每一处每班8人，3班倒）。此外，还有风纪卫兵180人（每班60人，3班倒），卫生员14人，下士事务员26人，喇叭手、城内巡察、勤务、警务助手等等。

① ［日］陆军省：《明治三十七八年战役满洲军政史》第七卷，第62—63页。

② 今沈阳市之一部。

③ 原为抚顺千户所，1902年改为兴仁县，1907年改名抚顺县。

④ 现沈阳、抚顺交界之一部。

二

奉天军政署自1905年3月11日成立到1906年8月1日撤销，总共存在近一年零五个月时间。主要事件如下：

（一）保护日侨利益不受损害。为此，军政署对日本侨民的居住、生活及经济活动情况进行了调查。调查发现，到1906年1月，居住在奉天军政署管区内的日本人共有836人，其中经商者410人，经商中从事饭店业的人最多，约占90%，其余的多从事杂货或旅馆业。管区内抚顺、马三家子、苏家屯日本人约有50人。到2月份，日本人的人数增加到1174人，经商者亦增加到513人，因有人归国或转往他处，到月底日本人还有1060人。[①]与此同时，军政署还对居住在管区内的外国人进行调查，区内英国人20人，法国人2人，共22人，其中，牧师14人，医生3人，小孩5人。[②]

（二）"劝诱指导"清地方官员创设学堂。奉天原有很多学堂，但军政署认为学堂还少，种类也少，故在奉天军政署"劝诱指导"下，清地方官员于1905年又创立一些学堂。[③]

（三）卫生方面。军政署于1905年3月18日在奉天设立卫生机关——卫生所，下设总办、帮办、提调及专任委员20人。这些人在军政署卫生委员监督下进行卫生方面工作。为了预防传染病的产生和传播，1905年3月30日，日本"满洲军"总司令官还通报日军，不得饮用生水，不得食用中国人加工的食物，不得到中国人家中住宿等。但同年夏天，还是有很多疾病发生，仅奉天城内中国人死亡即达438人。其中既有因麻疹、痢疾、胃肠炎而病死的人，也有因鸦片中毒而死的人。但死亡最多的则是肺

---

① ［日］陆军省：《明治三十七八年战役满洲军政史》第七卷，第91页。
② ［日］陆军省：《明治三十七八年战役满洲军政史》第七卷，第115页。
③ ［日］陆军省：《明治三十七八年战役满洲军政史》第七卷，第55页。

病，死亡105人，占总死亡人数的24%。[①] 6月13日起，军政署还对奉天内城的74口和外城的492口饮用水井进行测试，到8月份测试完毕，测试发现煮沸后符合卫生标准的水井只有49口。这一时期，因奉天开埠，大量日本人涌进奉天。其中，不少女性从事服务行业。为防性病蔓延，影响日军健康，军政署还于1906年3—6月，对这些妇女进行健康检查。4个月共检查2310人次，其中日本妇女1947人次，中国妇女363人次；日本妇女患病122人次，中国妇女患病30人次。[②]

对管区内教育、经济情况进行调查。教育调查主要是调查学校设置情况。这时，奉天城内设有小学堂8所，在校生1300人；宗室小学堂1所，在校生90人；中学堂1所，在校生150人；师范学堂2所，在校生300人；测绘学堂1所，在校生50人；武备学堂1所，在校生140人；女学堂1所，在校生50人；宗室小学堂1所，在校生90人；游学预备学堂1所，在校生50人；警豫学堂1所，在校生160人。[③] 此外，英国传教士柯利斯比（キレスビー）还在奉天城内设立文会书院1所，招收10—28岁学生入学，这时共有学生50人，分为6个班。[④] 经济调查主要调查工业、农业、商业、金融、物价、货物输出入、城市土地和房屋价格以及山林和开矿情况。城市土地价格调查了奉天内城外城宅地、菜园地、耕地以及承德县、兴仁县宅地、菜园、耕地、荒地上中下3种价格和土地出租价格。农业调查了承德县农业的亩产量、劳力和肥料使用以及租税缴纳情况。工业主要是调查油坊和烧锅业（酿酒），因为当时奉天工业主要是这2项。奉天油坊约有40余家，其中大油坊十四五家，中小油坊二十六七家。奉天烧锅共有13家，多在乡村，从事烧锅业的一半以上为

---

① ［日］陆军省：《明治三十七八年战役满洲军政史》第七卷，第202—203页。

② ［日］陆军省：《明治三十七八年战役满洲军政史》第七卷，第204页。

③ ［日］陆军省：《明治三十七八年战役满洲军政史》第七卷，第211页。

④ ［日］陆军省：《明治三十七八年战役满洲军政史》第七卷，第213页。

山西人。13家烧锅每年可加工高粱约300余石，麴[1] 30000余块，产品多销往营口、盖平一带。商业调查主要是对奉天城内商业进行调查。调查结果，奉天城内共有商铺2108家，其中最多的是砺房[2]，153家；最少的是当行、包袱铺，各只有1家。[3] 另有批发11户，一年批发量高达4000余万吊（约540万圆），厘金代收量为347545吊，秤税172720吊[4]，佣钱总收入1222306吊；批发种类有棉花、烟草、山货、麻、杂货等。批发商中规模最大的是萃丰店，年批发量750万吊；最小的广泰店，年批发量也有200万吊。奉天有35家大的商铺，多是钱铺、当铺、票庄等，资本多在几万两到20万两不等。奉天还有外国商店19家，其中德国人、美国人开设的各有6家，俄国人4家，英国人3家；这些商店里石油、火灾保险、生命保险和银行各1家，其余的多是杂货店。奉天有丝房60户，都是山东人开设；布行53户，多是当地人或直隶人开设。奉天有专卖土布的布柜4家，土布分为大尺布、中尺布、高乔布、套布、清水布、对青布、山东布等几种。[5] 外地输入奉天的货物多为面粉、棉布、棉丝、砂糖、卷烟草、石油和棉花；奉天输出的货物多是豆粕、兽骨、米、麦和羊皮等。在山林方面，奉天多产红松、杉、沙松、柏、楸等松属类树木，此外还有椴、柞、杨、桦、榆等杂木。对抚顺煤矿和物价调查搞得也十分详尽。

实际上，军政署每天忙于处理的最大业务是同清地方官员进行交涉。据军政署自己统计，在军政署存在期间，军政署同清地方官员的交涉达105次之多。这里既有军政署因征集当地苦力同清地方官员交涉之件，也有有关在军政署军管区内夜间行走问题，还有日军调戏妇女殴打当地村民之事，以及日商和中国无名

---

① 把麦子或白米蒸过，使其发酵后再晒干，称为“麴”，用来酿酒。

② 应是农杂店。

③ ［日］陆军省：《明治三十七八年战役满洲军政史》第七卷，第427—429页。

④ 买卖双方都征收的一种税。

⑤ ［日］陆军省：《明治三十七八年战役满洲军政史》第七卷，第444页。

人氏被杀之事，但其中比较重要的应是日军安永东之助被杀之事。安永东之助是日本陆军通译，1905年11月16日在通化进行矿业资源考察时被清军误杀，后经交涉，清政府赔偿安永家属白银3万两（合43211. 67日元），通化知县被免职，清军营官刘宾书被革职。[①]

三

日本奉天军政署设有警察制度，其警察分两种，一是行政警察，一是司法警察。军政署的警察实为军政署下设的警务课，司法警察即警务课下设的第一部，行政警察即警务课下设的第二部。

行政警察主要负责军政署管内的行政管理事务。行政警察设立后，为加强管内的行政管理，先后发布一系列地方性法规。这些地方性法规主要是针对日本人的，也有针对城内管理的。针对日本人的有《奉天居住营业者心得（心得：日语，即规则之意，下同）》《居住印鑒（居住证）營業鑒札（营业证）止宿（住宿、投宿之意）通門證（通行证）ノ下付（授予、发给）ニ關スル規則》[②]《旅人宿、料理店、饮食品贩卖店营业心得》《居住營業ニ關スル诸願书（願书：申请书）式》《奉天居住民取締（取締：管理之意，下同）規則》《旅人宿、料理店、饮食品贩卖店营业心得改正案》。针对城内管理的法规有《奉天城内規定》《貼札（布告、告示）ノ制裁》等。[③]

1905年10月1日和1906年3月22日，军政署行政警察还对管内武器拥有情况进行调查。1905年调查结果是，管内共有巡警分局6家，村庄104个，巡警分局用枪113支，村庄使用25

① ［日］陆军省：《明治三十七八年战役满洲军政史》第七卷，第277页。

② 即《有关颁发居住证、营业证和住宿通行证的规定》。

③ ［日］陆军省：《明治三十七八年战役满洲军政史》第七卷，第153—188页。

支，个人拥有1074支，总计1212支；此外，日本官方借给巡警分局枪支70支，个人20支，没收枪支36支。[①] 1906年调查主要是调查日本官方借给奉天军政署管内清地方政府枪支回收情况，调查结果是借出枪支361支，弹药71320发，枪支回收227支，欠缺134支；弹药回收5212发，欠缺66108发。[②]

设立司法警察的目的是捉拿日俄战争期间为俄军效力的清地方官员。1905年3月20日，“满洲军”参谋福岛少将发出指示，要求奉天军政署将在日俄战争中亲俄，直接或间接帮助俄军妨害日军行动的“奉天官吏”捉拿归案进行处罚。日军调查后认为需要捉拿的清地方官员共有20人，有两人在日军进城前已经逃走，故剩18人，其中职务最高的是官钱局筹济局交涉局营务处总办徐镜身，级别最低的是元奉天亲兵中营帮带陈宝魁。但由于清地方官坚决反对，此事后不了了之。

同“犯法”行为进行“斗争”，是军政署司法警察的另一项任务。自军政署成立至1906年7月，军政署管内共发现“犯法”行为1753件，其中日本人127件，中国人1600件，韩国人26件。日本人中重罪6人，轻罪35人，违犯行政法规者86人。中国人中“重罪”151人，“轻罪”432人，“违警罪”1009人，“违犯行政法规”者8人。[③] 韩国人中违犯城内管理规定者25人，赌博1人。[④]

“马贼”也是军政署十分关注的一件事。据调查，当时“马贼”有7伙。其中，有名姓的3人，即王等沈（有人马80余人，活跃在通化县）、张小偏（24岁，有人马60人，活跃在兴仁县）、陈德胜（38岁，有人马400人，活跃在通化县）；有姓无名者3人，即王（绰号海，30余岁，有人马百余人，活跃在临江、通化两县）、林（有人马百余人，活跃在通化县）、李（有

① ［日］陆军省：《明治三十七八年战役满洲军政史》第七卷，第188页。

② ［日］陆军省：《明治三十七八年战役满洲军政史》第七卷，第191页。

③ 此处数字相加与总数1600不符。

④ ［日］陆军省：《明治三十七八年战役满洲军政史》第七卷，第145—153页。

人马百余人，活跃在兴京县）；无姓无名者1人（绰号九只手，有人马130人，活跃在承德县）。

奉天军政署存在的时间并不长，自1905年3月11日成立到1906年8月1日撤销，总共存在近17个月时间。在这段时间内，军政署对管区内日本侨民情况的调查和对侨民发布的一系列法规，以及对“犯罪”行为的打击和处理本质上都是为维护日本在奉天的利益而进行的，并不是为了中国人民的利益，这是需要弄清楚的一个史实；而奉天军政署在奉天所作的有关教育和经济方面的调查无疑是为日后日本对奉天进行的侵略，特别是经济侵略提供依据的。

［作者：王　健　辽宁师范大学历史文化旅游管理学院　讲师
郭铁椿　辽宁师范大学历史文化旅游管理学院　退休教授
大连　116029］

“满映”的设立与日本对东北的文化侵略*

王 晖

摘 要： 株式会社“满洲”映画协会成立于1937年8月21日，“满映”的成立加深了日本对东北的文化侵略，“满映”是日本对内对外进行思想战和宣传战的工具。甘粕正彦担任理事长期间，因其军人身份及与日本上层侵略者的关系，决定了“满映”文化侵略的基本属性。随着日本的战败投降，“满映”走入到历史的末路。

关键词： 伪满洲国 株式会社“满洲”映画协会 文化侵略

株式会社“满洲”映画协会，简称“满映”，1937年8月21日成立于伪满洲国的新京（即现在的长春市），由伪满洲国政府和“满铁”共同出资兴办，从事电影的制作、发行、放映、演员和技术人员培养等活动。“满映”对于日本推行殖民主义侵略起到了宣传和鼓动的美化作用。

* 本文为吉林省社会科学基金项目，项目编号：2019jd50。

一、“满映”的成立是日本电影“国策化”的反映

“满映”设立前，日本通过纪录片开始了侵略宣抚工作。日本殖民者成规模的电影摄制活动要追溯到1923年的“满铁”映画班，如拍摄九一八事变的相关侵略资料。随着日本侵略的脚步的扩大，映画班均派人跟随拍摄，并把拍摄的内容剪辑成三篇影像，即《满蒙破邪行·第一篇》、《满蒙破邪行·第二篇》之《穿越嫩江》、《辽西扫“匪”》，影片在日本国内和“满铁”铁路沿线放映，美化日本的侵略战争并宣扬其战果。伪满洲国建立以后，映画班拍摄了《“建国”之春》《满洲少女使节》《结成协和》《本庄将军》《日本正式承认“满洲国”》等纪录片，记录当时伪满洲国重要事件，“满铁”的电影活动一直与日本关东军的侵略行动紧密联系在一起。这一时期，还有日本“关东局”学务课映画班、“满洲映画社”、“满洲国”通信社映画班在东北地区活动。

这些电影摄制单位远不能满足日本对内对外的殖民宣传需要，全日本电影教育研究会提出“满洲国”文化之向上由电影起步的主张，日本关东军参谋小林少佐受此启发，1933年5月提出了设立电影统制机构的设想。在日本关东军司令部和伪满警察机构的支持下，决定在伪满新京成立“满洲电影国策研究会”，8月28日召开了“满洲电影国策研究会”第一次会议。电影国策研究会建立后，每个月进行一次“恳谈会”，讨论目前在电影政策和建立电影机构方面存在的问题，并不定期举行影片观赏和讲座，普及电影知识、介绍国际电影情况并邀请著名电影人讲授相关知识。1933年3月，日本国会议员岩獭亮向六十四次国会众议院提出了“关于确定电影国策的议案”，具体提议“希望政府尽快设立一个适当的机构来调整和统治电影”。在1933年11月27—29日举办的“电影放映技术讲习会”上，主讲嘉宾在研究了主要资本主义国家电影政策后，认为伪满洲国的电影国策

应该借鉴，具体有三：一是防止外国电影占领本国市场；二是扶植本国电影；三是促进本国影片的输出。为此，需要成立国营电影机构，并对优秀影片采取鼓励政策，对制片企业减免税收。

经过3年多的研讨、酝酿，研究会于1936年7月提出《“满洲国”电影对策树立案》，要求为“满洲国”电影成立一个审议和准备机构，其中提出：（1）教化“满洲国民”，提高国民文化水平；（2）目前上映的影片多为美国、中国上海、日本影片，均非“满洲国”制作，不利于“满洲国”治安工作及国民思想教育；（3）健全并统一电影事业的保护、奖励及相关调查、研究机关，并对这些问题提供相应的法律条令；（4）经济上的考虑，分散的电影制作，经济上不划算。在影片总投入中这必然造成电影制作费用的增加，影片水准不高。日本电影公司进入“满洲”拍片，不仅给他们带来经济负担还会造成日本本土制作活动的停止。根据议案，伪满洲国很快成立了由20人组成的电影国策审议委员会和10人组成的准备委员会，两个委员会的委员长均由关东军要职担任，这足以说明其国策会社的性质。

1937年8月2日，伪满“国务院”通过了《电影国策案》。8月14日，伪满政府颁布了《株式会社满洲映画协会法》，规定了“满映”成立的目的、业务范围、资本额、股金情况，同时规定了理事长、理事及监事的职责、产生方式、任期等。主要内容有：（1）“满映”业务范围主要包括电影的制作、输出和影片发行三项，经国务总理大臣同意，可经营这三项事业的附带业务；（2）会社本部设在新京特别市，资本额为900万元①，伪满政府出资450万元；（3）“满映”设理事长一人，理事四人，监事二人。理事长总理“满映”业务；理事辅佐理事长工作，监事监察“满映”业务，理事长因故不能管理业务，由理事中一

① 实际出资额为750万元，《满洲产业经济大观》，1943年4月，转引自：中央档案馆、中国第二历史档案馆、吉林省社会科学院合编：《东北经济掠夺》，中华书局1991年版，第128页。

人行使其职责。理事长和理事任期四年，监事任期三年。

8月21日，“满映”正式成立。金碧东[①]虽为理事长，但真正权力掌握在林显藏手中，他原是“满铁”庶务课长。1939年11月，“满映”迁入洪熙街新建的办公楼和摄影棚[②]。“满映”成立时设有总务、业务、制作3个部，正好100人。“满映”的特殊使命是“向日本与中国等国家充分介绍‘满洲国’的情况，与日本一起实行对内对外的思想战与宣传战”。

二、“满映”的发展上升期

“满映”成立后，开始着手进行机构和人员建设。由于当时伪满洲国电影业并不发达，“满映”一经成立，就从日本本土聘请了一些业务骨干，这些人员的到来使“满映”阵容齐整、初具规模。

“满映”对所需人才的招聘和培训分为两个时期：初创伊始，为招收和培训演员成立了“满映演员训练所”，共招收四期学员；后来招收的人员范围从演员开始扩展到导演、美术、摄影等与制作电影相关的行业，这就是逐渐制度化的“满映养成所”时期。

按照《盛京时报》的报道，“满映演员训练所”一期计划招募男女练习生各15名，年龄15到40岁，学历要求小学以上，录取者在训练期间由“满映”支付津贴，一经录用每月薪金50—200元不等。最终第一期学员最后在长春和哈尔滨共录取男学员22人，女学员21人。[③] 学期一年，其中就有后来比较出名的张敏、郑晓君等人。1938年3月，“满映演员训练所”招收了

---

① 金碧东是肃亲王的第七个儿子，是金碧辉（川岛芳子）的亲哥哥，是建立伪满洲国的重要人物。伪满洲国成立后，出任过“新京特别市”市长、龙江省省长。

② 今红旗街长春电影制片厂旧址。

③ 胡昶、古泉：《满映——国策电影面面观》，中华书局2000年1月版，第40页。

第二期学员，录取50人。1938年4月，又紧锣密鼓地招收了第三期学员，这次仅限沈阳一处，录取了49人。演员训练所对演员的培养相当重视。如当时的专职教师近藤伊与吉是日本早期的电影演员及导演；训练所长陈承澣曾任伪满洲国务院秘书处秘书等职位。学习的课程主要是影视理论以及实践课程，很多学员在学习期间就参与了影视拍摄。“满映”也迅速扩展到近500人。[①] 1940年12月27日，“满映养成所”成立。赤川孝一任主事，日本著名导演木村庄十二任教授，此外还邀请了许多日本人任讲师。“满映养成所”设置演出科、演技科、技术科、放映科、经营科五科，学期也是1年。学员以中国人为主，后期也招收一些日本人。养成所的教育比较正规，每科学习课程将近30门，根据科目不同课程设置不同。[②]

伴随“满映”迁入新址，1939年11月1日，甘粕正彦也来到“满映”担当第二任理事长。甘粕正彦1891年出生于日本宫城县仙台市一个士族家庭，1910年在日本陆军士官学校深造期间深受教官东条英机的影响，后参与了伪满洲国的策划和建立，官至伪满民政部警务司司长，成为伪满警察的最高长官。

甘粕正彦为扭转“满映”影片不受欢迎的情况，采取了一系列本地化改造措施。首先，建立中日职员同工同酬，甘粕取消了日本人的出国津贴，并提高了偏低的中国人工薪。其次，起用中国人担任导演和编剧，如周晓波、朱文顺、张天赐、王则、王心斋、宋培涵、刘国权等人先后开始独立执导拍片；此外，在剧本创作方面也开始采用中国人编写的剧本，这在以日本人为主导的“满映”算是大刀阔斧的改革。再次，对演员队伍进行扩充，甘粕让手下人在华北、北平、东北各地挑选好演员扩充到“满映”演员队伍，如从北平请来了白玫、路嘉、嘉兰3个女演员；

---

① 《满洲映画现状》，《宣抚月报》第4卷，第66页。

② 长春市政协文史委员会编：《长春文史资料》第二辑，长春市政协文史资料研究委员会1987年版，第82—83页。

从哈尔滨业余剧团邀请风眠、寒梅、陆园及张宝麟加入，这些名演员的到来使“满映”影片票房有了保障。

甘粕正彦出任理事长两周后，就向伪满国务院弘报处长武藤富男提出要对机构进行改革。自1940年2月至1945年1月，甘粕正彦对“满映”机构进行了如下调整：

第一次改革“重点为废满映以往中心之总务部，代之以企画委员会，担任检讨该社企画方案及方针等重要事项。开发课升格为部，以充实内容。再经理课升格为独立之经理部。此外并充实制作部人事方面，亦采择适材适所之处置。一般社员待遇，亦加以改善，以俾注意业务，尤注意演员之待遇，将各种津贴，编本俸保确文化战士之地位与品位”①。

第二次机构调整使机构设置更加细化。

第三次机构调整将娱民映画部、启民映画部及作业管理所合并成制作部，制作部下设娱民映画处、启民映画处、时事映画处和技术处；配给部合并到上映部，理事长室和经理部合并到总务部。在机构进行调整的同时，对干部队伍也进行了相应调整。

第四次调整取消总务部设立厚生部，并恢复了理事长室和经理部，新设了资材部，娱民映画处和启民映画部均改为课，取消时事映画处，人员和业务合并到启发映画课。

三、“满映”的瓦解与东北电影制片厂的成立

从1944年下半年开始，“满映”一些职员开始被征兵，随着战争形势的严峻，被征兵的人逐渐增多。1945年8月8日，苏联对日宣战；9日，苏联红军向日本关东军发起进攻；11日，苏联红军进入白城。此时，许多日本士兵从前线败退回来，但是甘粕

① 《奉东日报》伪康德七年二月二十二日，转引自胡昶、古泉：《满映——国策电影面面观》，中华书局2000年1月版，第89页。

正彦不甘心失败。据长影总摄影师王启民回忆，甘粕正彦把退回来的士兵和部分日本人集中在第三摄影棚，成立敢死队，有枪的拿枪、没枪的找瓶子装上汽油做成“手榴弹”，只要苏军攻进“满映”大院，甘粕正彦一声令下，他们就和苏联红军决一死战。[①]

8月12日，日本关东军向通化转移。8月13日，在“新京”市长公馆召开了恣议会，会上甘粕正彦的观点已经由与苏军同归于尽变成投降，[②] 而他自己此时已经决意自杀。同时，他派人从伪满大陆科学院要来氰化钾一千包，分给日本人每人一包，以备万一。

8月14日，甘粕正彦已经提前获悉日本会无条件投降，于是亲自同伪满洲国兴业银行总裁联系，要求把“满映”的流动资金600万元全部提出。8月15日日本宣布投降的下午，甘粕让渡濑成美理事负责管理“满映”的全部设备。8月16日，甘粕召开了全体日本职员大会，告诉了大家自己自杀的想法；然后召开了中国职员大会，对大家表示了感谢。8月17日，甘粕正彦派人从兴业银行提取200万元给公司职员发放了遣散费：日本职员每人一律5000元，中国职员按照进入公司时间长短，发放300—3000元不等。8月17日夜晚，甘粕正彦在“满映”礼堂召开了“演艺会”，拿出好酒款待大家，之后又把政界好友叫来举办了威士忌酒会，同好友诀别。8月20日凌晨，甘粕服毒自杀。[③] 甘粕自杀后，按照其生前遗愿，遗体被埋在当时的湖西会馆旁，后其妻子与苏联红军联系，把尸体火化带回日本。

甘粕正彦自杀后，“满映”暂时由日本和田日出吉和渡濑成美二人负责。面对战后中国的局势，部分“满映”人员主张国

---

① 长春市政协文史委员会编：《长春文史资料》第二辑，第27页。

② 胡昶、古泉：《满映——国策电影面面观》，第213页。

③ 由于当时知道甘粕要自杀，因此对他进行警护，他的武器也被拿走。一种说法是甘粕将氰化钾放在爽身粉盒内，因为他平时好出汗，常用爽身粉；另一种说法是毒药藏在一支香烟盒里。

民党来接收，一些思想进步的人主张共产党接收。中共地下党员刘健民和赵东黎8月下旬开始在“满映”进行工作，与“满映”部分人员组织了“东北电影演员联盟”和“东北电影技术者联盟”。以“满映”制作部次长姜学潜为首的国民党势力也极力活动，斗争以国民党的失败而告终。

“东北电影工作者联盟”（上述两个联盟合并而成）为了早日把权力从日本人手里接收过来，与苏军文化处谢德明少校合作，让他做和田日出吉的工作，和田把“满映”的权力交给了“东北电影工作者联盟”。10月1日，“东北电影工作者联盟”改名为东北电影公司，张辛实任经理、王福春（即王启民）任副经理，许多日本技术人员加入了东北电影公司，他们一直工作到1953年4月，于4月11日从中国返回日本。

1946年，苏联红军撤走，国民党开始不断增兵东北。为使电影厂的器材不受损失，决定将电影厂搬到哈尔滨兴山，并利用心善矿务局的一个日本小学校做厂址，正式成立了“东北电影制片厂”。东北电影制片厂人员组成除原“满映”一些员工外，还有东北文工团一团、二团的文艺工作者，西北电影工作队，延安电影团，齐齐哈尔市文工团，抗大文工团，十二纵队文工团以及一二〇师文工团的人员，可谓群英荟萃。东北电影制片厂拍了很多新闻纪录片，如辽沈决战等战地影片以及《民主东北》等纪录片，同时开始对各片种的影片进行拍摄，如拍摄了第一部木偶片《皇帝梦》、第一部动画片《瓮中捉鳖》、第一部翻译片《普通一兵》等等，东北电影制片厂成为新中国电影事业的摇篮。

［作者：王　晖　吉林省社会科学院东北亚研究中心　副研究员
长春　130033］

伪建国大学始末述论

王文丽

摘　要：伪满时期，日本为了巩固在东北地区的绝对地位，与其政治压迫、军事镇压和经济掠夺相互配合，更是从泯灭东北人民的民族意识出发，在东北地区实施了奴化教育政策，用以培养为日本军国主义服务的忠实奴仆。其中，伪满洲国建国大学（以下简称伪建大）的建立，就是日本侵略者实施殖民奴化教育最重要的体现。

关键词：伪满洲国　建国大学　奴化教育

一、日本在中国东北设立伪建大的缘由

东北沦陷后，日伪方面对三民主义、共产主义及有关联的教材、参考书进行了大肆废除，东北地区的部分高校陆续迁往关内地区，没有迁徙的高校也被日本统治者勒令关闭，师生受到迫害，使得东北的教育受到极大摧残。

伪满洲国建立后，如何培养驯服工具和忠实奴仆成为统治者必须考虑的一个问题。1936 年前后，日本关东军参谋本部石原莞尔提出创立一所“能自己培养胜任领导人才的大学，同时更广

泛地为亚洲复兴做出贡献的大学”① 的构想。石原的设想，得到时任关东军参谋长板垣征四郎少将的赞同。随后，命令关东军作战参谋辻政信大尉具体制订实施方案。

1937年2月，辻政信携带拟订的“建国大学”创建方案到达东京，呈送陆军中央部，并得到通过。随后，陆军省决定由军务局“满洲”班长苍衷少佐具体指导，在东京成立“建国大学”筹备事务所，参与筹备“建国大学”的主要是日本陆军军事人员以及日本国内一些右翼学者。经过若干次筹备会议的商定，最终就“建国大学”的名称、隶属关系、“建国大学”令达成了共识。从大学建立的目的是“培养对‘满洲建国’有用的人才”②这一基本任务出发，确定了学校的名称为“建国大学”。8月5日，伪满洲国颁布了《建国大学令》。随后，伪满洲国开始了大学的创办工作。

1938年5月2日，在长春欢喜岭举行了伪建大开学典礼和入学式，首批共招录学员150名。开学典礼之时，伪满洲国“皇帝”溥仪不仅亲自出席，而且颁布了敕书。由此可见伪满洲国及关东军对伪满建国大学的高度重视。

伪建大是在日本关东军及日本政府的操控下，为日本殖民统治培养人才的高等学府。随着第二次世界大战的结束与日本的投降，1945年8月15日，伪建大亦随之解散。从1938年5月第一期开学，到1945年8月解散，伪建大历时8年，招收8期学生。

二、伪建大的基本概况

伪满洲国建国大学坐落于今长春市人民大街南端西侧欢喜岭，占地面积约214.5万平方米。

---

① ［日］“满洲国”史编纂刊行会编，黑龙江省社会科学院历史研究所译：《满洲国史（总论）》，黑龙江省社科院1990年版，第621页。

② ［日］“满洲国”史编纂刊行会编，黑龙江省社会科学院历史研究所译：《满洲国史（总论）》，黑龙江省社科院1990年版，第622页。

（一）组织结构

依据《建国大学令》：伪建大隶属于伪国务总理大臣。伪建大下设参议会，负责咨询有关伪建大的重要事宜，其成员主要由伪国务总理大臣、伪总务长官、伪协和会中央本部长、伪满民生部大臣、伪满文教部大臣、伪建大副总长等组成。伪建大内设评议会，作为总长审议学务的咨询机关，评议会由伪建大总长、伪建大副总长和总长指名的若干教授组成。伪建大设有大学院（即研究生院，《建国大学令》明确规定设立的机构），但直到学校解散也没有能够正式成立。伪建大设有研究院，研究院的目的在于：阐明建国原理，探究国家所需学问之奥义，以培养国民思想，确立教学之根本精神，为建立国家政策之基本原理而做出贡献，同时谋求振兴东方文化；研究院由院长及部员组成，院长由副总长担任，部员由伪国务总理大臣选任符合条件的相关人员组成；研究院下设基础研究部、文教研究部、政法研究部、经济研究部和综合部，各部承担不同的研究领域。在伪建大总长、副总长之下，设有专门为教学服务的各科室，包括庶务科、教务科、军事科、训练科和塾务课，还有图书馆、总务室和图书馆等辅助设施。各科科长完全由日本人担任，且不设副职，各科的权力完全操控在日本人手中。

伪建大设有下列职员：总长、副总长、教授、理事官、副教授、事务官、医官、助手、助教、属官、技士等，上述人员都属于伪满的行政官员与教官，享受不同的待遇，履行不同的职责。据统计，伪建大“教职员总计大约 180 人，其中教学人员大约 150 人，职员仅约 30 人，二者之比为 5：1。而当时 6 个学年（每学年 150 人）的学生为 900 人，与教员之比也是 5：1”①。

（二）师资招聘与学生考试

伪建大没有固定的师资队伍，教师往往是从日本国内招聘而来，主要是来源于日本东京帝大和京都帝大。据统计，伪建大的

① 于家齐：《伪满建国大学及其剖析》，《长春文史资料》第 49 辑，1997 年，第 9 页。

师资阵容包括，“名誉教授6名（中国人1名）、武道顾问3名、配属武官3名、教授37名（中国人2名）、副教授50名（中国人3名）、专职讲师9名（中国人1名）、兼职讲师24名（中国人3名）、助教33名。……日本教师队伍中资产阶级右翼学者居多，具有自由主义思想的较少，思想进步的屈指可数”①。

学生是学校的主体，是统治阶级为实现自己的目标努力培养和造就的对象。为了确保学生的质量，伪建大每年的招生考试时间早于其他学校，以便利用行政手段招收素质高的学生。1938年入学的第一期150名学生中，日本学生75名，汉族学生50名，蒙古族学生7名，台湾学生3名，白俄学生5名，其他10名学生民族籍贯资料不详。在日本75名学生中，首先限制非优秀生不得报名，由各县知县把关负责推荐；然后经过严格的笔试、口试、体检，脱颖而出者才能被录取。当时日本学生报名者为1万人，从中只录取75名，其竞争难度之大可想而知。②

伪建大从1938年5月第一期招生，截至日本投降的1945年，共计招生八期，每期大约150人，共计招生1300余名。“其中中国学生约有520名（包括汉、满、蒙、回各族）、日本学生660名、朝鲜学生80名、白俄学生40名。毕业学生有三期，约300余名”③。伪建大的学生毕业后，就业去向不尽相同。第一期154名学生（含后期从伪满吉林师大、伪满哈尔滨学院等学校招生的4名学生）中毕业106名，因为各种原因没有毕业的达48名之多。究其原因，其中一个重要方面是中国学生在学习期间，因为参加各种抗日救亡组织而被逮捕。正常毕业者，其工作职位包括伪满协和会、伪满大型企业、伪满学校、伪满司法各部门和伪满行政机构等，成为维护日本殖民统治、确保伪满行政机构运转的力量之一。从第二届毕业生开始，由于日本侵略者已成强弩

① 刘世泽：《伪满建国大学概述》，《长春文史资料》，第32页。

② ［日］“满洲国”史编纂刊行会编，黑龙江省社会科学院历史研究所译：《满洲国史（总论）》，黑龙江省社科院1990年版，第626页。

③ 刘世泽：《伪满建国大学概述》，《长春文史资料》，第28页。

之末，更多的毕业生或者直接入伍，或不得不参加各种特殊训练，随时准备走上战场，成为日本侵略政策的牺牲品。这与当时他们经过层层筛选而成为伪建大学生的“前途”有了巨大的差别。

（三）学制与课程设置

为培养能够满足伪满洲国统治需要的高级人才，伪建大的学制设置与一般学校有明显不同。《建国大学纲要》规定，伪建大“修学年限，前期三年，后期三年，共六年。前期授以高等普通教育，重点放在建国精神之理论研究、劳动实习、军事训练方面，日语和汉语为必修科目。后期除学习作为国家栋梁人才之必要科目（政治系、经济系和文教系）外，还进行劳动实习和军事训练”①。从科目的设置就可以看出，完全是为了实现伪建大的培养目标，即培养伪满洲国的统治者与建设者。除了课堂学习外，学生还要参加劳动技能和军事技能训练。

伪建大的课程设置也完全是与培养目标相吻合的。以 1938 年入学的第一期为例，6 年间，除了参加各种技能训练外，上课门数达 40 余门。在所讲授的课程中，充满了“日满同心同德”“大东亚共存共荣”等殖民主义的陈词滥调。

（四）学生的住塾管理

“塾”是我国旧时民间教读场所，伪建大的塾不是简单的居住场所，而是学生“领会建国精神，实现民族协和，修炼身心，陶冶人格，自治训练，切磋琢磨之道场”②。住塾制度目的则在于，“6 年期间内，使风俗习惯迥然不同的各民族学生，共学共塾，通过每天 24 小时的日常生活，体验民族协和之实际，探究建国精神之原义，亦即进行全面发展之教义”③。

---

① ［日］“满洲国”史编纂刊行会编，黑龙江省社会科学院历史研究所译：《满洲国史（总论）》，黑龙江省社科院 1990 年版，第 623—624 页。

② 高克：《伪满建大反满抗日活动及其发展》，《长春文史资料》，第 87 页。

③ ［日］“满洲国”史编纂刊行会编，黑龙江省社会科学院历史研究所译：《满洲国史（总论）》，黑龙江省社科院 1990 年版，第 628 页。

为了加强对住塾的管理，伪建大设有塾务课长，直接参与大学的管理。与此同时，还设有塾头（在塾头室起居，与塾生共同生活，塾头往往由日本教授或助教授兼任）、塾头助理（从第一期毕业生中挑选，协助塾头管理）、指导学生（从最高学年的各民族学生中挑选，协助塾头管理）。伪建大学生的塾舍分配大体为：每个年级150名学生平均分为6个塾舍，每间塾舍25人，每一塾舍主要是根据学生民族比例进行安排，平均分配。

实施这种制度，伪建大的基本设想就是教师与学生之间、学生与学生之间尽管风俗习惯不同，但通过这种长时间的接触与交往，达到相互接触、交流思想、共同发展的任务。但由于学生之间风俗习惯不同，特别是作为侵略者的日本学生与背负“亡国奴”之名的中国学生之间矛盾重重，使得“日满一德一心的原义和民族协和的实践”根本无法实现。

三、伪建大中国学生对日本侵略者思想的转变与反抗

依据伪建大倡议者日本关东军的基本设想，是要把它作为日本长期统治东北、实现其占领中国称霸世界的工具。但事与愿违，在伪建大中读书的“绝大多数中国学生没有甘当其工具，而是在关东军宪兵队残酷镇压之下，在建大当局严密监视之下，走上与日本军国主义者的意愿相背的道路，进行了坚持不懈的反满抗日活动，直至1945年学校解散，从未停止”①。

（一）对国家前途命运的思考

虽然伪满洲国建立后，在其统治区域内大肆宣扬殖民文化，实施殖民教育，但依然无法泯灭青年学生反满抗日思想的萌生。中国学生在入学之前“听到过日本军国主义侵占东北的炮声，目睹过日本军国主义屠杀中国军民的暴行，他们的父兄亲友所受到

---

① 高克：《伪满建大反满抗日活动及其发展》，《长春文史资料》，第87页。

的种种灾难，都历历在目，打下深深烙印”[①]。考入伪建大后，面对日本侵略者实施的殖民教育，他们开始通过读书等方式，寻找中国的前途和命运。“他们团结一致，同心进取，结合课堂听讲和秘密自学，传播进步书刊，接触到正反两方面的各类思想体系，直至接触、学习马克思主义和毛泽东的著作，在比较与鉴别中追求真理，与此同时学唱歌曲，宣传抗日救国，出版地下刊物，散发标语漫画，抗战救亡”[②]。

从 1938 年建校到 1941 年太平洋战争的爆发，担任伪建大副总长的是日本人作田庄一。在此期间，他“妄图以吸收各种文化之精华为幌子，建立殖民理论体系——‘满洲国学’，主张学生可以读马列主义书籍，但要‘能进能出能批判’”[③]。正是在这样的背景下，伪建大表面上出现了比较宽松的阅读环境。中国学生正是利用了这样一种表面上相对宽松的阅读环境，如饥似渴地阅读各种书籍，从中汲取救国救民的思想。伪建大的中国学生们在得到进步书籍后，采取各种方式在暗中进行传阅并认真加以研究，对于认清伪建大培养为日本军国主义服务的忠实奴才的目的和宣传反满抗日思想起到了积极的作用。伪建大二期学生佟钧铠在回忆中说道：“我的抗日民族意识和抗战思想就是通过看这些书并在同学之间互相交流讨论中逐渐提高的。”[④]

（二）成立读书会，并积极传阅进步书籍，研究进步思想

伪建大的读书会成立后，便开展了“在中国同学之间逐渐发展起来的暗中传阅并共同研究进步书籍、宣传反满抗日思想的活动”。[⑤] 伪建大读书会开始于 1939 年下半年，首先发起者是第二期中的中国学生。虽然进入了伪建大学习，但作为中国学生不能不考虑用什么样的行动参与到反抗日本军国主义的侵略和伪满洲

---

① 高克：《伪满建大反满抗日活动及其发展》，《长春文史资料》，第 87 页。

② 高克：《伪满建大反满抗日活动及其发展》，《长春文史资料》，第 91 页。

③ 高克：《伪满建大反满抗日活动及其发展》，《长春文史资料》，第 91 页。

④ 佟钧铠：《我在伪建国大学的抗日斗争》，《长春文史资料》，第 127 页。

⑤ 傅昭：《对敌斗争的片段》，《长春文史资料》，第 139 页。

国的殖民统治中。正是为了“探索这个问题的答案，以研究探讨中国问题为中心的读书活动便逐步发展壮大起来”①。伪建大学制6年，又实行住塾管理，这就给学生之间的相互交流提供了有利的时机。同时，住塾助理和指导学生，也为同学之间的交往提供了便利。中国学生正是“通过校内学习生活和对伪满社会现实生活的观察，以及图书报刊的阅读，越来越看清了日本帝国主义者的侵略嘴脸，越来越认清了学校当局所宣扬的什么‘民族协和’只不过是掩盖侵略的烟幕弹而已”②。

尽管从初创到1941年12月太平洋战争爆发前，伪建大有一个相对比较宽松的阅读环境，但对于“禁书”的管理依然非常严格，塾头、塾头助理等经常采用各种方式对中国学生的床铺、自习室等进行检查，凡是发现有“禁书”者则被予以严厉警告，甚至被“勒令离校”③。尽管如此，但依然无法禁止中国学生对进步书籍的阅读与对中华民族命运的思索。正如七期中国学生马国洲所说的，在伪建大时产生的民族意识和爱国思想，完全是“伪建大同学中传播的进步书籍对我的启蒙教育所致，也是我后来走上革命道路的思想基础”④。

（三）开展反满抗日活动

随着民族意识的提高和爱国思想的增强，伪建大的中国学生开始建立组织，投身到反满抗日的斗争中。

1940年4月，伪建大一期生柴纯然与国民党“东北抗战机构”长春负责人之一的张辅三建立了联系，并介绍其他同学与之相识。同年秋，在张辅三的建议下，在学校内部内成立了反满抗日的秘密组织“建大同志会”，主要负责人是一期生柴纯然，二期生王用中、佟钧铠等人。该组织的任务是“宣传抗日思想，激

① 傅昭：《对敌斗争的片段》，《长春文史资料》，第140页。
② 佟钧铠：《我在伪建国大学的抗日斗争》，《长春文史资料》，第127页。
③ 高克：《伪满建大反满抗日活动及其发展》，《长春文史资料》，第88页。
④ 马国洲：《进步书刊的启蒙》，《长春文史资料》，第262页。

发爱国热情，进一步发展成员，扩大组织”①。经过组织成员的宣传与努力，成员不断扩大。为了适应斗争的需要，又将“建大同志会”改为“建大前期同志会”和“建大后期同志会”。1941年6月，成员利用暑假之际，在千山召开秘密会议，决定将“建大同志会”改组为“建大干事会”，并选出了新的领导机构。10月，“建大干事会”出版了地下刊物《前哨》，积极宣传抗日救国，激发学生的爱国热情。

1941年11月，一期生孙松龄在黑龙江齐齐哈尔被捕，不久，二期生闫凤文在哈尔滨被捕。1942年1月，“建大干事会”成员、一期生杨增志在沈阳准备与“东北抗战机构”成员取得联系时被捕。随后，日本宪兵队对伪建大学生实施了严密的监视与逮捕。“建大7年多的时间里，从1941年11月到翌年3月2日，以‘反满抗日罪’抓取一、二、三期中国学生17人。1943年12月14日到翌年3月11日，宪兵队又以同样罪名，分两次抓中国学生9人（其中四期学生6人）。在此前此后，尚有分散抓捕的陈抗等6人。总共被捕的不下32人，除了刚入校半年的八期生外，一至七期都有。约占中国学生总数的百分之六”②。被捕入狱的中国学生受到严刑拷打，刑讯逼供。他们当中有的人惨死在日伪监狱当中，有的直到日本投降才重获自由。

1943年9、10月间，部分四期生出于对日本军国主义的愤恨，走上街头散发反满抗日传单，张贴反满抗日标语，发生在伪满洲国都城的事件，沉重地打击了日本帝国主义的嚣张气焰，鼓舞了中华民族的抗日决心。

除此之外，伪建大的中国学生还利用各种校内外集会的场合，高唱慷慨激昂的抗日救亡歌曲，其中包括《义勇军进行曲》《毕业歌》《游击队歌》《大刀进行曲》《五月的鲜花》等。歌声成为激励爱国志士反满抗日的锐利武器。

---

① 高克：《伪满建大反满抗日活动及其发展》，《长春文史资料》，第93页。

② 高克：《伪满建大反满抗日活动及其发展》，《长春文史资料》，第93页。

伪建大是一所政治性很强的大学，它是由日本关东军提议而成立的，是日本军国主义推行侵略政策的产物，其目的是为在中国东北实施殖民统治培养高级官吏以及大型企业的骨干。伪建大作为日本军国主义发动侵略战争、培养服务于伪满洲国高级人才的学校，随着日本军国主义的战败而草草收场。1945年8月15日，伪建大副总长尾高宣布“解散建国大学”[①]。作为存在8年、招生8届的殖民地大学，最终退出了历史舞台。

[作者：王文丽　伪满皇宫博物院　副研究馆员　长春　130051]

① [日]“满洲国”史编纂刊行会编，黑龙江省社会科学院历史研究所译：《满洲国史（总论）》，黑龙江省社科院1990年版，第636页。

侵华日军在东北修筑军事要塞及其所酿惨案

陈 宏

摘 要：日本帝国主义武装侵占我国东北三省后，为了满足其侵略扩张的需要，在中苏、中朝、中蒙边境战略要地修筑了17处庞大的秘密军事要塞。而这些军事要塞所需的劳动力，全部是中国劳工。中国劳工在日军的严密看押下从事最繁重的体力劳动，吃不饱、穿不暖，还受着非人的待遇，致使劳工饿死、病死、累死者难以累计。日军为了防止泄密，工事结束后竟将劳工全部杀害。

关键词：侵华日军　军事要塞　中国劳工　惨案

东北沦陷后，日本在中苏、中朝、中蒙边境战略要地修筑了17处庞大的地下军事要塞。这些精心修筑的攻防兼备型军事要塞进可攻，退可守；对内可强化对伪满的统治，对外则是进攻苏联的战略基地，日军称它为“东方马其诺防线”。然而，日本关东军修筑这些军事要塞的主要劳动力是中国劳工。中国劳工在日军士兵的严密看押下开山、挖土、凿洞、修路、筑垒等，从事的是非常繁重的体力劳动，受到的却是惨不忍睹的非人的待遇，大多数劳工还要付出生命的代价。

一、日军在东北修筑军事要塞

1933年10月1日，日军参谋本部作战课长铃木率道视察苏“满”“国境”，决定沿“国境”修筑军事要塞。整个建筑计划由关东军作战主任远藤三郎主持进行。进行了一系列实地考察后，日方根据1934年5月12日关东军总部下达的“关作命第五八九号”，开始实施在“国境”地区修筑军事要塞的计划，当时称为“筑城计划”。日本骑兵集团张莲沼藩按照命令要求，很快部署了修筑要塞方案。日本关东军将其在东北建筑军事要塞的工程分为三期，而第一期又分为上半期和下半期。

第一期的上半期从1934年开始，首先在中国东北沿边最重要的地区建筑军事要塞。到1937年，已经构筑完成东部正面的东宁、绥芬河、半截河、虎头，北部正面的霍尔莫津、瑷珲、黑河，西部正面的海拉尔8处军事要塞。1937年10月，关东军向参谋总长报告“国境”阵地所需兵器的假定数，并对阵地规模做出最后决定，于1938年2月14日下令编成第1至第8“国境”守备队。1939年到1940年是建筑军事要塞第一期的后半期，日军在东部正面的五家子、鹿鸣台、观月台、庙岭，北部正面的法别拉5处修筑军事要地，并配置第9至13“国境”守备队。因预计东部是与苏军进行战争的地点，所以对东部给予了特别的加强。①

第二期军事要塞的建筑工程从1940年开始，这一时期日本关东军修筑军事要塞的重点是扩充已筑成的上述“国境”阵地，并在各阵地之间做“填补空隙”作业，使军事要塞更加密集。另外，还在萝北建成了第14“国境”守备队，在西正面大兴安岭乌诺尔开始了新的大规模筑城工程。东部的正面，既是日军主攻的重点区域，又是苏军防御的重要地区。因此，日本关东军在

① 高晓燕主编：《东宁要塞》，黑龙江人民出版社2002年版，第4页。

预定发起主攻的东部正面设置了密度相当大的“国境”阵地。特别是东宁、虎头、绥芬河等“国境”阵地，与其说是“国境”防卫的据点，不如说是对苏进攻的桥头堡，是发起战略进攻时保障攻击部队得以迅速转入攻势的战术支撑点。

第三期1945年的要塞修筑，“不仅是在国境要地，而是使全‘满洲国’要塞化的时期”。因日本关东军司令部采用后退抵抗的战略，主要在通化建筑第二道军事防线，即构筑双重阵地。

由于边境地区的自然条件限制，交通不发达，物资供给不足，加之日伪对“边境”地区的统治薄弱，尚难以达到对苏进攻准备的要求。因此，关东军于1938年12月制定了《绝密——关于在国境方面国防建设的要求事项》，提出了在北满推行“国境方面国防建设”的方针，指令伪满政府按此方针执行。伪满洲国总务厅立即组建起由关东军第四课直接参与的“国境”建设方案准备委员会。到1939年1月提出了“国境”建设分科方案，5月11日便制定出了《国境建设施策基本要纲》，为了掩人耳目，以所谓“北边振兴计划”为名，由伪满国务院总务厅发表了《关于北边振兴的声明》，并以三年为期，从1939年6月正式实行。

为了实行“北边振兴政策”，日伪统治者在所谓“国境”地带，为驻扎的日军建设各种文化设施。大力整备扩建铁路和公路，要新建公路7000公里，改建公路5800公里，提高铁路和公路的运输能力；加快通信邮政设施的建设，新建电话线4万公里，增设邮政局200个；扩充边境飞机场等基础设施。为此，将在这一地带居住多年的中国百姓强行驱逐出去。“仅以珲春至绥阳县之间地带内所居住的约4 000余户中国人民，就是在三九严寒的天气里被驱逐出去的，因此，在途中被冻死的老人、幼儿约有600余名，冻伤者有6 000余人”①。“北边振兴计划”在扩充“国境”地带军事设施的同时，谋求所谓“产业开发”和“民生

① 中央档案馆：《伪满洲国的统治与内幕——伪满官员供述》，中华书局2000年版。

振兴”，以提高日军的综合作战能力。①这一政策的根本目的，就是要把东北北部，尤其是“满”苏“国境”一线，全部纳入对苏战略攻势的备战体制。特别是将间岛、牡丹江、东安、黑河等省建成对苏攻守兼备的综合性军事基地。

日军军事要塞有两个显著特点：第一，驻守“国境”的兵力非常多。在“国境”阵地共配备了102个步兵中队，配备的火力也很强大，相当于4—6个师团的炮兵火力。“国境”阵地构筑得很坚固，企图以一个大队的配备能够对抗敌兵一个团。日本认为，如此一来，以“国境”守备队的总兵力就足以对抗苏军的25.5个团。第二，“国境”阵地的配置与关东军的攻势作战计划相适应。在一些阵地设置远程重炮，为的就是先发制人。

要塞的修筑，变附近的城镇为军事基地。日军在东北各省市战略要地建成了20处空军基地，133个飞机场，总计修筑了400多处飞机场点，战役容量为6 000余架飞机。建造了大量的军营，预定可配置55—60个步兵师，最大额达70个，建立了150所野战医院，修建了大量的补给基地和仓库。每个地下军事要塞都有75—300多个各种永备工事。这些地下要塞都是沿面对苏联的山脉走向构筑的，有的相当庞大，分上、中、下四五层，最深处达80余米。② 地下要塞都根据战斗需要，依托山体的中部和底部挖掘，其顶部和四周都浇灌水泥混凝土，一般厚度20厘米—50厘米，重要部位的厚度达3米。地下要塞一般都是通过在山中的地下坑道相互连接，并有火力联系。地下要塞不仅有各种武器设施，也有发电站、供水系统、浴室、医务所、会议室、厨房、舞厅等，这些室舍一般装有现代化的暖气设备，除此之外，

---

① 日本关东军“满”苏“国境”阵地遗迹考察团：《对日本关东军“满”苏国境阵地的初步考察与研究》，《北方文物》1995年第3期。

② 程鹏汉：《侵华日军满洲筑垒地域的军事图谋与覆灭》，《黑龙江社会科学》2001年第4期。

还有运送弹药的升降机和电梯设备。这些庞大的军事壁垒都是通过专用的军事线路和公路相接，使之合为一体，它的规模、设施、面积及容量、周长是法国“马其诺防线”的三倍，所以关东军把这些要塞称为“东方的马其诺防线”。

二、日军强掳中国劳工修筑军事要塞

日本关东军修筑各阵地和军事设施，主要劳动力是中国劳工。有学者指出，伪满境内是中国劳工的集中营。1942 年 2 月 9 日，伪满制定《劳动人紧急就劳规则》。3 月 1 日，又出台《关于劳动人紧急就劳规则施行之件》。“规则”及“施行之件”是伪满政府以行政命令手段强制征集劳工的嚆矢，此后无数城乡民众以各种名义被驱赶至边境、矿山、重要企业中无偿地服劳役。日本战犯供述，1942 年使用中国劳工为 100 万人，其中强征劳工 35 万人，占劳工总数的三分之一；1943 年使用中国劳工 130 万人，强征劳工 60 万人，将近占劳工总数的二分之一。①

成千上万的中国劳工有的是来自战场的俘虏，有的是来自征兵不合格的“国兵漏”，有的是来自伪满政权组织的青壮年“奉仕队”，这些劳工，大部分是通过暴力抓来的，也有部分来自雇用、征集或摊派。

（一）在中国华北地区骗招劳工

日军占领华北后，用蒙蔽、诱骗、强拉等办法，“招募”贫苦男性青壮年到东北做工。据调查，1936 年至 1945 年进入“满洲国”境内的华北地区劳工达 667. 9 万人以上。太平洋战争爆发前后，关东军每年从华北招募的劳工约 90 万人以上。②

（二）用战场上的战俘和监狱里的犯人充当“特种工人”

战场上的战俘和监狱里的“政治犯”“思想犯”和“经济

① 高晓燕主编：《东宁要塞》，黑龙江人民出版社 2002 年版，第 55 页。

② 田志和：《对日寇最后一战——歼灭关东军》，长春出版社 2005 年版，第 24 页。

犯”，这些人被称为“特种工人”。在日本防卫厅研究所保存的日本关东军档案中记载，1941年5月17日，关东军参谋长请示大本营和陆军部，获准将中原地区中国战俘7000人，用于东北地区军事工程劳役。另有一份密文记载，将华北地区8000名俘虏，移交给关东军“管理”。据统计，1941年投入东北地区的“特种工人”有3.3万人以上。①

（三）强制东北地区“供出劳工”

伪满从1938年开始推行《劳动统制法》，以“紧急供出”名义，强制征调男性青壮年出劳工。征调人数逐级下达，摊派到保、甲，落实到户。生活殷实的人家出钱雇人代替“出劳”，家境贫寒者抛家舍业“出劳”。据伪满吉林省省长阎传绂供认：“1942年，全满供出劳工60万人，其中吉林省分摊5.6万人，下分到各市县，逐户强迫供出。”伪三江省省长卢元善供认：1939年至1942年间，全省供出劳工9.3万人，此外还有“临时”劳工供出。伪抚顺县警察署日本警官吉原圭供认，1942年8月全县供出劳工1200人，其中600人送交牡丹江市修军用机场，600人送关东军修建仓库；1943年5月，强征突泉县劳工300人，送黑河修筑阵地；1945年6月，再次征调1020人去拉林修筑阵地。

（四）以抓“浮浪”名义抓捕劳工

在繁华地段、交通要塞，白昼由警察出面，拦截围堵行人；深夜以清查户口为名深入民户，以无“良民证”、对答不畅、无固定职业、形色可疑等为借口，强制将男性青壮年带走。1943年4月至6月，在沈阳和长春，抓走10562人，其中847人是小商贩和人力车夫。1943年10月3日至4日两天，齐齐哈尔市警察抓“浮浪”200多人，押往海拉尔修阵地。1944年，在突泉县共抓“浮浪”1100人，送到海拉尔河白浪沟修筑军事工程。

① 肖炳龙、胡凤斌：《关于日伪统治时期军事工程与军用劳工问题的研究和探讨》，《东北沦陷史研究》1997年第3期，第46—55页。

1944 年 4 月 15 日，在锦西县老官堡抓“浮浪”千余名，用火车“闷罐”运走，经 4 昼夜到达昂昂溪，用汽车运到乌努尔，修筑阵地工事。1942 年，关东军用这种手段在各市县抓捕青壮年劳工 21. 9 万人以上。[①]

三、日军修筑军事要塞所酿惨案

日军修筑的军事要塞就是用中国劳工的生命筑成的。在人间地狱般的工地，中国劳工衣不蔽体，食不果腹，每天十几个小时的重体力劳动，累死、病死和被打死的劳工不计其数，以致出现了为数众多的“万人坑”。地下要塞一天天增多，“万人坑”中的白骨也一天天增多。

在海拉尔北山、敖山下和伊敏河北岩，有一个埋葬着数以万计中国劳工的“万人坑”。矿工张玉甫是河北滦县人，当年逃荒闯关东，在郑家屯被“招工”骗入虎口。这一批 400 名劳工，被押解到了海拉尔的北山。山上布满了长排的工棚，再就是数不清的铁丝网和岗楼。他们每天被逼为日军修筑军事地洞。无论是打洋灰（水泥）、挖洞子、挑沟，都是重活。三米多深的壕沟，一锹锹把土扔到上边，干上一天，两臂就别想再抬起来。劳工们早饭吃的都是高粱米稀粥，午饭是又酸又硬的混合面窝头，不管饱不饱，一律给四个。每天三顿咸盐豆，喝的是生水，许多人闹肚子，连拉三天就不像人样了。住的一排席棚子足有半里长，每间二米左右，对面两层铺，共住 16 人，躺下就不能翻身。工棚阴暗、潮湿，得疥疮、寒腿的人，不计其数。一个工棚住 400 多人，为了看守方便和防止逃跑，只在中间留一个小门。在晚上有人大小便时，非等凑够 4 个人，拿着 4 个牌子，一齐出去，再一起回来。逃跑一个那 3 个人负责。张玉甫经几个月的折磨，已经瘦得不成样子。不久，他就病倒了。最初，他的左眼突然发红，

① 田志和：《对日寇最后一战——歼灭关东军》，长春出版社 2005 年版，第 25 页。

渐渐模糊不清。日方不给医治，几天之后，他的左眼瞎了。日军看守看他瞎了眼又害病，于是就把他送到了“病号房”。那里一个席棚住着500多病号，都是卧床不起。每天早晨，看守都要到“病号房”去检查一遍，逐个用脚踢一下，发现僵硬的尸体，便命令拖出去。每天至少三四个，多至七八个。把这些死尸堆到一个大席棚里，三四天就用卡车拉一次，扔到伊敏河北岸的“万人坑”中。张玉甫在“病号房”住了些日子，趁机逃跑的念头也就更强。因为“病号房”离工棚较远，看守看得也比较松。1936年7月的一天夜里，等看守睡着了，张玉甫轻轻地光着脚下了地，小心地拉开门，从看守面前走了过去，随后就使出全身力气，撒腿跑了起来。他接连爬过七道铁丝网和一道深沟，死里逃生。①

日本关东军第四军第一百二十三师团进驻孙吴后，已先在曾家堡修建了一个军用飞机场，但以后不够用，于1937年初又在平顶树修建第二个军用飞机场。1937年农历八月，日本人接连两次无故杀掉没有给日本哨兵行礼的赶车老板和一个正在干活的劳工，2 000多名劳工在一个平时照顾大家的劳工老王的带领下，发动了一场大罢工以示反抗。日本侵略者调来大批军警，把机场包围起来，强令所有劳工集合，以枪毙活埋手段，威胁劳工说出谁是这次大罢工的带头人。从早晨八九点钟一直折腾到下午三四点钟，才从2 000多名劳工中抓出6名所谓罢工的煽动犯。为了镇压吓唬劳工不再闹罢工，将其中的4名劳工，当场用刺刀杀死。日本人又兽性发作，牵来两匹枣红色大洋马，将另两名劳工用绳子绑好拴在马鞍上，两名日本骑兵纵身上马，缰绳一拉，两腿一夹，大洋马长嘶一声，飞奔而跑，两名劳工在乱石满地的机场上，被拖得血肉模糊，活活拖死。到晚上，日本人将最先罢工的几十名劳工，调往其他工地，从此没有下落。

---

① 呼伦贝尔政协：《呼伦贝尔文史资料》第二辑，《修筑海拉尔军事要塞劳工的悲惨生活》，呼伦贝尔政协1985年内部资料。

就在这场大罢工遭到血腥镇压后没过几天，五六百名劳工利用收工吃午饭休息的机会，带着行李集体逃跑了。日军前堵后追，一直到黑嫩线的二站和大岭之间，才截获了二三百人。其余的劳工，连同老王在内，都远走高飞了。修建平顶树机场的日军被劳工的集体逃跑事件震惊了，其兽性大发，对抓回来的二三百名劳工实行了惨绝人寰的集体大屠杀。就在当天晚上，二三百名劳工，在平顶树山下、逊别拉河畔，含恨死在日军的屠刀下。日本侵略军急于修建的平顶树机场，也因劳工的集体逃跑被迫暂时停工。①

被抓来的、强征来的劳工根本谈不上什么工资。被招骗来的，有时虽然见到一点儿钱，也是少得可怜，也无处可花。因为每天都被严密监视着，工棚外围拦几道铁蒺藜网，门口有人把守，出入不得自由。工钱绝大部分被把头诓去了。1941 年农历四月，高岗组下的把头马厚民，以每天工资三四元为诱饵，从安东招骗了 200 名劳工，到 10 月 1 日，才给工人开了三次工钱，每人总共才得 15 元钱。其中有 3 名工人死于工地，4 名工人得重病送回家后，不久也死了。陈文林等人从 1942 年 4 月被大野组招骗来修路，回去时，每人只发 30 元钱。孙同修 1942 年被大野组招骗来，修了一年路，只发了 5 元钱。高岗组大把头马德良，长期克扣劳工的工资，有一青年当众向他要，他恼羞成怒，抄起带钉的板子，当众把这个青年活活打死了。从此，谁也不敢提工资的事了。②

出于军事目的，日本军国主义修筑军事工程相当隐秘，中国劳工在工程修筑完成后被秘密处死者也不占少数。

1936 年，日本五九组招工到孙吴小河西南山做木工。完工后，只有王锡发逃出来，其他 62 名劳工，被日本宪兵用机枪屠

① 孙吴县政协：《孙吴文史资料》，《孙吴平顶树血案》，孙吴县政协 1987 年内部资料。

② 虎林县政协：《虎林文史资料》，虎林县政协 1994 年内部资料。

杀了。1937年9月，日军六九四部队装十辆汽车的孙吴劳工，约五六百人，拉到山里集体屠杀了。1937年，从北安抓到西岗子修南山洞子的劳工1 300名，完工时，剩下700名，其余的都死了。[①] 1940年春，两辆日军用卡车开进叶来盖屯（今内蒙古自治区赤峰市林西县兴隆乡九连三村），车上载满全副武装的日军，约有一连人。他们的任务，就是监视劳工打山洞，搞军事施工。全线共修筑永久性工事42处。这道军事防线，主要是针对苏联的。工程一直搞了三年，到了1943年8月才完工。南山工程刚完工，多数劳工便被带走，只留下30多人搞备敷工程。在整个工程完工后，这些劳工就被日军杀害了，当时只跑出两个人。负责埋秘密设施的10多个人，是第一批叫出去的，当时说是去执行任务，其他是第二批被害的。1940年，虎头要塞工程完成后，将抓来的中国军队俘虏，摆酒宴引至山谷间，正在吃喝之际，山顶上的机关枪一齐向这些人射击，他们全部被杀死。据当年在虎头要塞服役的日军士兵揭露："昭和18年（1943年）某日，因要塞设施大致完工，日军举行庆祝竣工的宴会，将俘虏的劳工集中在猛虎山的西麓（猛虎）的洼地里，用酒肴欺骗劳工说犒劳他们"，"在一片怒吼和杯盘狼藉声中，突然重机枪喷出了火舌，宴会瞬间化作了火场和死尸的堆积场"，当时在猛虎山里，到处可见裸露的劳工的嶙嶙白骨。

1945年8月8日的夜晚，苏军向驻东宁的日本关东军前沿阵地发起了攻击，双方展开了激战。与此同时，日本侵略者对劳工大队也开始了血腥的屠杀。为了无声地消灭人证，他们假惺惺地说，为了保证劳工的人身安全，防止被炮弹炸伤，所有劳工都要按工区迅速进入"地下工程"的巷道里去，并要在入口处堆集3—5米厚的砂石、泥土，以防毒气进入。就这样，在武装看押下，几千名劳工被迫进入了"地下工程"，然后又一段一段地用砂石、泥土隔绝开来，从此他们就永远地被埋葬在里边了。由

① 黑河市政协：《黑河文史资料》第二辑，黑河市政协1985年内部资料。

"地下工程"里逃出来了30名劳工，因为他们是最后进入"地下工程"的一部分人，靠入口处最近，他们扒开了堆集在巷道里的砂石、泥土，才侥幸逃出。[①]

恶劣的生存环境和日本法西斯的残暴，使一些劳工下定决心逃跑。1941年，虎林1名劳工，冒着危险跑到山里，吃野菜，喝沟水，辗转了一个月，历经艰辛，终于逃回了沈阳。1943年7月一天午后，虎林1名劳工，从工地偷偷地翻山逃到虎头火车站，碰到了唯一的中国人连接手。这位连接手，给他一锅刚烙好的高粱面饼子，一大瓶水，把他藏到装原木的货车厢里，使他安全逃到了哈尔滨。在虎头有很多劳工，借装木头货车逃了出去。1942年12月30日晚12点，虎林劳工常永年、伍廷山、郭来顺等5人逃出后，经忠诚跑到乌苏里江边，越境去苏联，在伊曼边防站当上了侦察员。在他们之后，还有一些被俘人员逃出后，去了苏联。到1942年冬，虎林还有200来名劳工……留下的这200来个劳工，一直挣扎到1945年日本鬼子垮台，才结束了苦役。[②]

上文所述只是日军修筑军事要塞所酿惨案的一小部分。据统计。日军修筑军事要塞所用中国劳工惨死者达55万人以上。工程完工之际，日军还以最灭绝人性的手段将残余的中国劳工全部杀死，其屠杀手段和程度可谓惨绝人寰。

1945年8月8日，苏联正式对日宣战，8月9日凌晨，百万苏联红军在3000余架飞机的掩护下，沿中苏、中蒙3500公里边境从西、东、北三面，分别渡过黑龙江、乌苏里江，穿过原始森林，翻越兴安岭，驰过大戈壁，向日军各防御阵地展开全面进攻，激烈战斗一直打到28日，由于苏军飞机的猛烈轰炸，日军通讯中断，直到日军第三军后勤参谋来到日军第一守备区传达了天皇的投降诏书和向苏军交出武器的命令后，第二次世界大战最

① 牡丹江市政协：《牡丹江文史资料》第三辑，黑龙江人民出版社1984年内部资料。

② 虎林县政协：《虎林文史资料》，虎林县政协1994年内部资料。

后一个战场才在东宁宣告结束。

至此，关东军长期精心营造的“坚不可摧”的军事要塞全部土崩瓦解。然而日本侵略者在我国东北因修筑军事要塞屠杀中国劳工所酿的惨案却永远无法抹灭，因为这些惨案记载着日本法西斯的残暴与血腥。我们期望日本政府能及时反省自己的战争罪行，并对死难的中国劳工作出符合道义的交代。只有这样，才能赢得世界各个爱好和平国家的尊重和谅解。令人遗憾的是，至今仍然有少数人无视铁的历史事实。用习近平总书记话来说，“历史就是历史，事实就是事实，任何人都不可能改变历史和事实。付出了巨大牺牲的中国人民，将坚定不移捍卫用鲜血和生命写下的历史。任何人想要否定、歪曲甚至美化侵略历史，中国人民和各国人民绝不答应！”

［作者：陈　宏　伪满皇宫博物院　研究馆员　长春　130051］

抗日战争史研究

东北抗日义勇军领导机构概况

刘景义

摘 要：东北抗日义勇军究竟有没有领导机构，其性质与概况如何，史学界始终说法不一，至今在国内尚未见到相对全面、客观的研究文献。本文认为，至少有5个松散性领导机构对东北抗日义勇军起到了比较重要的领导和支持作用。本文简要论述了东北抗日义勇军领导机构的主要性质，并阐述了这5个领导机构与义勇军之关系的基本概况，对于义勇军发展历史的宏观研究，特别是中国共产党对于抗日义勇军领导与支持的研究具有重要的意义。

关键词：抗日义勇军　中共满洲省委　领导机构

东北抗日义勇军虽然以民众自发为主，但同时也有5个领导机构对义勇军起到了重要的领导作用，分别是：中共满洲省委、辽宁军政两署、东北民众抗日救国会、辽吉黑民众后援会、东北义勇军总司令部。

一、中共满洲省委对义勇军的思想发动与组织领导

中共满洲省委对义勇军武装抗日进行了积极的思想发动，派

出大批党团员和进步人士帮助义勇军部队壮大了组织领导，并直接创建领导了一部分义勇军部队；1933 年以后，又引导部分义勇军成为东北抗联的重要组成力量。

满洲省委积极号召武装抗日，和东北民众自发的爱国热情，成为义勇军兴起的思想基础。九一八事变之后，中共中央和中共满洲省委发表了一系列宣言和决议，发动各界武装抗日，号召工农兵劳苦群众发动游击战争，并指出“只有在共产党领导之下，才能将帝国主义驱逐出中国”。“为了加强对义勇军的领导，中共满洲省委派出 200 余名党团员到义勇军中开辟工作，还选派一大批青年骨干参加义勇军，并发动社会各界募捐，支援义勇军”①。

中共满洲省委直接创建领导的重点义勇军队伍有：黑山王北成领导的抗日义勇军部队，“张振国、杨君武、杨林等同志创建的磐石工农反日义勇军，中共海龙县委创建的海龙工农义勇军，李延禄任队长的绥宁救国游击军，赵尚志、夏尚志等人领导的巴彦游击队；高体乾的东北抗日义勇军第一军团第 12 支队，还有汪清游击队、珲春游击队、和龙游击队、饶河农工义勇军、汤原游击队等等”②。这些义勇军队伍，在数量上虽然未能成为东北抗日义勇军的主体，但由于有坚强的无产阶级政党领导，具有较强的战斗力。

二、辽宁军政两署率先创建抗日义勇军

1931 年 9 月 23 日，张学良把东北军政中心由沈阳西迁锦州，简称“辽宁军政两署”。两署初建时，张作相、荣臻、米春霖三位主要官员很少在锦州理事，“所以辽宁军政两署的日常工作实

① 王全有：《论中共满洲省委对东北抗日义勇军的声援、推动和领导》，郭春修主编：《张学良与东北抗日义勇军》，白山出版社 2015 年版，第 57 页。

② 谭译：《九一八抗战史》，辽宁人民出版社 1991 年版，第 395—407 页。

际上是由张学良委托黄显声代为主持。张学良对辽宁军政两署有一原则指示，即东北军正规部队尽量避免与日军发生冲突，一切问题由地方政府出面解决。黄在锦州即按这一指示开展各项抗日发动工作”①。

黄显声是九一八事变前的辽宁省警务处处长，沈阳市公安局局长。中共地下党员刘澜波随同黄显声在锦州军政两署任辽宁省政府秘书。在刘澜波的协助和张学良的支持下，1931年10月上旬，黄显声在锦州北街福金生百货店内，秘密召集各县抗日志士，制订了组建抗日义勇军的方案。刘澜波受黄显声的委托，以警务处名义起草《编委方案》②，对义勇军的程序、奖励办法、经费来源等都做了详尽的规定：“自备手枪者当可给予月薪现大洋三十元；凡率武装匪团一百人以上者，方以上尉待遇之；率领武装骑兵二百五十人或步兵五百人以上者，当任为少校营长”③。当时，“一些赴北平的抗日志士，也被介绍至锦州黄显声处，各方请缨抗日者纷至沓来，一时间，锦州成为东北义勇军活动的中心”④。黄显声在辽宁军政两署出台的《编委方案》，为辽宁乃至东北抗日义勇军的建立奠定了组织基础。

1931年10月，日本关东军收买了大汉奸凌印清成立汉奸队伍“东北民众自卫军”，充当进攻辽宁军政两署的急先锋。黄显声“与刘澜波商议后决定，派熊飞率领公安骑兵总队争取凌印清的部下项青山、张海天反正”⑤，“反戈一击的项青山、张海天以及盖中华等抗日武装，于10月31日在台安县三道沟活捉了凌印

① 谭译：《九一八抗战史》，第49页。

② 《刘澜波自传》，中组部档案室存。

③ 《黄显声极力收编匪贼》，沈阳《盛京时报》，1931年12月26日。

④ 中共辽宁省委党史研究室编：《历史永远不能忘记》，辽宁人民出版社2005年版，第335页。

⑤ 张万杰：《血肉长城幕后第一人——兼论刘澜波与东北抗日义勇军》，郭春修主编：《张学良与东北抗日义勇军》，第252页。

清和日军顾问等，而后将凌印清和15名被俘日军全部处决”[①]。张学良赏出力人员5万元，但不许将反正部队编成正式部队，只准成立地方部队或义勇军。于是，黄显声以辽宁省警务处名义委任项青山、张海天、盖中华为东北民众抗日义勇军第一路、第二路、第三路军司令，分别驻防盘山、辽中、台安。

黄显声在辽宁军政两署出台的《收编加委方案》颁布后，一部分绿林首领、中下级军政人员、联庄会首领、爱国士绅纷纷组织各种名称的抗日义勇军。“到1931年11月下旬，辽宁境内、热河部分地区先后成立30多支义勇军。他们分别派人前往锦州辽宁省警务处黄显声、熊飞处，或到北平救国会要求委任、支援”[②]。1931年12月，锦州保卫战失败。根据张学良的命令，1932年1月2日，黄显声随辽宁军政两署被迫放弃锦州乃至辽西地区撤向关内，锦州及辽西就此沦陷，辽宁军政两署解体。

三、东北民众抗日救国会的领导与支持

九一八事变的第二天，辽宁省农会会长高崇民与东北无线电总台台长陈先舟以及黄显声、熊飞先后到达锦州。经4人串联，在沟帮子成立了“锦州抗日救国会”。与此同时，共产党员冯基平等人在北平组建了“东北同学抗日救国会”，由王化一等人成立了“东北同乡反日救国会”。9月26日，在张学良的支持下，经王化一、高崇民、阎宝航、卢广绩等人商讨将3个抗日救亡团体合并。9月27日，在北平正式成立“东北民众抗日救国会”。救国会“是由辽宁省的爱国人士发起、组织和领导，以东北籍广大青年为主体，包括各党派、各阶层爱国人士组成的抗日救亡群

① 谭译：《九一八抗战史》，第98页。

② 王驹、邵宇春：《东北民众抗日救国会》，辽宁大学出版社1991年版，第41页。

众团体。实际上，它是一个抗日统一战线组织”[①]。救国会最核心的工作是创建和领导抗日义勇军，支持义勇军武装抗日。

积极派人出关发动民众组建抗日义勇军。救国会成立之初，就拟定“发动东北民团、散兵、土匪组织抗日游击力量，抗击日本侵略的方针，把联系‘土匪’作为初期工作重点”[②]。因此，第二天就派张永兴（王立川）出关来到高鹏振组建的镇北军驻地，协助高鹏振领导这支抗日武装队伍。“救国会直接领导的军事、政治人员等400余人，先后被派回东北”[③]，参与对义勇军的组建和领导。为了协同作战，救国会还对各部义勇军进行统编加委。“到1932年3月，新接受救国会收编委任的义勇军共有56路，以及27个支队、6路骑兵。1932年夏，东北抗日义勇军发展到50万人左右，其中接受救国会委任和指导的义勇军近30万人”[④]。

整顿义勇军队伍编制和军纪。针对违反军纪现象经常发生，救国会进行了“切实治理，使之成为铁的组织，方能临阵杀敌”[⑤]。1932年6月1日，救国会通过了辽西、辽南、辽东、辽北和吉林南部、辽北和热河东部及内蒙古南部五大军区的区域划分及总指挥任命，将各军区的义勇军队伍分为各路并组建各级大队、中队等建制。

为义勇军部队筹集武器弹药及其他军用物资。救国会在北平等大城市组织了募捐和义卖活动，杜重远等多位救国会干部前往南京、上海等地募集资金，社会名流与各界人士都踊跃捐献财物，大都通过救国会转交给各地义勇军。通过张学良和争取部分军界人士的支持，救国会多次集中运送筹集到的武器弹药等军械物资给东北各地的义勇军。“救国会还以大量现金支援义勇军，

---

① 王驹、邵宇春：《东北民众抗日救国会》，第16页。

② 王驹、邵宇春：《东北民众抗日救国会》，第34页。

③ 王连捷：《英雄无名阎宝航》，团结出版社2008年版，第103页。

④ 谭译：《九一八抗战史》，第56页。

⑤ 东北民众抗日救国会：《东北义勇军概况》，1932年编印。

总金额达387000余元”①。

指导义勇军对日军作战。据救国会编辑的《救国旬刊》报道：1931年12月至1932年8月，仅辽宁一省，义勇军攻打日军占领的中、小城镇43次，其中一度攻占的有29次，击毙击伤大量日伪军。

四、辽吉黑民众后援会的援助与领导

1932年4月26日，著名爱国人士“朱庆澜会同何遂、杨慕时、查良钊等人在上海发起成立了东北义勇军后援会，5月份改称辽吉黑民众后援会”②。同年8月，迁往北平办公。

为义勇军部队援助物资和捐款。“后援会成立之后，朱庆澜两次通电全国，向国内各界和海外华侨筹集抗战捐款，开展义卖，后援会专门组建了运输队，多次派人深入东北各省进行义勇军的调查，为义勇军部队送去援助的物资和捐款”，是国内筹集抗战捐款最多的团体。③ 朱庆澜领导的辽吉黑民众后援会，从九一八事变后到1933年7月后援会解体，从国内外募集抗战资金总共400多万元捐助给义勇军。除了多次向数十支东北义勇军运送武器装备等军需物资以外，1932年底之前，支援几十支义勇军部队大洋36万多元，“在1933年热河保卫战前后，向117支东北义勇军部队直接拨付现大洋191万元”④。

对东北义勇军重新建制与指导义勇军作战。后援会成立之后，于1932年6月派人前往辽北调查义勇军情况后，认为义勇军系统分歧，各自为战。于是，后援会将原为救国会所委任和领导的刘振玉、李海山、解国忱、李庭芳各部义勇军重新给以委

---

① 王驹、邵宇春：《东北民众抗日救国会》，第66页。

② 陈忠实主编：《传奇将军朱子桥朱庆澜》，三秦出版社2009年版，第44页。

③ 朱德君：《回忆辽吉黑热民众抗日后援会的片断》，朱权、朱国安编：《朱德君文选集》，民革天津市委员会、民革上海市宝山区委员会1998年版，第127页。

④ 摘自《辽吉黑民众后援会援助抗日部队款项一览表》，中国第二历史档案馆存。

任，把救国会对义勇军划定的5个军区改为军团，又先后指导成立了第6、第7、第9三个军团。1932年8月8日，后援会“令东北全体义勇军（主要指辽宁省境内义勇军）同时发动破坏南满、安奉各路铁轨及桥梁”①。在此之前，救国会通知辽宁各路义勇军在“九一八”周年前，向日伪军发起总攻击，但义勇军4次攻打沈阳的战斗损失甚大。

五、东北义勇军总司令部的领导与支持

鉴于救国会和后援会两个机构之间有些矛盾，“1932年8月，救国会的阎宝航和高崇民去上海拜望朱庆澜将军，并请其北上，以便实现两会联合”②。

8月下旬，后援会由上海迁至北平。11月份，与救国会联合组建了东北义勇军总司令部。两会一致推举“朱庆澜将军任东北义勇军总司令，后援会的副会长何遂任总干事，干事分由原核心成员王化一、阎宝航、高崇民、黄剑秋和后援会的高仁绂担任。后援会专主募捐抗日资金；救国会协助朱庆澜专主义勇军对日军作战”③。东北义勇军总司令部设置了各个职能部门，同时，在上海、北京、天津、承德等地设立办事处，对原来救国会任命的义勇军部队重新划分为若干军团，加强统一指挥，增加供给，并对阵亡的部分义勇军官兵和家属给予抚恤。

义勇军总司令部成立后，朱庆澜把司令部的工作重心放在支援热河抗战，率领义勇军总司令部成员办了好几件大事：第一，会同张学良指挥部署热河保卫战；第二，调集几十支东北义勇军队伍参战保卫热河；第三，亲自赴热河调解汤玉麟与张学良的矛盾，督促汤玉麟积极抗日；第四，调集大批资金、武器和物资支

① 《朱庆澜致南京中央党部艳电》，中国第二历史档案馆存，1933年1月。

② 王连捷：《英雄无名阎宝航》，第112页。

③ 王驹、邵宇春：《东北民众抗日救国会》，第94页。

援热河。由于日军进攻猛烈，中方东北军战斗力较弱，后援乏力等多种原因，1933年3月4日，热河保卫战宣告失败。朱庆澜率领救国会、后援会和义勇军总司令部的工作人员又调集一些资金、武器和物资支援长城和察哈尔抗战，“朱庆澜派后援会的财务主管杨慕时到察哈尔，给察哈尔抗日同盟军总司令冯玉祥送去大洋10万元”①。

面对热河抗战的败局，义勇军将士无力回天，蒋介石说服了张学良下野，并任命亲日派何应钦接替张学良的北平军分会主席。1933年5月25日，长城抗战失败后，国民政府被迫与日本达成《塘沽停战协定》，承认了日军对东北的非法占领。“7月，救国会、后援会（和东北义勇军总司令部），先后被蒋介石、何应钦以统一军令，执行《塘沽停战协定》为理由强令取缔”②，所有的义勇军部队也被国民政府强令取缔。

1933年7月份以后，东北抗日义勇军的抗战逐步走向低潮，大多数义勇军部队分化解体，或撤退苏联、或撤退新疆，有的被国民革命军收编，有一部分参加了共产党领导的东北人民革命军及后来的抗日联军，极少数义勇军被迫进入深山老林坚持斗争。

纵观东北抗日义勇军的发展历史，虽然义勇军以民众自发为主的性质占据主导地位，但是，中共满洲省委、辽宁军政两署、东北民众抗日救国会、辽吉黑民众后援会、东北义勇军总司令部的领导与支持，对义勇军的发展也是非常重要的。在1933年下半年义勇军走向低潮逐步解体之后，中国共产党引导一部分义勇军成为东北人民革命军和东北抗联的重要组成力量，继续坚持东北抗战，这是中国共产党在东北抗战史上不可磨灭的历史功绩。

[**作者：** 刘景义　锦州市东北抗日义勇军研究会　副会长　锦州　121000]

① 朱德君：《回忆辽吉黑热民众抗日后援会的片断》。

② 王驹、邵宇春：《东北民众抗日救国会》，第116—118页。

辽东义勇军抗日斗争述论

张全春

摘　要：东北义勇军是在九一八事变后国共两党策动下形成的抗日武装。在东北义勇军整体抗日活动中，辽东地区的义勇军具有示范性特征。其抗日斗争经历了由独立作战到与中共协同作战的过程，抗战效果显著。虽然在日伪当局的镇压下，辽东义勇军主力的抗战逐渐瓦解，但在中国抗日战争史上占有重要的历史地位。

关键词：抗日战争　辽东义勇军　中国共产党

九一八事变后，东北地区曾一度陷入抗战低潮，但随后在国共两党的共同策动下①，东北各地区的抗日义勇军揭竿而起，掀起了东北抗战的首轮高潮。中华人民共和国成立以来，中国学者对东北义勇军的研究不断深入，其成果十分显著，并有相关的著述发表。其中，有从整体视野对东北义勇军的活动和组织结构进

① 东北抗日义勇军的抗日斗争可以分为前期和后期两个阶段。前期斗争从1931年9月至1933年2月，后期斗争从1933年3月至1940年前后。主要研究著述有刘晓音、孔强的《东北抗日义勇军前期抗日斗争》，孔令波、孔刚的《东北抗日义勇军后期抗日斗争》等。

行了深入的探讨；有从区域角度论述东北义勇军在各地方的抗战；还有相关著述论述了东北抗日义勇军的斗争分期。基于以往的研究成果，东北义勇军的研究多集中在整体抗战活动，其中各地区的具体抗日活动虽有涉及，但较为简略。尤其是关于辽东地区的义勇军抗日活动研究还不够深入，其中的阶段性特征和示范性作用也少有论述。辽东地区的义勇军的抗战活动，在整个东北抗战中发挥着举足轻重的作用。

一、辽东义勇军的兴起

辽东地区的范围大致是今辽河以东，涵盖今辽宁省东部和吉林东南部地区各县。

九一八事变后，辽东地区的正规军和旧的军政人员大都已撤入关内，仅有少部分遗留。辽东的绿林组织抗日时间比其他地区稍晚，直到唐聚五抗日形势推动下才举起抗战旗帜。[①] 据此论断，辽东地区早期的义勇军成分主要是秘密社会、有识之士和当地百姓。具体来说，主要由大刀会等秘密社团、东北民众抗日救国会领导下的辽宁民众自卫军构成，兼具自发和有组织的两种组成形式。

1. 大刀会等秘密社团

一部分辽东义勇军兴起于大刀会等自发的秘密社团组织。奉系军阀主政东北时期，多次对关内发动战争，为解决军需开支，摊派各种苛捐杂税。当时辽东临江一带农业连年歉收，高利贷主又乘机重利盘剥。加之官府腐败、土匪横行，1926 年春，张宗耀在红土崖率先成立大刀会等秘密社团，利用吃符念咒等形式，以原始的刀枪为武器，反军阀，除匪患，进行除暴安良活动。随后，长白、柳河、通化等东边道 10 余县纷纷成立大刀会组织，

---

① 曲香昆：《简论九一八事变后东北绿林义勇军的抗日活动》，郭春修主编：《张学良与东北抗日义勇军》，白山出版社 2015 年版，第 160 页。

下属乌旗会、黄旗会、红旗会、青旗会、白旗会等分会，主要会首有高大法师、张宝泰、卢英环、孙公雨等人，所率队伍达到2000余名。[①] 1928年春，大刀会在东边道地区的通化、临江等地发生暴动。大刀会四次围攻通化县城，其中一次攻进了通化城外的东大街；占领了官银号、税捐局、巡警分局等处，捣毁了日本人贩卖军火的营业所[②]，后被吴俊升派兵镇压失败。九一八事变后，随着国内外矛盾的不断加深，辽东大刀会也自发地树起了抗日救亡的大旗。大刀会除了农民为主外，还吸引了工人、小资产阶级、知识分子参加。整个辽东地区大刀会、红枪会、黄枪会等秘密社团的人数约两三万人[③]，为此后辽东义勇军的成立和抗日斗争打下群众基础。

2. 东北民众抗日救国会与辽宁民众自卫军

大规模的辽东义勇军主要来源于有系统组织的东北民众抗日救国会和辽宁民众自卫军。1931年9月27日，“阎宝航、高崇民、王化一、卢广绩等在北平的奉天会馆内成立‘东北民众抗日救国会’，成员包括国民党、共产党、青年党和无党派人士”[④]。随后，救国会分赴辽宁各地组织抗日武装，成立抗日义勇军，分为5个军区：辽西、辽南、辽东[⑤]、辽北、热边分别为第一、第二、第三、第四、第五军区，共22路义勇军，总人数超过4万。[⑥] 此后，在东北民众抗日救国会影响下，当地民团、东北军

---

① 《抗日救国风云录》，《吉林文史资料》第5辑，1985年，第153—154页。

② 吉林省文物志编委会编：《通化县文物志》，吉林省文物志编委会1987年版，第115—118页。

③ 《中共满洲省委报告第一号》，中央档案馆等编：《东北地区革命历史文件汇集》甲11，1932年9月2日，第56—57页。

④ 阎宝航：《流亡关内东北民众的抗日复土斗争》，全国政协文史资料委员会编：《文史资料选辑》（第六辑），中华书局1960年版，第89页。

⑤ 辽东军区辖本溪、凤城、安东、庄河、宽甸、岫岩、桓仁、通化、清原、新宾、安图、柳河、临江、长白、辑安、辉南、海龙、抚顺、抚松、金川。

⑥ 辽宁省地方志编纂委员会办公室主编：《辽宁省志·军事志》，辽宁科学技术出版社1999年版，第95页。

旧部、绿林武装等纷纷成立各种形式的抗日义勇军，总人数达30万余人。[1]

辽东地区所属的第三军区，总指挥是原东北军驻凤城步兵第一团团长唐聚五。1932年4月21日，唐聚五邀通化、桓仁、宽甸、辑安、抚松等县抗日队伍代表在桓仁召开秘密会议。会议研究决定在第三军区成立“辽宁民众自卫军”，唐聚五被选举为军事委员会委员长。设辽宁民众自卫军总司令部，公推唐聚五为总司令，下辖37路军和1个独立支队，人数约7万余人[2]，成为辽东义勇军抗战的主体力量。

二、辽东义勇军抗日活动的阶段性分析

（一）辽东义勇军前期独立作战阶段

辽东义勇军是东北地区建立较早、影响较大的民众抗日武装队伍。其中，凤城、安东、岫岩、庄河是安奉铁路、南满铁路之间的三角地带，军事和交通地位显要，是辽东义勇军的集中抗战的重要地区。该地区义勇军早在辽宁民众自卫军成立前，就已经开始独立抗日活动。其中，最具代表的是邓铁梅开辟的辽东三角抗区。

九一八事变后，曾任凤城县公安局局长的邓铁梅经辽宁省警务处长黄显声同意潜回凤城。经过周密准备，1931年10月下旬，邓铁梅以汤沟乡民团为基础，成立东北民众自卫军，邓铁梅任总司令。由于民心所向，队伍迅速壮大，到1931年底，人员已达1500余人，并取得了凤城战役的胜利，击毙日伪军50名，俘伪警察400余人，缴获各种枪支300余支、迫击炮2门和大批弹药[3]，为壮大队伍提供了物资保障。翌年2月，队伍发展到

① 潘喜延等：《东北抗日义勇军史》，辽宁大学出版社1985年版，第526页。

② 孔令波：《东北抗日义勇军人数考》，《军事历史研究》2009年第3期。

③ 辽宁省地方志编纂委员会办公室主编：《辽宁省志·军事志》，辽宁科学技术出版社1999年版，第357页。

3000余人。同年4月，唐聚五成立辽宁民众自卫军，邓铁梅率领的东北民众自卫军被改编为辽宁民众自卫军第四方面军，委任邓铁梅为总司令。随后，邓铁梅将部队司令部移至龙王庙镇，并吸收了大刀会、红枪会会众2500人，抗战队伍更加多元性。

邓铁梅率领的自卫军抗战是辽东义勇军抗战的主力部队。自成立到进驻龙王庙的10个月间，同日伪进行大小战斗近百次，部队总员已达15000人，活跃在安东、凤城、岫岩、庄河等地的数百里宽阔地域，不断打击日军[①]，成为九一八事变后东北抗日武装力量中的一支劲旅。

邓铁梅部开展的抗日斗争使日伪当局深感威胁，从1932年12月起，日伪当局先后发动了四次大"讨伐"。1934年5月30日，邓铁梅不幸被捕，多次拒绝拉拢，于同年9月28日慷慨就义。

除了辽东三角抗区，在辽东其他地区，还存在着各种形式的抗日义勇军，他们名义上虽隶属于辽宁民众自卫军第三军区，实则大部分时间在所属地区内独立作战。从1932年4月起，各路自卫军掀起了以武装夺取新宾、通化、临江、柳河为主要目标的城市争夺战。[②] 其中，最典型的是辽宁民众自卫军第六路军司令李春润领导的新宾争夺战。

1932年4月21日，李春润进驻新宾就任辽宁民众自卫军第6路军司令。日伪当局急令伪东边保安司令于芷山"围剿"。李部在给敌以重创后，弹药将尽，遂撤出县城。5月15日，李部和援军第7路军司令郭景珊部发起攻城，伪军不支，弃城逃跑，李部第二次占领新宾县城。

5月27日，于芷山率伪军2个团，再犯新宾。李春润为避敌

① 《本溪市档案信息》,《邓铁梅》，本溪市档案局2009年4月23日发布。

② 通化、临江、柳河争夺战分别由辽宁民众自卫军第16路军司令孙秀岩、第8路军司令徐达三和第19路军司令王凤阁领导发起。

锋芒，将队伍撤出县城。6 月 1 日，李部由西、北，郭军由东、南包围反攻县城，伪军不支突围出城，李部第三次驻守新宾县城。

1932 年 10 月上旬，日军调集 3 万余名兵力“讨伐”辽东义勇军。其十四旅团主力占领新宾城。10 月 22 日，李春润集中 3000 余人，再次反攻新宾，最终不敌日军，转至凤城与李春光第 4 路军会合。日军最终控制新宾县城。

新宾争夺战与辽东其他城市的争夺战，共同反映了辽东抗日义勇军收复失地的决心；县城数次易手，也反映了辽东抗战的艰苦性和战斗的激烈性。由于辽东义勇军成分过于复杂，领导关系上各有系统，互辖关系不明确，缺乏具体的指导思想，使得辽东各地义勇军陷入各自为战的局面。因此，在历经 1932—1933 年抗日活动高潮后，在日伪当局的“清剿”和“分化”下，辽东义勇军抗日活动暂时陷入低潮。直到中国共产党领导的抗日力量在严峻的形势下得到迅速发展，辽东义勇军开始寻求与中共军队的合作，进入了协同作战的新阶段。

（二）辽东义勇军与中共协同作战阶段

1931 年底，东北抗日义勇军兴起，一时间人数达到 30 万人，成为东北地区最主要的力量。因此，在义勇军兴起后，中共满洲省委就提出：“努力发展反日斗争，尤其是要设法打入与领导农民义勇军的反日革命战争。”① 在此，满洲省委明确提出了对义勇军领导权的问题。1932 年 6 月，中共临时中央局在上海召开北方会议，进一步强调了对义勇军领导权问题。

1933 年初，中国共产党独立领导的东北抗战力量逐渐壮大，中共中央给满洲省委发出“一·二六指示信”，开始实现与东北义勇军协同作战。同时，此阶段大规模的义勇军活动进入低潮

① 《满洲工作近况——关于政治形势、群众斗争特征、党的工作检查、组织概况及目前工作的布置》，中央档案馆等编：《东北地区革命历史文件汇集》甲（9），1932 年 1 月 27 日，第 190 页。

期，义勇军转变成小股队伍分散活动和游击抗日，更为中国共产党联合义勇军抗战提供了客观可能，东北抗战也因此进入了新阶段。而辽东义勇军作为东北义勇军抗战中的重要一环，更是中共重点联合的对象。

一方面，中共满洲省委积极支持和援助辽东义勇军的抗战活动。1933年2月27日，中共满洲省委指出："援助辽东义勇军，组织慰劳队、后援队、救护队、看护队、募捐队、开群众大会、军民联欢会等，加紧注意动员广大人民群众进行破坏工作，破坏日军的军事运输与军事设备，实际去帮助义勇军作战。"① 中共满洲省委对辽东义勇军的支援，使得辽东义勇军获得了有力的后勤保障，使其更加有效地开展抗日活动。1933年以后，在日伪当局的大肆"围剿"下，辽东义勇军也逐渐避免独立作战，开始与中共军队联合作战。如1934年初，通化就有"红军兵力约八百袭击日本军……该地区匪贼渐灭，因与红军合流，渐呈活气"②。同年7月，辽东义勇军与中共军队又在通化"合帮百余名，接仗二时久"③。值得注意的是，1934年初，辽东义勇军王凤阁部曾与杨靖宇率领的人民革命军合作抗日。1934年10月，王凤阁部还利用地理位置优势，与朝鲜共产党的军队联合抗战，开创了跨国联合作战的先河。④

另一方面，中共满洲省委选派骨干力量到辽东义勇军中开展工作，最终实现领导抗战作用。在前期的抗战中，辽东义勇军一度取得了显著成效，但也暴露出一些问题。早在1932年

① 《中共满洲省委关于接受中央的指示对目前民族革命战争的形势与任务的决议》，中央档案馆等编：《东北地区革命历史文件汇集》甲（12），1933年2月7日，第131页。

② 《奉天省警备司令部关于红军、方春生、王凤阁等活动状况》，赵焕林编：《东北抗日义勇军档案史料》，第十一册，北京线装书局2015年版，第207页。

③ 《第一军管区司令部关于混六旅与"匪首"苏子余、救国军、红军接仗情报》，赵焕林编：《东北抗日义勇军档案史料》，第十一册，第1页。

④ 《第一军管区司令部关于混六旅与红军朝鲜独立党接仗及混三旅"进剿"王凤阁等情报》，赵焕林编：《东北抗日义勇军档案史料》，第十一册，第162页。

春，中共满洲省委书记罗登贤就作出判断，当前各种形式的义勇军可能有两种前途："一是在土匪头子、军官、豪绅地主的领导下走向挫折和失败；一是党能够打入义勇军中去树立党的领导，开展游击战争。"① 尽管当时中共满洲省委处境十分困难，党组织力量还很薄弱，但为了应对抗战的低潮趋势，中共满洲省委仍然选派了张雪轩、侯维民、王子明、田玉林等骨干共产党员在唐聚五领导的辽宁民众自卫军中开展组织和宣传工作，推动了辽宁民众自卫军的完善和发展。曾任中共满洲省委常委的邹大鹏等人深入到辽东地区邓铁梅的东北民众自卫军中，被邓铁梅任命为政治部主任。邹大鹏为自卫军拟定了政治工作条例、农会章程等，并整顿军纪和协调军民关系，以上均被邓铁梅采纳并在一定程度上实行过。邹大鹏还经常到下属各部队调研，对战士们进行爱国主义教育。此后，中共奉天特委又先后两次派互济会会员周利亚等人到邓部开展宣传工作，也取得了一定成效。1933 年 8 月 31 日，在各方面压力之下，东北民众救国会被迫解散，停止活动。东北义勇军的抗日活动渐消。而此时，中国共产党在东北的力量逐渐发展壮大，更是在东北肩负起领导抗战的重担。1934 年 3 月下旬，在中共满洲省委指示下，成立了东北人民革命军第二军独立师，从此，辽东地区的抗日斗争实现了统一指挥。

三、主体角度下的辽东义勇军抗日活动评价

辽东义勇军的抗战活动主体坚持了四五年，最长的一直延续到 1945 年日本投降。但到了 1933 年底，其主力的抗战基本瓦解。究其原因，义勇军来源的复杂性，特别是良莠不齐的缺陷，使其失去群众基础；义勇军的民间性，特别是普遍缺乏军事常

---

① 王全有：《论中共满洲省委对东北抗日义勇军的声援、推动和领导》，郭春修主编：《张学良与东北抗日义勇军》，第 56 页。

识，导致军事上的被动，是其失败的军事因素；义勇军的自发性，缺乏明确的信念和坚定立场，是其失败的思想原因；义勇军来源的多元性和分散性，使其不能形成统一指挥，是其失败的组织原因；义勇军的武器装备落后，物资供应不足，是其失败的物质因素。① 辽东义勇军主力抗战虽然时间不长，但在中国抗日战争史上占有重要的历史地位。主要体现在以下三方面：

第一，延缓了日军占领东北的进程。自九一八事变伊始，唐聚五、邓铁梅、李春润、王凤阁等人首举义旗，掀起了反抗日伪的斗争高潮。辽东义勇军扼守要地，在辽东各县全面展开对日伪的斗争，并发动了新宾、通化、临江、柳河城市争夺战。截至1932年8月，辽东地区除了安东、凤城为口伪军所占，其余各县均在自卫军势力范围内，延缓了日军的进攻速度。辽东义勇军延缓日军占领的进程，更重要体现在牵制日军兵力上。到1932年10月，日军在东北的总兵力已增加到13万人，而用在辽东的兵力达5万人。② 尽管如此，日军也只限于在城镇和铁路点占领，疲于奔命。

第二，为辽东抗日联军组建奠定了基础。1933年末，辽东义勇军主力开始瓦解。辽东义勇军的解体标志着以自发性为主要特征的抗战结束，此后辽东义勇军的抗战已不是辽东抗战的主体。此后，中共领导的人民革命军、抗日联军成为抗战主力。而成立于1934年11月7日的东北人民革命军第一军正是以辽东临江县为早期据点。其下属的东边道游击总队，就包含柳河、通化、临江、清原县的1000余名辽东义勇军。③ 1936年2月，东北人民革命军各军改称东北抗日联军第一至第六军。其中，东北抗日联军第一路军第一、第二方面军吸纳了辽东各路义勇军，主

---

① 康艳华：《从主体角度看东北抗日义勇军失败的必然性》，郭春修主编：《张学良与东北抗日义勇军》，第510—520页。

② 陈长河：《唐聚五与辽宁民众自卫军》，《军事历史研究》1999年第1期。

③ 辽宁省地方志编纂委员会办公室主编：《辽宁省志·军事志》，辽宁科学技术出版社1999年版，第113页。

要在辽东临江、通化、延吉一带活动，辽东义勇军多元性的特点，为抗联提供了广泛的群众基础。

第三，唤起了东北和全国人民的新觉醒。东北义勇军于白山黑水之间，同日本侵略者进行了殊死斗争，书写了不屈的抗战精神。辽东地区是全国开辟抗日战场较早、持续时间较长的地区之一。辽东义勇军在极端艰苦的环境下坚持抗战到1945年。邓铁梅、李春润、王凤阁、苗可秀、白君实等辽东义勇军领袖带领军队在敌众我寡的情况下，同仇敌忾，率部抗击日本侵略者，最终英勇就义。邓铁梅被俘后曾豪迈地说："我生为中国人，死为中华魂，头可断，血可流。"① 就义前曾写下"五尺之躯何足惜，四省失地几时收"② 的慷慨诗句，表明其志。唐聚五在平台山之役中，血战两昼夜，壮烈殉国，也实践了"杀敌讨逆，救国爱民"的誓言。辽东义勇军的浴血抗战，激发了辽东乃至东北人民的抗战热情。这种热情冲破了国民政府的"不抵抗"的沉闷空气，唤起了全国人民的新觉醒，成为鼓舞全国人民奋勇前进的精神力量。

综上，九一八事变后，辽东地区形成较早的义勇军抗日武装。其组成系统具有多元性特点，其抗战活动呈现阶段性特征，其发展历程经历了由前期的独立抗战发展为后期的与中共军队的协同作战。虽然由于各种因素，与其他各路义勇军一样，辽东义勇军最终失去了主体抗战的地位，但不能否认辽东义勇军所具有的民族精神和抗战精神。

[**作者**：张金春　吉林长春东北育才学校　教师　长春　130033]

---

① 《对邓铁梅调查状况报告》，敌伪档案军顾庶第7号，1934年7月14日。

② 罗占元：《五尺之躯何足惜，四省失地几时收——记抗日民族英雄邓铁梅》，谭译主编：《东北抗日义勇军人物志》（下），辽宁人民出版社1987年版，第109页。

大连抗日武装击毙敌酋

赵 琦

摘 要：安住时太郎、森秀树都是日本侵略大连地区的急先锋。在日本殖民统治期间，他们是积极充当日本侵略的“干将”，残酷迫害中国人民，疯狂掠夺中国资源……为自己的加官晋爵创造条件。多行不义必自毙，面对他们的恶劣行径，大连抗日武装奋起反抗，成功击毙敌酋。

关键词：抗日武装 安住时太郎 森秀树

1905年日俄战争结束后，日本重新霸占大连地区，直至1945年投降。长达40年的殖民统治期间，日本殖民当局对大连人民实行残酷的殖民统治，从政治、军事、经济、文化等各个方面进行残酷镇压，将大连变成了被白色恐怖笼罩的人间地狱。

哪里有压迫，哪里就有反抗。随着日本殖民统治的不断强化，大连人民的反抗斗争也日益激烈，各种抗日武装组织蓬勃兴起，给予侵略者沉重的打击。

一、安住时太郎命丧貔子窝

为了维护殖民统治，镇压中国人民和抗日志士的反抗斗争，日本殖民当局在不断完善其统治机构的同时，还先后建立了一整套司法机构。1906 年 9 月，日本殖民当局颁布《关东都督府法院令》，在旅顺设置了关东都督府高等法院和地方法院，均由关东都督直接领导。法院内各设两名检察官，在行政上直接隶属高等法院院长领导。高等法院首任院长为平石氏人，地方法院首任院长是西平。1923 年 8 月，地方法院迁至大连，高等法院仍在旅顺履行它的职责，而地方法院的权限从此开始膨胀和扩大，有时甚至代替了高等法院的权限。

日本殖民当局在大连地区的司法狱政，主要涉及的是对所谓“政治犯”“思想犯”“经济犯”的审判处罚，至于一般民事刑事案件则不是殖民当局所高度关注的问题。要把所谓的“政治犯”“思想犯”“经济犯”送上法庭，投进监狱，或者绑赴刑场，主要是依靠警察、宪兵和特务们的四处侦查、搜捕、拘押。殖民当局的警、宪、特机关动辄就将“马贼”“红胡子”等莫须有的罪名强加在无辜的人民群众身上，逮捕入狱，严刑拷打，灌凉水、上电刑、用火烤、夹笔杆等酷刑应有尽有。但是，压迫愈深，反抗愈烈，从日本殖民当局对大连施行法西斯统治开始，大连人民就从未停止过反抗斗争，而且斗争的烈火起烧越旺。

1929 年 2 月 14 日，关东厅地方法院第六任院长安住时太郎以审理孙云德抗租抗税案件为由，带领审判官川畑源一郎、长岛卯十郎，检察官池内真清，书记荒木格雄，翻译大崎茂马，巡察神谷利平，以及部分警卫等一行十余人，① 到貔子窝管辖内的碧流河乡塔寺屯进行现场勘查。安住时太郎曾任日本统治朝鲜总督府判事，依靠镇压中朝两国人民起家。碧流河抗日群众华耀堂、孙德忠、孙永芳等获知消息后，立即在村民隋德长家中集合，商量如何严惩这群早被人民恨之入骨的侵略者，拔掉安住时太郎这个爪牙，抗日群众决定在隋家院子里布下埋伏。刚刚部署好埋伏不久，日本人就大摇大摆地进村了。安住时太郎走在最前面，神

① 大连市政协：《大连文史资料》第五辑，1988 年，第 34 页。

谷利平紧跟其后，伴随着一群警卫，扬威耀武地走进隋家大院。

进入隋家大院后，安住时太郎正要带人进屋，砰的一声枪响，从西厢房飞出一颗子弹，正中安住时太郎头部，安住时太郎惨叫一声，扑倒在地，脑浆外流，当场毙命。[①] 见此情景，神谷利平急忙从腰间拔出手枪，想要回击，砰砰又是两枪，子弹射穿了神谷利平的右肘，手枪掉落在地。日本侵略者嚎叫着逃出大门，连滚带爬地钻进附近的一所破庙里。警卫们惊慌失措，只是举枪乱射，不敢露头。

当日本侵略者重新整理队伍，胆战心惊地再次摸进隋家大院时，院子里又恢复了宁静。他们见安住时太郎已死，再也顾不上勘查现场了，慌乱地收拾了尸体，仓皇地逃回了大连。

当地群众听闻这一喜讯，无不拍手称快，奔走相告。此事之后，貔子窝警察支署派出大批警察来到碧流河乡，严密监视这个与庄河、复县（今瓦房店市）接境的“匪巢”地区。但是，华耀堂等抗日武装群众仍活跃在碧流河中游一带，杀富济贫，抗击日本侵略者，所到之处，敌人闻风丧胆，百姓人心大快。

1936年春，经日本关东高等法院院长鹿岛鹤之助、检察长下田胜久的提议，日本殖民当局在安住时太郎毙命处为其树碑立传，同年10月竣工，并举行了盛大的揭碑仪式。1945年大连解放后，安住时太郎碑被当地群众推倒，碑石被当作修建猪圈的基石。

二、庄河大刀会怒杀森秀树

在辽宁省的东南部，以沈丹线（史称安奉铁路）、长大线（史称南满铁路）和黄海海岸为界，围成一个狭长的三角形，曾被称为“辽东三角地带”。其中主要包括丹东（史称安东）、庄河、东沟、岫岩和凤城等市县，这里树林沟渠较多，地形复杂，战略地位十分重要。

---

① 大连市政协：《大连文史资料》第五辑，1988年，第35页。

1931 年九一八事变后，在凤城、岫岩、安东一带出现了一支以农民为主要力量的抗日武装队伍——东北民众自卫军，邓铁梅担任司令员。与此同时，各地义勇军也如雨后春笋般兴起。1932 年 3 月，庄河抗日救国军在庄河青堆子成立，频繁打击日伪军，曾一度攻下庄河县城。七八月间，庄河地区抗日武装力量出现一支新的队伍——联庄自卫团（俗称“大刀会”），主要由华春盛在庄河长岭，郭殿政、鞠抗捷分别在自己家乡邱家沟、曹家屯组织民众参加形成的。其中，以鞠抗捷等组织的庄河大刀会力量最强，人数曾达 4000 余人。

当时，大刀会提出的口号是：抵抗日本人，保卫家乡。另外，有严明的纪律规定：不准打骂百姓；不准侮辱妇女；不准动百姓的东西。对于违反纪律者，轻者处罚，重者斩首。因此，大刀会赢得了广大人民群众的信任和支持。

1932 年 11 月，“辽东三角地带”的抗日烽火越演越烈，日伪军在这一带连续遭到打击。此时，邓铁梅等领导的义勇军和鞠抗捷等领导的庄河大刀会成员合计已有 3 万余人，这两支强大的抗日武装力量活跃在安奉、南满两条铁路之间，等于在日本殖民统治的腹地插了一把钢刀，抗日的烽火烧得日本殖民当局焦头烂额。

1932 年 11 月 26 日，日本关东军司令官武藤信义发布命令，从多门、坂本、西义等侵华师团中抽调 15000 余人，从齐齐哈尔调来靖安游击队三个营等组成连山关“讨伐”师团，兵分多路向庄河、岫岩和凤城三角区发起疯狂的进攻。12 月 13 日，日军“讨伐”师团从两个方向同时行动，第一路从海城、盖平、辽阳出发，向岫岩进击；第二路自庄河方向，向大孤山、龙王庙一线进击。是时，担任靖安游击队联队长的森秀树率部跟随第二路行动。

森秀树毕业于日本陆军士官学校骑兵科，被授予骑兵下士官军衔。1930 年 8 月晋升为骑兵大佐。1931 年 10 月担任日本关东军靖安游击队联队长。① 为了抢占头功，森秀树早在行动的头一天，就带领靖安游击队500人从瓦房店向庄河开进，要“踏平”庄河，“围剿”大刀会。庄河大刀会总部得到情报后，迅速集合各分团待命，做好战斗准备，决心在庄河境内消灭这支侵略军。

12月15日晚，森秀树率领由160名靖安游击队员组成的骑兵队行至位于庄河县城北面的土城子时，由于天色太晚，决定进村宿营。在森秀树的布置下，全部人马分别驻扎在当地的几个大院内，队部驻扎在村东头的寇福昌大院里。大刀会总部得到消息后，迅速发出号令，决定先消灭这股日军力量。3000余名大刀会成员得到号令后在庄河桂云花附近集聚起来，鞠抗捷命令大刀会首领娄子敬率领500名刀术高强的会员从土城子西北方向担任主攻，自己则率领2500余名会员负责将土城子周围团团包围住。

12月16日凌晨，枕戈待旦的大刀会成员已兵分两路将土城子围个水泄不通。待总部发出进攻信号后，霎时间刀光闪闪，杀声震天。此时，正在酣睡的森秀树与部下被震耳欲聋的喊杀声惊醒，慌乱中一部分靖安游击队员还没来得及穿衣服就已做了刀下鬼。寇福昌家是个四合院，四周有围墙，森秀树当时住在东厢房。听到枪声后，森秀树强装镇静，急令部下抢占东厢房屋顶，凭借装备优势，居高临下用机枪等向进攻的大刀会成员疯狂地扫射，以期拼死抵抗。虽然靖安游击队武器装备精良，而大刀会只有红缨枪、大刀，但早已仇恨满腔、杀敌心切的大刀会会员个个英勇善战，他们顶着日军密集的火力，组成一道道人墙前仆后继，直打得日军丢盔卸甲，四处逃窜。

激战中，娄子敬带领十余人迂回到东厢房的后门，趁日军不备，突然破门而入，杀死日军机枪手。大刀会成员趁势一鼓作气冲进院子，登上屋顶将数十名日军砍死或砍伤，负责保护森秀树的军官高桥等人也皆负重伤。森秀树见大势已去，惊慌失措，率

① 张志成主编：《旅顺日俄监狱旧址博物馆馆藏碑刻研究》，科学出版社2016年版，第357页。

领剩余部下冲出院子仓皇逃窜。这时，大刀会成员再次冲上来，将围在森秀树身边的日军砍翻在地，日军又掉头往回跑。森秀树身穿铁甲、头戴钢盔，大刀会成员们举起大刀、红缨枪在他身上又砍又戳，他却刀枪不入。一位叫郑义的大刀会成员看到森秀树屁股上的“钢叶子”不严实，便大喝一声，用红缨枪猛刺进去。另一位大刀会成员薛永录手挥大刀向森秀树砍去，只听一声嚎叫，森秀树身首异处，当场毙命。①

土城子战斗历经了4个小时，大刀会成员凭借着手中的红缨枪和大刀杀死森秀树等5名日军军官，刺伤日军数十人。另外，还缴获日军长短枪30余支、战刀1把、战马30余匹和一部分粮食弹药等，使土枪土炮的大刀会充实了一部分新式武器。此次战斗是庄河大刀会与日本侵略军的第一次交锋，它极大地鼓舞了东北民众的抗日信心，特别是坚定了“辽东三角地带”人民反“讨伐”斗争的必胜决心。同时，对日本侵略军也具有极大的震慑作用。

1939年9月18日，正值九一八事变8周年，日本殖民当局为了鼓舞“士气”，组织日本警察协会、协和会在庄河土城子为已被日军追晋为陆军少将的森秀树等5人立“靖安游击队五勇士战死之地碑”。“文化大革命”期间，碑石被庄河群众推倒。1991年1月24日，碑石被旅顺日俄监狱旧址博物馆征集收藏，2019年被辽宁省文物局专家组认定为国家二级文物。

安住时太郎、森秀树都是日本侵略中国的急先锋，也是日本殖民当局屠杀中国人民的罪魁祸首，他们可耻的下场证明，侵略者绝没有好结果！

［**作者**：赵　琦　旅顺日俄监狱旧址博物馆　馆员　旅顺　116041］

① 姜廷玉主编：《侵华日军高级将领大结局》（下），珠海出版社2004年版，第203页。

马占山的真降与诈降之辨

张桂芝

摘 要：江桥抗战失败之后，马占山为了保存实力，争取喘息时间，曾一度“归顺”日军40多天。那么在这段时间里，马占山是“真降”还是“诈降”？史学界一直争论不休。笔者以大量的史料证明，马占山绝不是真降，而是一次计划周密的成功诈降。马占山不愧是中华民族的抗日英雄。

关键词：马占山 江桥抗战 抗日战争

江桥抗战失败之后，马占山曾一度“归顺”日军40多天。在这段时间里，马占山是“真降”还是“诈降”？在史学界一直争论不休，各种说法莫衷一是。笔者对马占山投降的观点持不同意见，认为马占山当时的举措，纯系有周密计划的一次成功诈降。

一、虽败犹荣的江桥抗战

1931年10月10日，张学良任命马占山为黑龙江省政府代理主席兼军事总指挥。10月20日，马占山在齐齐哈尔正式就职，他在就职大会上宣称“倘有侵犯我疆士及扰乱我治安者，不惜以全力铲除之，以尽我保卫地方之责”①。10月22日，马占山针对日军集结重兵准备进犯黑龙江省又发表抵抗宣言，明确表示“当此国家多难之秋，三省已亡其二，稍有人心者，莫不卧薪尝胆，誓救危亡”，“尔后凡侵入我江省境者，势必决一死战”②。

11月4日，江桥抗战打响之后，面对数倍于我、武器精良的日军，马占山毫不畏惧，身先士卒，亲自率部与日伪军死拼。为了鼓舞士气，马占山在情势甚险的情况下，乘车赶到大兴阵地，守军指战员见马将军冒死赶来，顿时欢声大作，士气高昂。但是战争是用武器说话的，尽管官兵们以死相拼，仍然招架不住日军的飞机、大炮等重武器的轰击。

针对中国守军损失惨重，马占山几次致电南京政府和张学良要求援助，但除了得到蒋介石在电报中说一些“为国争光，威声远播，中外钦仰，至堪嘉慰……”的官话、套话，还有一张11月17日将省长取“代”为正的电文外③，未派一兵一卒，未发一枪一弹，未给一钱一文，致使马占山陷入孤军无援的险恶境地。在这种情况下，马占山不忍在敌我相差悬殊之际，把忠勇无畏的将士们全部拼光。11月18日下午，下达了总退却令。江桥抗战尽管最终失败，但“虽败犹荣”。因为它是九一八事变以来，日军遭到我正规军的第一次重创。此役，日军“统共伤亡必在6000人以上，我军殉国者仅2000余人，约三则一之比”④。江桥抗战精神不朽，其历史功绩永远驻留在中国抗日斗争的史册上。

---

① 周彦、李海：《江桥抗战及近代中日关系研究》，吉林人民出版社2005年版，第200页。

② 周彦、李海：《江桥抗战及近代中日关系研究》，第200页。

③ 潘喜廷、卞直浦：《东北抗日义勇军史》，辽宁人民出版社1986年版，第376页。

④ 周彦、李海：《江桥抗战及近代中日关系研究》（下），第100页；另据吉林省社科院研究员王希亮统计，江桥抗战日军死亡的人数为379人，冻伤995人，损伤战斗人员总计1374人。

二、诈降而非真投降

这样一位对日本侵略者疾恶如仇，誓死抗日的爱国将领，怎么会说降就降了呢?《九一八国难纪念日马占山痛告国人书》资料的发现，更加坚定了笔者的判断，马占山是诈降而绝不是投降。

“占山毅然在呼兰县城，与丁、李（笔者注：丁超、李杜）诸君秘密会议，讨论应付方策，佥以危急存亡，间不容发，欲解决目前难关，唯有将计就计，向敌诈降，缓敌追击，且可得存实力，静候关内出兵，再举义旗，以作内应，而收夹攻之效。而且寇侵我之种种阴谋，亦可随时侦探。议定后，遂向敌将多门师团提出‘投降’……”①

关于马占山以上的叙述再清楚不过了，当时向敌诈降，并不是他一个人的主张，而是与丁超、李杜等诸君经过周密的商量而共同决定的；诈降之后，不仅可以待关内出兵，再举义旗，以作内应，而且可以随时侦探日军的种种阴谋。

当时马占山向日军提出的“投降”条件是：一、停止一切对吉黑军事行动；二、不得杀害黎民；三、补充弹药饷械。② 此草案由汉奸赵仲仁、韩云楷传递给日军多门师团长，多门表示完全同意，并约马占山在哈尔滨马迭尔饭店会晤。马占山与多门会晤后，当夜又返回呼兰县，“随即邀请丁、李，报告与多门接洽之结果，并秘密决定扩充实力待机而动。即任命军政两署参谋梁振铎为黑龙江全省民军总司令，驻海伦。积极训练，令卫队团移驻海伦，保护呼海铁路……军署所有之重要文卷皆交于民军总司令保存”③。为了掩日军耳目，马占山把力主抗日的军署参谋、

① 台湾“国史馆”：《第二次中日战争各重要战役史料汇编》，台湾“国史馆”1981年版，第141—142页。

② 台湾“国史馆”：《第二次中日战争各重要战役史料汇编》，第142页。

③ 台湾“国史馆”：《第二次中日战争各重要战役史料汇编》，第142页。

副官等皆裁撤，密派他们到民兵任军事训练的教官或充任领队的；并密告长子马奎，托言眷属有病，延缓来省。一切都安排妥当，马占山只身一人回齐齐哈尔。从此，马占山在敌巢中，开始了40余天的卧薪尝胆……其间，“他还秘密联系丁超、李杜向日方请求补充接济军饷，日军一一照办”①。

马占山当时的真实想法，上层政要以及国人当然不会知道内情，因此，引起国内外爱国人士和支持中国抗战的世界人民一片哗然，各种辱骂声充斥各大媒体，“一时，赫赫有名的抗日英雄马占山，骤然变成万人唾骂的降将军”②。可此时的马占山不能作任何解释，只能忍辱负重，任人辱骂。

据万福麟的秘书杨成基回忆，他曾受张学良、万福麟的指令，三次秘密潜入黑龙江省与马占山取得联系。“第一次是马占山任黑龙江省代主席后，我到齐齐哈尔与马会面，了解到马占山对保卫黑龙江省信心十足，对日态度非常坚决；第二次是在江桥抗战中，这次主要传达张学良和万福麟对吉黑两省的布置安排，因国联调查团不久将来东北调查，我希望与马占山见面时，了解日军侵略情况；第三次是1932年3月9日，这次任务是摸清马占山降日真假，做好国联调查团与马占山见面的准备工作……会面后，我面交了张学良和万福麟的信件，马占山和我谈及了当前的情况和困难处境，最后，马占山说：‘回去告知，我有办法，决不投降！’③ 然后，马占山催促杨成基：‘赶快回去，不要在这里，以免发生意外。’”

如果马占山真的变节投敌的话，他完全可以将张学良派来的特使杨成基交出去，然后到日本人那里领功受奖。他非但没有这样做，而且催促杨赶快离开，并让其转告张学良“回去告知，我有办法，决不投降！”在马占山以后的行动中，也充分证明了他诈降的成功。

---

① 台湾“国史馆”：《第二次中日战争各重要战役史料汇编》，第142页。

② 王秉忠：《马占山》，黑龙江人民出版社1985年版，第99页。

③ 周彦、李海：《江桥抗战及近代中日关系研究》，第217页。

为了早日逃离虎口，马占山“私定脱险之计”，以“不理军政事务，沉迷于酒色之间……”来麻痹日军。① 每天在驻黑龙江“满铁”事务所里，与铃木司令官及日方要人，作竹战（打麻将）游戏。马占山看铃木等人对他有所放松警惕，便将黑省盐款1400万元，呼海铁路借款金票700万元，收税款300万元提前一并提出，调集军用汽车12辆，将重要物资和军马300匹悄悄运走。②

就在马占山逃离的前一天，他已经与铃木等日人连玩竹战游戏三昼夜，3月31日最后一天夜间12点，马占山“忽佯作腹痛剧烈之状，云须返署服药，少待即回。铃木等亦数夜未眠疲困已极，不暇思虑，皆伏案大睡”③。等到天明，马占山已经率领第三旅官兵200余人，并携带两署关防印信，在日人眼皮子底下金蝉脱壳，抵达拜泉。到拜泉后，马占山“假意致电铃木司令官，称军心不稳，故亲来训谕，并谢在江多蒙爱护之意”。此时，铃木方知中计，深悔不听本庄繁的劝诫。原来本庄繁对马占山“弹尽援绝只身来归，既不带眷属又不带卫队军，且不断扩充军队”认为其中必藏诡谲，积极主张收买中国人将其暗杀，以除后患，但是铃木没有听信，所以后悔莫及。④

三、拜泉再行抗日义举

马占山在拜泉又做了周密部署，令梁振铎全权处理呼海沿线军民两政，并电令各旅团长切实保护铁路，准备反攻，然后急赴黑河。4月9日，在黑河建立了黑龙江省行署，并举行了誓师大会，电告张学良“所有军政各机关，即时成立，照常办公”。同时，组建了黑龙江省的抗日救国军，公推马占山为司令，重新举

① 台湾“国史馆”:《第二次中日战争各重要战役史料汇编》，第142页。

② 周彦、李海:《江桥抗战及近代中日关系研究》，第197页。

③ 台湾“国史馆”:《第二次中日战争各重要战役史料汇编》，第142—143页。

④ 台湾“国史馆”:《第二次中日战争各重要战役史料汇编》，第143页。

起抗日大旗。亲率大军直抵海伦进行反攻。马占山抗日救国之鸿志，终于大白于天下！

马占山这一步步详实、缜密的安排，这是一个多么周密的诈降计划。事实证明，马占山不仅是一个能够指挥千军万马的将才，而且是一个足智多谋的谍战精英。

“诈降”在军事上是一个常用的有效的战略战术，兵不厌诈已经成为军事专家的共识。在我国军事史上，诈降成功者不乏其人。在抗战中，义勇军司令高鹏振曾成功对日军诈降两次，在骗取敌人大量武器装备后，寻机把队伍拉出，重返抗日战场……令人费解的是，史学界有些专家，为什么对马占山的诈降总持怀疑态度呢？

如果马占山暂时“归顺”日军，不是为了蓄意东山再起的话，那么，他没有必要在置身于敌巢时，冒杀身之祸，秘密筹集军费，为第二次起来抗日准备物质基础；如果他真心降日甘当汉奸的话，那么，就不会在日伪当局一再给予其高官厚禄，在有权有势，风光得意情况下，离开了锦衣玉食的“安乐窝”而重新走上颠沛流离，生死未卜的抗日之路。如果马占山把自己的命运和日本人及伪满洲国紧紧联系在一起，死心塌地地为日伪当局效劳，一时之间是绝不存在任何政治风险的。可恰恰相反，在短短的40多天的时间里，他周密而巧妙地为再举义旗做了诸多的准备工作，并刻意选择了“国联调查团即将来东北调查”的机会，于4月1日成功地率领部属脱离敌巢，重返抗日战场。其每一环节都是他精心策划和周密准备的。

至于有人说，他毕竟担任过伪黑龙江省省长和伪军政部长，这一污点是洗刷不掉的。他不担任此职务，还能叫诈降吗？马占山在打入敌人心脏之后，头脑始终保持高度的清醒，当关东军让“四巨头”在伪满洲国“建国方案”上签字时，马占山为了不想在这一耻辱的历史档案上留下自己名字，他佯装头痛、周身不适，委婉地拒绝了在伪“独立宣言”签字。

我们应以唯物史观，客观地分析马占山当时“归顺”日军的一系列举措。如果说他是“被迫妥协”，要看他“妥协”后面的真实用意。从马占山对待其家属的态度上，我们也清楚地看到，他为了坚决抗日，不仅把自己的生命置之度外，而且无暇顾及自己的家人。其长女马玉文在回忆录里说：“父亲向家人说，我现在没有时间考虑家庭问题，你们自己设计离开这里，回北平去。”① 马占山走后，家属化装隐蔽辗转流离，隐姓埋名，吃了不少苦头，才逃离虎穴。马占山在第二次抗战失败后远赴苏联，更无暇顾及自己的亲人。据他与二房夫人李秀芳所生的次女回忆说：在她3岁时，父亲退居苏联，再也没有见到他，因生活没有经济来源，母亲李秀芳被迫改嫁给做俄语翻译的徐子平，为了安全起见，她随了继父的姓，改名为徐淑清（曾任大连石油公司副经理）。在徐淑清懂事之后，母亲才告诉她：“你的生父是马占山，他去打日本鬼子了。”②

马占山为了民族大义，早已把个人的利益全部抛到九霄云外，这样铁骨铮铮的民族英雄，怎么会投降日本呢?

1932年9月18日国难纪念日，马占山写《痛告国人书》发表在《申报》上。当时与他一起商讨对策，决定诈降的丁超、李杜等诸君都还健在，如果马占山捏造事实，胡说八道，那么丁超、李杜等人一定会群起而攻之。而马占山之所以敢于公开解密当时的实况，就说明他内心非常坦然，丝毫没有见不得人的龌龊。

事实胜于雄辩。马占山40余天暂时“归顺”日军，绝不是真降，也不是被迫而降，无疑是一次计划周密的成功的诈降。

［**作者**：张桂芝 锦州市东北抗日义勇军研究会 专职研究员 锦州 121000］

① 周彦、李海：《江桥抗战及近代中日关系研究》（上），第47页。

② 徐淑清：《我的父亲是马占山》，《大连晚报》，2007年11月25日。

日伪东边道独立“大讨伐”及其后果

张　宽　王广义

摘　要：东边道独立“大讨伐”是关东军制订“三年治安肃正计划”后首次进行的重点地区大规模武力镇压行动，由伪军独立进行。在侵略战中将“治标工作”“治本工作”及“思想工作”直接结合起来，以期彻底消灭该地区的东北抗日联军。抗日联军凭借机动灵活的游击战术、统一战线策略等成功冲破日伪“扫荡”，并使队伍获得很大发展。然而，此次“大讨伐”依旧给东北抗日武装及广大东北人民造成了严重损失和深重灾难。

关键字：东边道　东北抗日联军　统一战线

日伪东边道独立“大讨伐”是指由伪军独立在东边道北部地区①进行的大规模镇压抗日力量的行动。日伪将东北抗日联军及各路抗日武装污蔑为“匪、胡”，对义军的攻击和压迫自诩为正义的讨伐或肃清。② 在具体实施中，强调“治标工作”“治本

① 按日伪划定区域范围，东边道北部地区主要是指辑安（今集安市）、通化、柳河、辉南、金川（后并入靖宇县）、濛江（今靖宇县）、临江、抚松、长白各县，磐石县东部和桦甸、安图两县南部。

② 周麟祥：《艰苦奋斗的东北义勇军》，西安《大路周刊》1936 年第 7 期。

工作”“思想工作”的密切结合[①]。该计划的实施“企图从根本上防遏抗日武装势力阶段的开端”[②]。而东边道独立“大讨伐”则是该计划制订后首次进行的镇压活动。

一、日伪部署东边道独立“大讨伐”的原因

日伪部署东边道“扫荡”的原因包括两方面内容。

一是何谓独立。“扫荡”行动由伪军独立进行。而此前的“扫荡”往往是由关东军及伪军同时进行。为何此次“扫荡”要独立？第一，关东军专注防御苏联而进行士兵训练。九一八事变后，日苏两国出于各自的国家利益在我国东北边境地区分别进行军事部署，且经常发生小规模武装冲突，尤其是1935年夏天以后，冲突更加频繁。1936年，日德两国签订《防共协定》，引起了苏联的极度不满，苏联加强警戒。受此影响，日本加紧对苏作战准备，从1936—1937年左右开始，为适应日军对苏作战准备的需要，伪军警逐渐地担当起武力镇压的主角。[③]“到1938年，在东北的日军中除了第四师团和独立守备队的主力外，其余均可集结专注于训练”。“至1939年，关东军则可以几乎不考虑抗战匪团而专注于对苏作战准备”[④]。第二，伪军战斗力有所提升。最初，由于中国共产党在伪军中工作的开展，部分伪军会暗中为反满抗日队伍提供武器弹药，甚至公开反正哗变，给日本侵略者造成了严重打击 ，所以关东军仅将伪军作为其辅助力量，且在

---

① 吉林省公安厅公安史研究室吉林编写组编译：《满洲国警察史》，长春人民印刷厂1990年版，第180页。

② ［日］浅田乔二、小林英夫著，东北沦陷十四年史吉林编写组编译：《日本帝国主义对中国东北的统治——以十五年战争时期为中心》，内部发行1994年版，第261页。

③ ［日］浅田乔二、小林英夫著，东北沦陷十四年史吉林编写组编译：《日本帝国主义对中国东北的统治——以十五年战争时期为中心》，第136页。

④ “满洲国”军刊行委员会编：《满洲国军》，1970年版，第292页。

1933年8月9日，日本陆军省制定《满洲国陆军指导要纲》明确规定：战斗兵种只设步兵和骑兵，不得有重炮、坦克和飞机。[①] 随后，这一状况由于佐佐木到一出任军政部最高顾问而改变。在他看来，“剿匪是平时的主要任务，治安维持的责任在于满洲国”[②]，积极主张以伪军镇压抗日队伍。1935年12月，关东军参谋本部也制定了《满洲国陆军指导纲要》，提出伪军的建设方针，即“培养军队以其主力胜任独立防卫及警备任务，以其部分兵力胜任外征任务”[③]。这种转变由此开始了以中国人“讨伐”中国人的罪恶军事行动。东边道独立“大讨伐”即是此方针的贯彻实践，但是，实际指挥者却是以佐佐木到一为首的关东军军官所组成的指导部。第三，关东军认为“依靠分散的小部队进行讨伐损害多”[④]。这一点从此前的“扫荡”中即可看出，如驻防通化县的日军部队被赵尚志部包围，双方发生激战，结果日军死伤多名。[⑤] 因此，伴随着“三年治安肃正计划”的施行，关东军逐渐将分散兵力收回，而后的“治安肃正工作”则以伪军警为主体实行。日军此举，既可以集中力量进行对苏作战之军事训练，又可不费日军一兵一卒按计划实施镇压行动，其阴险程度可见一斑。即便如此，敌方却冠冕堂皇地称：“此次所以单纯用中国军的单独力量肃清这一地区，是因为要检验一下中国军现有机构战斗力究竟如何”[⑥]。

二是选在东边道北部地区“扫荡”。自九一八事变起，“不甘当亡国奴的热血民众，纷纷起来作抗日运动，又加敌军蛮横的

① 《中国抗日战争大辞典》编写组编：《中国抗日战争大辞典》，湖北教育出版社1995年版，第694页。

② “满洲国”军刊行委员会编：《满洲国军》，第15页。

③ “满洲国”军刊行委员会编：《满洲国军》，第11页。

④ ［日］“满洲国”史编纂刊行会编，东北沦陷十四年史吉林编写组编译：《满洲国史（分论）》上册，内部发行1990年版，第501页。

⑤ 《东北义军大活跃不怕困难不惜牺牲 坚决抗战无往不利》，《世界晨报》1936年8月3日。

⑥ 中央档案馆等编：《东北“大讨伐”》，中华书局1991年版，第303页。

屠杀，强行没收民田及枪支，种种暴行，迫使一部分农民无家可住，无田可耕，势不得不走上义勇军的途径上去”[①]。因此，党在东边道地区的抗日斗争有着良好的群众基础。加之东边道地区山岳重叠，且多为密林地带或人迹罕至的空白地带，有险可凭、易守难攻，“义军资为根据，进可以战，退可以守”[②]，是天然的割据地区，杨靖宇所率领的抗日联军及王凤阁等领导的义勇军聚集在此，并逐渐联合壮大起来。据敌方记载，1936 年 9 月，东边道地区抗日军共计 5520 人，中共部队的人数多达 2590 人，几乎占人数的 50%以上；而在东边道北部 9 县有抗日军共 2280 人，中共部队有 1500 人（约占 66%）、“政治匪”为 490 人（约占 21.3%）、“土匪”为 290 人（约占 12.7%），从这些数据可以明显看出，“匪团的活动中心是共匪”[③]。一时间，该地区成为抗日力量最为活跃的地区，被日伪当局称为“治安癌症”地区。仅在此次镇压行动前夕的冬季“扫荡”中，敌方“以十万重兵之联合围剿线，竟为义军杨靖宇、王凤阁、老梯子等部，或以轻骑，或以奇谋，纷纷冲溃，义军声势大振，益普遍于东北各地”[④]。1936 年 7 月 22 日，杨靖宇部“以计诱日军矢岛部队于金川县之大荒沟地方设伏击之，日军全军覆灭，然日方宣称并未全数丧亡，死者仅十一人，实则无一得生还者”[⑤]；9 月 18 日，金日成同吴义成部合袭抚松县城，占据南门外山东会馆、咸阳沟门炮台。在此前后，聚集于抚松县的 3000 人袭击了抽水洞村等等。类似事件比比皆是，正如敌方所言：虽经多次“扫荡”，“共匪

① 《铁蹄下的东北 农民并户的大屠杀》，《教育短波》1937 年第 103 期。

② 琳：《东北通讯：辽吉义军空前活跃》，《边讯》1936 第 1 卷第 5 期。

③ 中央档案馆等编：《东北“大讨伐”》，第 304—305 页。

④ 周：《东北通讯：日伪军积极布置实行第三次围剿计划》，《边讯》1936 年第 1 卷第 2 期。

⑤ 赵：《东北通讯：义军杨靖宇谋勇兼备诱日军于密林中聚而歼之，日军矢岛部队以下六十人全部覆灭》，《边讯》1936 年第 1 卷第 7 期。

的猖狂仍未止息”①。

基于上述原因，日伪将东边道北部地区作为“三年治安肃正计划”实施的首选地，开始了从1936年10月至1937年3月末长达6个月反复而又残酷的“扫荡”。

二、日伪东边道独立“大讨伐”的主要内容

东边道独立“大讨伐”是以“治标工作”“治本工作”及“政治工作”密切结合，共同实行的方略。

1936年6月，关东军司令部《关于昭和十一年度第二期关东军治安肃正纲要》规定：“第二期治标工作的重点，依然是在于歼灭在满洲国东部地区的匪贼，特别是歼灭共匪。”② 根据关东军的指令，1936年10月，以伪军为主力对东边道北部九县的“扫荡”正式开始。其中，“扫荡”部队以伪第一军管区的部队为主力，由伪第二、第三、第五军管区及伪靖安军、伪宪兵进行支援，出动伪军总兵力达16000万人。③ 日伪将东边道划分为5个小区，分别是通化地区、临辑地区、长抚地区、濛辉地区和金柳地区，各地区按“扫荡”作战计划分头行动，彼此协力。军队部署前后分为三线，组成一个大包围网。把部队分为堵击部队：凡抗日行动要路、出口一律封锁；“扫荡”部队：遇有情报时，或出“奇袭”，或在抗日军意料以外进行搜索；游击部队：经常在山里穿梭般行动，以使抗日军的活动受到阻碍。④ 与此同时，为了从根本上切断民众和抗日游击队的联系，日伪治安当局

① 《关东军第八五三号命令》（1936年7月22日），东北抗日联军史料编写组：《东北抗日联军史料》（下），中共党史资料出版社1987年版，第814页。

② 《关东军司令部关于昭和十一年度第二期关东军治安肃正纲要》（节录）（1936年7月），东北抗日联军史料编写组：《东北抗日联军史料》（下），第817页。

③ 中央档案馆等编：《东北“大讨伐”》，第315页。

④ 赵秋航：《东边道独立“大讨伐”》，孙邦主编：《伪满军事》，吉林人民出版社1993年版，第206—207页。

决定在重点地区特设“讨伐指导部”，由最高顾问佐佐木到一亲任指挥，其下有河岐大佐、下山大佐等10名顾问和14名军事教官，“使以独立守备队和伪满军、警察队为主体特别编成的部队长期驻扎在那里，彻底追踪游击队，给予不间断的攻击”①。此外，在武器装备方面，规定如“遇有大匪团袭击，或匪团逃脱时，立刻出动轰击”，为此“关东军命奉天满洲航空会社经常准备武装飞机三架待命”②。

日伪在东边道北部的“治本工作”有广义和狭义之分。狭义的“治本工作”包括划定无人区、建立防卫部落及集家部落、建设警备道路通讯网、建立保甲制度、收回民间武器，发放居民证、通行证，购买许可证、检问、检索、逮捕等，是“分离匪民之直接手段”。广义的“治本工作”是在狭义基础上加入所谓的“复兴工作”。其中，集团部落是日伪“匪民分离”的特别举措，企图以此“把人民集中在一个村落，以便于‘行监坐守’，而把其他的村落，完全毁灭，使民间武力，无处存身”③。1935年，东边道北部九县有“集团部落”48个，1936年为101个，1937年又增设98个。④ 在强迫人民大众搬进集团部落时，“到了期限，就把那些被并的小村一把火烧掉。许多人眼看着祖先遗下的产业，被敌人无情地毁掉，只是敢怒不敢言。也有人不肯离开自己的家园，而被敌人连屋烧死的”⑤。“集家后认为是匪区，即化为无人区，一个人也不准进入，如有进入者，遇见立刻枪杀。人民不知道，有搬家后，地里有粮食未收拾净，惦记一年辛苦所得的生活果实，去收拾的，还有砍柴的，误走错道路的，如遇山里

---

① ［日］浅田乔二、小林英夫著，东北沦陷十四年史吉林编写组编译：《日本帝国主义对中国东北的统治——以十五年战争时期为中心》，第126页。

② 《军政部顾问命令》（1936年9月18日 满作命第7号），中央档案馆等编：《东北“大讨伐”》，第251页。

③ 孙飞：《东北义勇军的活跃》，《国防论坛》1936年第5卷第8期。

④ 中央档案馆等编：《东北“大讨伐”》，第330、335—336页。

⑤ 文金：《敌人的暴行》，正中书局1940年版，第6页。

肃正工作队即遭枪杀。”[①] 同时，厉行保甲制“以十家为一甲，禁止东北同胞窝匪、勾匪、通匪，就是说，如有一家跟义勇军发生关系，其余九家同罪”[②]。还广泛推行特务制，严密监视群众的一举一动，企图“一方面是束缚东北人民的行动，镇压人民的反抗，另一方面也是为了限制抗日的活动，隔绝抗日军与人民的关系，使抗日军陷于孤立无援的地位”[③]。此外，1936 年，日伪还早早地从安东省公署，直到长白、抚松、辑安、桓仁及宽甸等各公署安装了无线电收发报机[④]，以使之在“治安工作”或搜集情报中充分发挥作用。

在“三年治安肃正计划”中，日伪将工作重点放在“彻底镇压共产党、团、政治匪徒及其外围团体，检举匪徒，特别是潜伏匪徒，以及搜缴隐藏的枪支”[⑤] 上。据此，在东边道“大讨伐”中对检索提出专门要求：“（甲）各地区随时进行一齐检索；（乙）全地区的一齐检索由警务统制委员会指令之；（丙）进行检索时，须适合当地情况，按职业、地区或是在全地区一齐实行之，其日期、时间、手段方法等须特别研究；（丁）在进行检索时，须与当地或附近日满军联系，必要时可要求满军的协助”[⑥]。据太坪松雄口供，为了消灭抗日军的地下力量和镇压当地人民的反抗，日伪在八道江、林子头、红土崖一带曾进行了 3 次大逮捕，分别逮捕中国百姓约 80 人，这些人大都经过灌凉水、拷问等酷刑。[⑦] 此外，还进行诱降等工作，1937 年 2 月，坂根觉次将

---

① 《赵秋航笔供》，中央档案馆等编：《东北“大讨伐”》，第 343 页。

② 石啸冲：《战斗中的东北义勇军》，《时事类编》1940 年特刊第 48—49 期，第 83 页。

③ 孙杰：《东北抗日联军第四军》，巴黎救国出版社 1936 年版，第 112 页。

④ 吉林省公安厅公安史研究室、东北沦陷十四年史吉林编写组编译：《满洲国警察史》，吉林省 1990 年内部资料，第 255 页。

⑤ 吉林省公安厅公安史研究室吉林编写组编译：《满洲国警察史》，第 211 页。

⑥ 中央档案馆等编：《东北“大讨伐”》，第 324 页。

⑦ 《太坪松雄口供》，中央档案馆等编：《东北“大讨伐”》，第 347—348 页。

诱降的20人押至通化县城西南方浑江江岸全部杀害。[①]

对于结果，日伪似乎颇为满意，在此后的镇压行动中继续贯彻此方针，并最终导致东北抗日斗争进入极端艰苦的低潮时期。

三、日伪东边道独立“大讨伐”所造成的后果

对于日伪的疯狂“扫荡”，聚集在东边道地区的抗日联军一路军展开了积极的反抗斗争。抗联各部在敌人大“扫荡”前已做准备，储存了粮食，在深山老林中修盖了密营，所以日伪军警进行“扫荡”时，抗日联军处于完全主动的地位，除在密营休整、学习外，仍能主动打击敌人，取得了不少胜利。抗日联军经常与几倍于己且武器装备精良的伪军进行作战，他们灵活运用游击战术、广泛实行统一战线策略，以优异的战绩成功冲破敌人的重重封锁，而且获得了很大发展。从1936年至1937年，是东北游击战争发展到高峰的时期，非党领导的抗日武装队伍日趋缩减和消失，党领导的抗日联军发展壮大起来。[②] 聚集在东边道地区的东北抗日联军第一军，“由1935年9月至1936年6月，队伍扩大了2倍，在武装方面全军80%已换成三八式步枪”，所属游击区也已达到20多个县。[③] 为全面抗战爆发后，积极配合关内战场作战奠定了良好基础。然而，日伪的这次“大讨伐”也给东北抗日武装及广大东北人民造成了严重损失和深重灾难。

首先，东北其他各路抗日队伍遭到严重损失。在秋季“扫荡”中，东北抗日人数由5000多人减至2000人[④]，在冬季“扫

---

① 《坂根觉次笔供》，中央档案馆等编：《东北“大讨伐”》，第346页。

② 周保中：《东北抗日游击运动和东北抗日联军》，中国抗日战争军事史料丛书编审委员会编：《东北抗日联军·回忆史料》，解放军出版社2015年版，第7页。

③ 松五：《东北抗日联军第一军》，《烽火（西安）》1937年第6期。

④ 《秋季讨伐的实施及其效果》，中央档案馆等编：《东北“大讨伐”》，第265—266页。

荡”中，著名抗战将领王凤阁惨遭杀害。加之日伪发动“扫荡”的时间为秋冬季，气候极为恶劣，“奔驰于山林战场上之义军，衣食不充，风雪裂肤，握于手中之铁质枪械，如冰寒冷，以致浸透心腑，在冰天雪地山峦上，在月夜光芒笼罩下”①与敌周旋，更增加了抗日斗争的艰难困苦。

其次，东北抗日队伍与群众的联系在很大程度上被切断。大量集团部落和无人区的建立，使抗日联军与农村广大群众隔离。同时，各县城及主要城市的出入口设置警察和宪兵检问所，严禁生活必需品、衣服及药类向外持出。②在这种情况下，抗日联军的物资来源遂告断绝，抗日斗争更加尖锐化。③

最后，广大民众遭受了令人发指的迫害。所谓“治安肃正工作”，是从来没有比它更残忍的……屠杀了几千万的爱国者，烧毁了中国人民的房屋掠夺了财物，又任意逮捕拘禁人民，加以拷问凌辱，为所欲为，特别是设立了根本没有起诉机会的，非人道的审判制度——特别治安庭，恬不知耻地捏造罪行苛以极刑；在广大地区内实施了“集家部落”制，破坏了人民生活，又驱使当地居民建设长达数千公里的警备道路。至于制定无人地带的暴虐举动更不是言语所能形容的；许多人被烧掉了房屋，被夺去了等于命根子的耕地，被赶出住惯了的家乡。④

在东边道独立“大讨伐”中，广大民众也同样遭受了上述种种非人待遇。日伪想方设法控制农村民众，强行规划无人区，强迫他们搬进集团部落，有时“因为限期太短，搬来的人家根本

① 《东北近讯：日伪军“秋讨”中义军之应对战》，《中央周报》1936年第439期。

② ［日］桥本岬：《东边道大讨伐的概略》，［日］岛村三郎等：《我们在满洲做了什么　侵华日本战犯忏悔录》，群众出版社2016年版，第128页。

③ 周保中：《东北抗日游击运动和东北抗日联军》，中国抗日战争军事史料丛书编审委员会编：《东北抗日联军·回忆史料》，第7页。

④ 中央档案馆整理：《日本侵华战犯笔供 中日文本　第5册》，中国档案出版社2005年版，第517页。

无房子住，没有办法，许多男女老幼只得住在仓房、牲口圈、猪圈和临时用两根木头架起的小草棚子里"[①]，再加上卫生环境极差，各种传染病肆虐。据1936年12月统计，通化街传染病患者达1132人，其中死亡153人；金川县为1508人，死亡137人；柳河县为4385人，死亡315人；蔓延地区，不止以上各县。[②] 整个东北因归屯并户而受害的约500万人，占当时东北人口总数的七分之一左右。[③] 另一方面，民众的生活陷入极端贫困状态。集团部落建成后，农民被迫远离自己的耕地，无法继续耕种，不仅如此，农民还被禁止出入部落和警备道路5公里以外的区域。因此东边道北部各县许多种植人参、采集药草的从业者被剥夺了生活来源；居民因失掉生活基础而变成流民或者死亡的非常多，如兴京县（今新宾县），2至3年间人口减少了三分之一。与此同时，广大群众还要忍受日伪的盘剥和压迫；在"扫荡"行动中，无数的地方农民被迫成为背给养，即为伪军部队运输粮食物品，连平时都不够吃的粮食大部分又被"扫荡"部队吃得一干二净，农民已经被逼到死亡的边缘。[④] 此外，许多无辜群众被日伪军警凭借其临阵格杀特权冠以"反满抗日"等名目而残暴杀害。人民的生命财产完全没有任何保障。

东边道独立"大讨伐"发生在日本帝国主义发动全面侵华战争前夕，因而这次大规模镇压行动也可列为日本帝国主义的战前准备。也正因如此，东北抗日联军在这次"扫荡"斗争中的英勇抵抗便格外具有特殊意义。首先，该地东北抗日联军的抗战严重打击了日本侵略者，很大程度上起到了直接延缓日军侵华进

---

① 《孙忠义等十七名群众控诉书》（1955年4月18日），中央档案馆等编：《东北"大讨伐"》，第357页。

② 中央档案馆等编：《东北"大讨伐"》，第356页。

③ 《东北抗日联军斗争史》编写组编：《东北抗日联军斗争史》，人民出版社1991年版，第241页。

④ ［日］桥本岬：《东边道大讨伐的概略》，［日］岛村三郎等：《我们在满洲做了什么 侵华日本战犯忏悔录》，群众出版社2016年版，第126—127、129页。

程的作用；其次，该地东北抗日联军在反“扫荡”斗争中获得的大发展，是推动东北抗日游击战争走向高潮的关键环节，同时也为全国抗战爆发后积极配合作战准备了充实的武装力量；最后，该地东北抗日联军在反“扫荡”斗争中在领导方面和战斗方面所发挥的作用，能够更加有力地证明中国共产党是中国十四年抗战的中流砥柱。

［作者：张　宽　吉林大学马克思主义学院　博士生
王广义　吉林大学马克思主义学院　博士生导师
长春　130000］

苏军接管旅顺口的历史记忆*

张大贤 译

摘 要：1945年8月15日，日本战败投降。8月22日，苏军空降部队分别降落大连、旅顺机场，接管当地防务。本文作者描述了苏军接管旅顺口的过程，并简介了接管期间大连地区的景象。

关键词：旅顺口 空降兵 苏联军舰

一、在辽东半岛

从沈阳到大连旅顺乘飞机近2小时，苏军接管期间，飞机是不可缺少的交通工具。在空中鸟瞰中国大地，眼前呈现一片独特的美景。勤劳耕作播种的方块形田地上生长着高粱、谷子，好似象棋盘。稀疏的湖泊泛着银光，树林像是戴着一顶顶深绿色的草帽。

与沈阳、长春不同，到处能遇到俄罗斯人的大连具有真正的欧洲城市景色。这里设计有很合理的宽阔的街道、耸立着高楼大

* 原材料为笔者俄罗斯好友萨沙赠予，作者佚名。

厦，城市呈现五颜六色，在那些日子里（苏军接管期间）不管谁来到大连这个城市，都会受到目击者的热烈欢迎。只要乘着俄罗斯官兵的汽车停下来，数百名中国人就会立即围上来。响起兴奋的欢呼声和掌声，喉音很重的欢迎的喊声，伴随着苏军每位军人。

在这里俄罗斯的居民也受欢迎，而从前并不是每位俄罗斯人都可以接近和交谈的。甚至在遇到俄罗斯人时，中国人向他点一下头就会引起怀疑，就可能送进监狱。

大连曾是日本军阀和白俄侨民的中心，在这里曾经居住过屠杀外贝加尔地区工人和农民的白匪军人谢苗诺夫。后来他被苏军逮捕，他身体臃肿，胡子染了白须。审讯时他表情顺从恭顺地坦白一切。与他一起被捕的还有涅恰耶夫将军，曾任白俄移民局局长。托克马科夫将军，曾任赤塔市警备司令，上千人被他杀害，被折磨死。谢苗诺夫将军，是白匪军头目谢苗诺夫的叔叔。还有舒尔凯威奇将军、汉生将军，曾任高尔察克第五集团军司令。

在大连这座城市里，除了居住着中国人，还有朝鲜人、英国人、美国人、俄国人、法国人、德国人总共60万人，此外还有20万日本人。这是一座非常大的工业城市，日本和德国的企业家是这里的主人。这座有近百万居民的城市没有一座高等院校，没有一座剧院，妓院却有300家。从事这种行业的一个巨头，年收入相当于南满铁路总局长松冈的收入，当时松冈因病匆忙离开大连回日本了。

这里有一排排豪华的日本官员的小轿车，也有成千上万的乞讨者，有胖得流油的日本人和德国人，还有成千上万没有衣服穿的人，有广泛流行的卖淫现象，也有宗教禁欲主义。这就是黄海之滨美丽的疗养城市的巨大反差，这一切再清楚不过地证明了日本人所鼓吹的大东亚共荣圈是何等货色。

进入这座城市可以看到许多壕沟，这应该是日本人想用来阻止苏军坦克和步兵的进攻，但这一切只能是一种企图。这一天，当苏军的部队进入这座城市，十多条大街聚集了成千上万的兴高采烈的人们，在一条街上，在居民的人流中，我们（作者与同行之人）非常高兴地看见了一位苏军冲锋枪手叫停我们的汽车检查证件。还可以看到这样的情景，就是这位苏军冲锋枪手挡住了一个日本中将亚诺吉达的汽车，他是大连军区的司令，当时他不知所措用俄语说我一生中从未见过一个士兵阻拦将军的汽车。亚诺吉达忘记了，这是一位苏军士兵，将军虽然具有18枚皇家勋章，但他是被打败了的日本将军，顺便说一句，当他同苏军军事城防司令谈话时，做出一副不懂俄语的样子。

从苏军空降部队在大连登陆的第一天起，在少将亚马诺夫的指挥下，城市秩序井然，电车恢复行使，铁路交通在苏军指挥监督下继续运行，甚至在晚上所有的商店、电站、理发店都开业，人们沿着街道散步，自发地庆祝对日战争的胜利。

二、在传奇的旅顺口

当苏军的部队沿着干旱的蒙古荒漠前进，冒着倾盆大雨翻越大兴安岭与日军战斗时，战士们和指挥员们在想，迟早将亲眼看到传奇的旅顺口，他们这一辈人是从父辈的讲述中了解这座日本人殖民统治整整40年的城市。

有许多大小山丘围着的旅顺口，沿着海岸离奇别致地延伸着，在那些日子里（苏军接管期间）第一次来到这座城市的人都会不由自主地脱帽，瞬间在激动的沉默中呆然不动。

在8月末整个城市开始了新生活。小铺、理发馆、茶馆和住户都是大开好客之门，秩序井然，生活安宁。从中可以看出外贝加尔方面军副司令中将伊万诺夫在8月22日同空军空降部队一起登陆，成为旅顺口第一位苏军卫戍司令官后，所采取的果断而坚决的措施的结果。

8月20日，伊万诺夫将军来到位于洮南地区的第六近卫坦克军和第39集团军的部队时，就被方面军司令授权率领特别队伍空降旅顺口。第二天，这个决定就以书面形式命令伊万诺夫将军为方面军军事委员会代表，负责与日军谈判关于投降和解除旅顺口日军卫戍部队的陆地和海上军人的武装事宜。命令中要求第十二航空军司令挑选必需数量的运输机和歼击机，保证掩护空降部队在飞行中和在旅顺口的机场空降的安全。命令第六近卫坦克军司令挑选一名翻译、4 名军官和 200 名机枪手参与此次行动。

形势不允许苏军拖延，因为地面部队距旅顺口还很远。

8 月 22 日清晨，伊万诺夫将军从洮南飞抵沈阳机场，在这里空降兵和运输机机组准备好起飞。15 时，由数架歼击机掩护的 10 架运输机升空。与此同时，由方面军军事委员会任命的亚马诺夫将军率领的空降兵在大连登陆。

空降兵战士们的情绪特别兴奋和激动，因为他们要飞往旅顺口。在空中，日军的歼击机多次企图接近，但看到强大的掩护机群后就飞走了。这次勇敢地前往敌人后方的飞行持续了大约 2 个小时，17 时许，旅顺口出现在视野中，城市的街区、公园、沿海堤岸和要塞的多方面的轮廓越来越清晰，可以看到日军士兵手中拿着武器从营房中跑出来，立即分散到机场各处准备进行抵抗。敌人还是向苏军的飞机进行了无组织的射击，苏军的歼击机不得不进行超低空飞行，以驱散日军士兵，保证运输机安全降落机场，这一切进展得很快。

17 时 30 分，苏军的飞机一架接着一架的降落在飞行场地。尽管机场有许多弹坑，地面高低不平，但由于飞行员的高超的飞行技术降落非常成功。伊万诺夫将军从第一架着陆的飞机走出后，命令部队立即占领机场所有出口，并抢占机场周围的高地。

空降人员立即解除了附近几处日军驻防军分队的武装，俘虏 200 名左右的日军士兵，缴获相当数量的小型汽车和载客汽车，并立即前往城市西部地区，因为在那里集结着日本卫戍部队。与此同时，苏军空降兵搜索到日军卫戍司令海军中将卡铂亚希①，当他见到突然出现的苏联军人时感到极其惊讶，苏军的少校军官别洛杰德命令他去见苏军大将，旅顺口日本舰队司令小林龟藏被迫同意。

空降兵很快占领了电报局、电话局、火车站，港口内停泊有几艘日本舰艇，解除了海港警备队武装之后，经过著名的灯塔使出港外，发现有几艘日本中帆船企图逃跑，但被苏军追上押回港。夜幕降临前大部分日军卫戍部队已经解除武装成为俘虏。

日本海军上将小林龟藏在自己司令部军官的陪同下来到伊万诺夫将军面前，正式声明要塞投降，实际上要塞已被苏军空降部队占领。首先小林龟藏声称只能向与自己军衔相符的苏军指挥官代表投降。当伊万诺夫将军向他说明自己就是外贝加尔方面军副司令，军衔为中将时，小林龟藏恭顺地多次鞠躬，交出自己的人和冷兵器，他的随行军官也交出各自的宝剑。根据最高统帅关于这方面已有的命令，把剑留给了小林龟藏，这一举动使他和自己的军官大为感动，不断鞠躬阿谀奉承地感谢苏军人员。

伊万诺夫将军要求小林龟藏交出住房、居民单，命令他向日军士兵宣布放下武器投降到集合地点集中。当要求他交出旅顺口要塞平面图和全部文件时，小林龟藏要滑头说他早已把这些东西运回日本了，实际上在苏军空降兵到来的前几天，他已经把这些文件烧掉了。

在小林龟藏之后，陆军卫戍司令官也来了，声明他所管辖的部队及各分队准备放下武器，向苏军投降做俘虏。

8月22日夜晚很平静，但空降士兵没有一个人睡觉，全体无一例外或者在保护设施或者在解除敌人武装。第一批进入这个城市的空降兵急于更快地完成指挥部交给他们的任务，渴望看见

---

① 即小林龟藏，Kobayashi为小林（こばやし）一词的罗马音译，后文译小林龟藏，见《辽宁省地方志》1945年，http://www.lnsdfz.gov.cn/lndsj/lnggkfssndsj/201111/t20111128_759703.html。

传奇的旅顺口。

8 月 23 日一整天，继续解除日本卫戍部队的武装，接受和存放武器，整顿城里的秩序，接见旅顺口民政当局的代表。

8 月 23 日，到达旅顺口的苏军官兵举行仪式，降下旅顺口海军司令部大楼上的日本旗之后，鸣枪 3 响，在要塞上空升起象征战胜敌人的红色苏联国旗。就在这一天，第六近卫坦克集团军的坦克旅开进旅顺口。8 月 25 日，苏军太平洋舰队的空降兵到达旅顺之后，立即开始整顿港口秩序。

之后苏联太平洋舰队的舰艇驶入旅顺口，这一天看来与过去的几天没有什么不同，旅顺口上空是一片无际的蓝天，黄海的海浪温柔地拍打着岸边的礁石，发出哗啦哗啦的响声，远处云雾笼罩着老铁山，而电岩炮台和老虎尾宁静地耸立在内港的入口处。

苏联军舰绕过对马岛，朝鲜半岛向旅顺口方向航行。他们来到这里不是侵略者，而是中国人民的解放者，这是苏联海军光荣的一天，伟大胜利的一天。

远处的舰队的黑点出现了，眼看着这些黑点越来越大，越来越近，激动人心的轰鸣声像海浪一样穿过水兵和士兵的队列，已经清楚地认出旗舰的威严轮廓，它向旅顺口港湾入口处驶来，随后全部大小舰艇排成单纵队形前进。

在旗舰的甲板上，水兵和军官们排成庄严的队形，汹涌的白色巨浪驶进港湾的入口处，进入老虎尾和黄金山之间狭窄的海峡。就在此时，在电岩炮台和老虎尾山上响起了欢迎的炮声，顿时悬崖峭壁的上方笼罩着蓝灰色的烟雾。接着，闪烁着黄色的火光。又一次，炮声在锚地上空轰鸣，迅速传遍整个城市，传到这处老铁山的上空，电岩炮台、老虎尾一遍又一遍地响起炮声，黄金山的炮台也放了一炮，这是旅顺口齐射 21 响隆重的礼炮向苏联海军致敬，向苏军的胜利致敬，向作为解放者来到旅顺的每一位苏军官兵致敬。

旗舰沿着狭窄的海峡驶进海湾水域，其他舰艇也陆续进港，当最后的 21 发礼炮声停息时，立刻又响起了答谢的礼炮声，这是旗舰上进行的炮击，水兵们向对岸上的官兵们的回敬。他们是翻越大兴安岭刚来到旅顺口的师团官兵们，他们穿过了荒无人迹的沙漠，穿过致人死亡的泥泞沼泽地，穿过原始密林和群山来到这里迎接苏军的海军舰队。雄壮的苏联国歌荡漾在锚地上空，士兵们和水兵们的3声“乌啦”的喊声与隆重的炮声交织在一起，冲向天空。

隆重的炮声停息了，海军基地指挥员乘坐快艇离开码头，海军少将齐帕诺维奇绕停泊着的舰队一周，与他一起的还有参谋长、苏联英雄、海军上校特里波利斯基，上校西日尼亚克。

海军上将在乘坐的快艇与舰队旗舰靠近时，向站在甲板上穿着白色服装的官兵们说：“祝贺你们平安到达旅顺口！”“乌啦！”旗舰传来响亮的喊声。

海军少将的快艇依次绕过整个舰队，水兵们齐声高呼着“乌啦”，白色的水兵服装耀眼夺目，许多军官和水兵胸前戴着战斗功勋章和纪念章，时时闪着银光，整洁的甲板和极好的秩序令人赏心悦目。

要知道他们刚刚才结束艰难的远航，穿过朝鲜海峡和黄海，强行渡过并消除日本人布置的水雷区，苏联太平洋舰队的水兵光荣地完成艰巨而复杂的远征。

海军少将在快艇上接见了旅顺口苏军部队司令、苏联英雄、斯大林格勒大会战的参加者柳德尼科夫上将及陪同他的将军们，之后快艇又航行在内停泊场，沿岸的山处又响起了水兵们“乌啦”的呼喊声。

在旗舰军官休息室里，第一批来到旅顺口的苏军舰艇指挥官、海军中将恰里伊详细地介绍如何完成这一次具有历史意义的远航，苏军的舰队在海上航行了120个小时才来到旅顺口，日夜兼程，在不熟悉的大海和海峡中为自己闯出了一条航线。不顾海上的巨浪，他们成功地驶过日本人在战时布下的浮动的水雷区，比拟定的期限提前多日到达旅顺口，这次远航再一次证明了苏军光荣的太平洋舰队的水兵、军官们优越的作战素质、作战技能和高度的团结。

旗舰上升起了信号旗，舰队的全体官兵在上层甲板上列队，在肃穆寂静中传来讲话的声音："今天苏联国旗庄严地高高飘扬在旅顺口要塞上空，我们强大的祖国，我们苏联红军和苏联海军，战胜了日本侵略者，向我们的中国兄弟们伸出援助之手。"

旗舰上升起了新的信号旗，准备隆重的礼炮，随后立即响起胜利的齐射炮声。

旅顺口全天充满着节日的热闹气氛，好似年轻人充满活力的血液进入城市古老街道的动脉之中，水兵们穿着阅兵服使城市变白，水兵们漫步在旅顺口中国老区的狭窄小路上，登上白玉山，然后下来到港湾打量着每一块石子，要知道不管曾读过多少关于旅顺口的书，不管曾对旅顺口反复思考过多少遍，而现在旅顺口真的就在面前……

快到15时，舰队的军官们来到自己的俱乐部，旧的海军军官俱乐部，在这里基地首长举行宴会，欢迎来到旅顺口的苏联太平洋舰队水兵。18时，在俱乐部旁边的大院内召开红海军战士大会。

这个夜晚旅顺口久久没有入睡，不断传来愉快的歌声，水兵们在跳充满激情的切乔特卡舞，传出有节奏的舞步声。①

［**作者**：张大贤　辽宁师范大学俄语系　退休教授　大连　116011］

① 原苏军近卫军少校别洛杰德回忆空降兵在旅顺口的行动一文中写道："8月25日，我们的太平洋舰队的军舰驶进旅顺口。"

从电影版《拉贝日记》看日本民族主义

张 源

摘 要：《拉贝日记》中的历史档案弥足珍贵、独一无二，填补及丰富了南京大屠杀史的部分空白，是对日本军国主义者犯下严重罪行的强有力证词。但以《拉贝日记》为蓝本翻拍的电影版《拉贝日记》，竟然在日本禁播，日本右翼百般阻挠，从中可窥见日本民族主义情绪正在不断发酵。

关键词：约翰·拉贝 《拉贝日记》 南京大屠杀 日本民族主义

约翰·拉贝（John H. D. Rabe）于1882年出生于德国汉堡。1937年日军进攻南京前夕，他和十几位外国传教士、教授、医生、商人等共同发起建立南京安全区，并担任南京安全区国际委员会主席。[①] 1937年9月19日至1938年2月26日，拉贝每天以日记和其他文件的形式在其寓所内详实地记述了侵华日军在南京犯下的一桩桩令人发指的暴行，共计2100多页，记载了"南京大屠杀"的500多个案例。[②]《拉贝日记》是近年来发现的数

① ［德］约翰·拉贝：《拉贝日记》，江苏人民出版社2009年版，第5页。

② ［德］约翰·拉贝：《拉贝日记》，第167页。

量最多、保存最为完整的研究南京大屠杀事件的史料。

一、引发历史反思的电影《拉贝日记》

2009年由中德法合拍的《拉贝日记》登上银幕，它是根据西门子南京支部负责人约翰·拉贝的日记拍摄而成，长达2小时的大制作，在国际上获得众多奖项。

电影《拉贝日记》逼真地反映了日军飞机在南京城上空的狂轰滥炸、在城内丧心病狂的屠戮掳掠，以及南京城内破败不堪、黯淡凄凉的景象，再现了在日军蹂躏下的南京城如人间地狱般的惨状，给人以巨大的心灵震撼。[①] 电影版《拉贝日记》对日军在南京暴行的描述主要包含3个方面：第一是日本在南京城内的无差别轰炸；第二是大量虐杀中国俘虏；第三是在南京城内对普通市民的虐杀、强奸和掠夺。电影画面中日军对南京城的轰炸是拉贝所记《轰炸南京》的真实反映。[②]

电影《拉贝日记》以拉贝的视角展开，以情动人，既有对日本侵略者刻骨铭心的恨，又反映出拉贝的博爱之心，这样直接的感情直击观众的内心。二战期间，日本与德国是法西斯同盟国家，战败后却选择了不同的态度来面对历史，这部由德国拍摄的《拉贝日记》更加引发了观众对历史的反思。

二、电影《拉贝日记》在日本的遭遇

2009年由中德法合拍的《拉贝日记》在欧美国家赢得众多奖项。在日本国内却受到右翼势力的影响，不断被推迟放映，甚

---

① 岳振国：《论电影〈南京！南京!〉与〈拉贝日记〉的美学意蕴》，《电影文学》2011年第3期，第28页。

② ［日］「南京事件を学ぶ映画と講演の集い『ジョン・ラーベ~南京のシンドラー~』」、http://shiminshakai.net/post/995? doing_wp_cron=1565838521.0342540740966796875000。

至被封杀。傅瑞安·加伦伯特表示，当时日本没有电影公司敢引进《拉贝日记》，曾有一家公司表示如果能够将电影中朝香宫鸠彦的镜头全部删除，则将考虑引进，导演拒绝了这一无礼要求。①

直到2014年5月17日，在“南京·守护史实电影节”实施委员会才在江户东京博物馆的大厅举办了《拉贝日记》的首映。② 11月份，又在关西地区放映了2次，观影人数共计370余人。③ 2015年3月，《拉贝日记》的DVD开始在日本发售。④ 这对于整个日本来说，只是微乎其微的一部分人前往观看《拉贝日记》。日本学者石井认为，如何让更多日本年轻人通过观看《拉贝日记》等电影，来了解日本侵略中国等历史，对日本来说，是一个需要迫切解决的问题。⑤《日中友好新闻》东神户版在报道中指出，了解“南京大屠杀”的历史是一件非常有意义的事情。特别是在安倍政权通过了集体自卫权的决议、推行《秘密保护法》，更需要我们（日本）了解历史。我们（日本）应该尽可能让电影在更多的地方上映，让大家来观看。⑥

对于中国人来说，约翰·拉贝是一名英雄，是“南京的活菩萨”，是保护了成千上万南京人的传奇人物。但对日本人来说，拉贝是他们不愿提及、不愿承认甚至是“讨厌”的存在。因为他不

---

① Shelter Under The Swastika: The John Rabe Story NPR, 2010年6月14日, https://www.npr.org/templates/story/story.php?storyId=127482829。

② ［日］「ジョン・ラーベ_ ~南京のシンドラー」、https://ja.wikipedia.org/wiki/ジョン・ラーベ_ ~南京のシンドラー~#cite-5。

③ ［日］「南京事件を学ぶ映画と講演の集い『ジョン・ラーベ~南京のシンドラー~』」、http://shiminshakai.net/post/995?doing_wp_cron=1565838521.0342540740966796875000。

④ ［日］「ジョン・ラーベ_ ~南京のシンドラー」、https://ja.wikipedia.org/wiki/ジョン・ラーベ_ ~南京のシンドラー~#cite-5。

⑤《拉贝日记》：历史比电影更加残忍，中国青年网，2014年12月11日，http://wenhua.youth.cn/xwjj/xw/201412/t20141211_6225885.htm。

⑥ ［日］「南京事件を学ぶ映画と講演の集い『ジョン・ラーベ~南京のシンドラー~』」、http://shiminshakai.net/post/995?doing_wp_cron=1565838521.0342540740966796875000。

但是一名德国公民，一名与日本结盟国家的公民，而且是纳粹党在南京的负责人。[①]《拉贝日记》的公映对日本来说不仅是揭露恶行这么简单，还将日本与德国对待历史的态度形成对比，“南京大屠杀”牵涉的历史问题、“慰安妇问题”等都会给日本带来更多的国际舆论关注与压力，这是日本右翼不愿看到的局面。综上所述，众多原因导致了《拉贝日记》在日本难以公映。

电影《拉贝日记》中涉及众多日本的重要人物，回忆起当初寻找演员的过程，傅瑞安·加伦伯特导演表示日方演员真的很难确定，拍摄前期他们联系了很多日本的演员和经纪人，但由于当时的舆论环境，他们大多数都明确表示不愿参加关于“南京大屠杀”的任何电影。最后只有香川照之接受了邀约，他表示：“我在看了剧本之后，觉得应该演《拉贝日记》，因为它的国际视角能引起现代观众的反思。可能会有很多人说作为一个日本人，怎么可以这么去演日本人呢？日本观众很自我，但是我个人认为，这个角色还是必须由日本人来演。”[②] 香川照之在《拉贝日记》中饰演战犯朝香宫鸠彦，朝香宫鸠彦亲王是当时日本裕仁天皇的叔叔，对南京大屠杀负有重大责任，战后因皇族身份免于上军事法庭。也正是因此，参演《拉贝日记》的香川照之在日本受到的压力不亚于在《太阳》中扮演裕仁天皇的尾形一成。这样一个非常敏感的角色由日本实力派演员香川照之来扮演，令日本右翼感到不快。

提起此事，傅瑞安·加伦伯特导演对香川照之赞赏有加，香川真的是最值得尊敬的演员，他能够承受住社会的压力，坚持自己的原则，勇敢地承担起了责任，希望日本人能够改变对待历史的态度。他的参演有助于该片获得更多的认可，这很重要。[③]

---

① ［美］张纯如著；杨夏鸣译：《南京浩劫——被遗忘的大屠杀》，东方出版社2007年8月版，第97页。

② 《拉贝日记》日本被禁　香川照之面临巨大压力，新浪网，2009年03月31日，http://ent.sina.com.cn/m/c/2009-03-31/02562447691.shtml。

③ 《拉贝日记》导演谈日本禁映 称日本也在改变，网易娱乐，http://ent.ifeng.com/movie/news/mainland/200904/0417_1845_1111778.shtml。

面对来自本国舆论的压力，香川照之直言压力非常大，“这个角色虽然会招致很多人的批评，但我用我的生命去经历了这样一件事情，是非常有意义的。我希望这部电影能稍稍消除一点中国人的痛苦。这是日本人不能阻止的”①。对此香川照之表示，“‘南京’这个词非常特殊，‘停战’、‘上海’等都是可以使用的战争用语，但日本人唯独不能接受‘南京’这个词。要承认这件事（‘南京大屠杀’）对于日本人来说是很难的。因为此前我们一直认为不存在的事件却实实在在地发生了”。“在观看这部影片时，你会发现日本人真的做了很多残忍的事情，确实非常难以接受。但正因为如此，才更应该向现在的人讲述这段历史。从这个意义上来看，我确实很偏爱这种影片”②。

《拉贝日记》2009年在世界各国公开上映，但由于日本右翼势力的阻挠，一直未能在日本电影院上映。日本民间团体“南京·守护史实电影节”实施委员会经过5年的努力，克服重重困难，购买了该电影在日本的放映权，并于2014年5月在日本首次公开放映。除了该民间团体外，不少其他民间团体也在各地组织放映会。进入12月后，日本各地的民间团体为了纪念南京大屠杀遇难者，纷纷策划播放《拉贝日记》，在北海道、神户、大阪、京都等地上映，此后还将在高知、长野、名古屋等地放映。③ 2017年12月10日，日本市民团体日本民间团体“思考宪法的电影会”自筹资金购买放映权，再次自发组织了小规模的点映，百名日本民众自发地集中在东京都文京区的一间大型会议室里观看《拉贝日记》。

据悉，《拉贝日记》是“南京·守护史实电影节”实施委员会

① 《拉贝日记》，时光网，http://movie.mtime.com/69440/behind_the_scene.html#text_6。

② 《拉贝日记》日本被禁 香川照之面临巨大压力，新浪网，2009年03月31日，http://ent.sina.com.cn/m/c/2009-03-31/02562447691.shtml。

③ 《拉贝日记》：历史比电影更加残忍，中国青年网，2014年12月11日，http://wenhua.youth.cn/xwjj/xw/201412/t20141211_6225885.htm。

的工作人员凑了100多万日元购买的放映权。截至目前，包括东京、横滨、大阪、京都、神户、名古屋等在内的日本各地市民团体组织了多次放映活动，在日本已有超过1万人观看了这部电影。①

曾在拉贝南京寓所附近住过的明治大学教授石井知章认为，《拉贝日记》选择在12月13日之前进行播放，是具有意义的。12月13日是“南京大屠杀纪念日”。“南京大屠杀”不仅仅是中华民族的灾难，也是全人类的灾难，日本政府应该正确对待这段历史，避免悲剧的再次发生。②

除此之外，日本众多领域的专家都先后为《拉贝日记》发声。例如，日本都留文科大学名誉教授后藤道夫认为，《拉贝日记》是一部能够令人发问的历史小说电影，却迫于日本右翼的压力而无法上映，日本社会实在太奇怪了；女性战争与和平资料馆的馆长池田恵理子强调，在日本反映日本在南京的暴行和设置慰安所的电影很少，在法西斯的疯狂战争之下，《拉贝日记》描绘了勇于和法西斯作斗争的人，在日本有勇气正面直视战争责任的人一定要来观看《拉贝日记》；东京公务公共一般劳组副委员长小林雅之称，这是一部极具冲击力、令人印象深刻的电影。真实地再现了日本发动亲华战争和天皇军队的愚蠢和残忍。在当前不允许“战争国家”的现在，我们必须要看这部电影；日本和平协会代表福山真劫认为，在战争逐渐被人淡忘、安倍内阁不断引导大家丢弃宪法第九条、引导日本走向战争国家，但需要认清一点我们（日本）还是加害者。通过这部电影，让我们来看看当时的日本到底对中国做了什么。③

少数日本民众积极支持社会团体的放映，前往观影现场以示

① 不忘战争，是为了维护和平，人民网，2017年12月12日，http://m.people.cn/n4/2017/1212/c23-10246916.html。

② 《拉贝日记》：历史比电影更加残忍，中国青年网，2014年12月11日，http://wenhua.youth.cn/xwjj/xw/201412/t20141211_6225885.htm。

③ ［日］「映画『ジョン・ラーベ』予告編が完成~ユーチューブにアップ」、http://www.labornetjp.org/news/2015/0616john。

支持。在《拉贝日记》长达134分钟的放映过程中，没有一人中途离场，每位观众都紧盯着屏幕，生怕错过任何一个细节。在放映会上，每位观众都领到了一份介绍南京大屠杀的16页资料。观影者既有老年人也有年轻朋友，电影放映完之后，在场的观众都争先恐后地表达自己的感想，“这真是一部好电影，真希望在日本更多电影院公开放映”；“南京屠杀的历史太悲惨了”；“希望更多日本年轻人去了解这段历史”。

“忘记历史就意味着背叛”，大阪府立大学的博士生稻田非常担心地对记者说，现在日本执政党想修改宪法第九条，这一点太可怕了。希望日本政府吸取历史的惨痛教训，不要再重复悲惨的战争。铭记历史，不是为了延续仇恨，而是要共同引以为戒。吉野女士说，《拉贝日记》真是一部好电影，我要把它推荐给身边的亲戚朋友，让他们去认识南京大屠杀，从这段历史中吸取教训，杜绝历史悲剧重演。①

三、《拉贝日记》为何在日本步履艰难

由中德法合拍的《拉贝日记》，以二战时期日本盟国的国民拉贝的视角，展现了日军在南京的暴行，又一次揭开了历史上黑暗的一页。这进一步放大了日德对待历史的态度与差异，特别是反映出日本在反思战争罪责方面的不彻底性。日本政府不断回避战争责任，否认战争罪行，时刻图谋为侵略战争翻案，不断淡化日本在二战中的侵略历史，例如，日本历史教科书将“侵略”改为“进出”，“投降日”改为“终战日”等。除此之外，日本还多次与索赔国讨价还价，甚至否认侵略罪行，拒绝赔偿。日本政府对历史问题的错误认识及逃避罪责的不明智举动，为其军国主义复活提供了土壤，使日本依然背着沉重的历史包袱，无法实

① 不忘战争，是为了维护和平，人民网，2017年12月12日，http://m.people.cn/n4/2017/1212/c23-10246916.html。

现与东亚地区国家及民族的和解。[①]

安倍内阁与日本右翼势力积极推进修宪的脚步，宣扬历史修正主义。历史认识不但是日本重构战后外交的起点，更是日本战后国家定位的支柱之一。战后的和平发展道路很大程度上就是建立在日本政府基本承认“殖民统治”和“侵略”，并有所反省和道歉的基础之上。而历史修正主义意图借重塑战后日本的历史认识，来改变和平发展道路，并重构国家定位。具体到安倍内阁，其目标是谋求“摆脱战后体制”，实现“正常国家化”。安倍执政以来的事实证明，其所谓重塑民族自信的历史认识不但破坏了日本与国际社会和解的重要根基，更导致日本将长期无法坦然走向未来。在国家定位上，安倍四处宣扬积极和平主义理念，但实质是借和平之名行解禁集体自卫权、扩充军备、修改和平宪法之实，并积极炒作“中国威胁论”，其结果不仅与和平发展道路背道而驰，更将使得东亚地区陷入长期的冷和平状态，区域和解的前景也将晦暗不明。[②]

战后世代更替加剧日本社会保守化，日本年轻世代对历史不关心、不了解，在日本社会未能形成舆论压力，形成阻止“南京大屠杀”电影上映的外部环境。冷战后，日方承担中日关系的主体由战前世代过渡到战后世代，战后世代没有经历过战争，且未接受过日本的“加害责任教育”。日本由于历史问题而不断受到国际社会的指责，反而增加了他们的逆反心理，将前世代的行为视为一种“自虐史观”。战后世代曾经被告知日本是第一，在他们一直努力后却逐渐意识到，日本并不是别人对他们承诺时候的状况，因而会极易受到民族主义情绪的传染。

“世代交替”在政界与知识分子界间表现得尤为突出，冷战结束以后，日本一大批新生代政治家陆续步入政坛。这些人与老

① 王玉芹：《战后日德两国对二战历史认识的比较研究》，《社会科学战线》2016年第11期。

② 蔡亮：《论安倍内阁的历史修正主义》，《日本学刊》2016年第1期，第91页。

一代政治家不同，他们对中日交往的历史没有切身感受，也缺乏应有的了解，对中国的赎罪意识淡薄。他们不愿背负历史的包袱，要求用现实的国家利益重新定位中日关系。他们对华态度比较强硬，在中日发生摩擦时不肯轻易做出让步和妥协。战后世代的立场和主张，逐步得到日本多数民众的认可和支持。1993 年，自民党与社会党之间由意识形态对立而延续 38 年之久的“1955 年体制”崩溃，意味着日本政治生态趋向“总体保守化”。这使得以往那种基于意识形态而亲近中国、支持中国的人士明显减少，尤其是曾活跃于学界和论坛的长期从事中日友好活动的进步文化人，被那些对华持消极立场的所谓“有识之士”所取代，致使日本对华舆论导向发生变化。①

日本右翼知识分子为政府应援，纷纷对《拉贝日记》证伪，极大地误导了日本民众。冲在最前面的就是日本右翼知识分子。他们纷纷跳出来对拉贝的日记进行深度“检证”，企图通过抹杀《拉贝日记》的真实性达到抹杀“南京大屠杀”的目的。专门针对《拉贝日记》而著书“检证”的人是畝本正己，1998 年他专门就这一问题出版了专著《真相 · 南京事件 · 拉贝日记的检证》。在书中畝本正己以“南京事件”的见证人的姿态对另一位见证人拉贝提出质疑，妄称拉贝作为西门子公司的在华代表，与中国有很大的商业利益，他的亲中立场使《拉贝日记》缺乏客观公正性。在最后，畝本正己得出结论认为，《拉贝日记》是“受作者信仰、立场、历史观和战争观的影响”的，因而不过是作者的“夸张、传闻和臆测”②，而且有“明显的编造、前后矛盾、不自然、不合理”③ 等，并最终否认《拉贝日记》证明“南京大屠杀”“超一级资料”的地位。

像这样对《拉贝日记》进行“检证”的日本右翼学者还有

① 黄大慧：《改善日本对华民意基础任重道远》，《现代国际关系》2014 年第 1 期。

② ［日］畝本正己：『真相 · 南京事件——ラーベ日記を検証して』，文京出版 1990 年版，第 1 頁。

③ ［日］畝本正己：『真相 · 南京事件——ラーベ日記を検証して』，第 220 頁。

很多，例如松村俊夫《南京大屠杀大疑问》和东中野修道《重读〈拉贝日记〉》，他们的基本观点一致，就是认为《拉贝日记》无历史根据、系杜撰。松村俊夫认为拉贝错将日本军队等同于中国军队目无纪律，并且无视上级的指令。[①] 东中野修道认为《拉贝日记》过度润色、删除重要事实，所记录的日军暴行其实是“支那士兵”暗地进行的反日捣乱行为，并把“支那人”的流言蜚语当作事实进行记述。[②]

日本这些无坚实的史料做基础的“虚构派”，既迎合了日本政府“摆脱战后体制”的目标，又迎合了日本民众无处安放的民族主义情绪，因此在日本具有较大的影响力。

四、小 结

无论是《拉贝日记》手稿的公开、书籍的出版还是电影的上映，都使得西方世界能够认真倾听“南京大屠杀”这一历史事实，都是“南京大屠杀”事件中最令世界信服的历史证词。[③]

历史永远不会被遗忘，铭记历史是为了更远的未来。日本这种企图为历史翻案的做法，将多行不义必自毙。

［**作者**：张　源　中国人民抗日战争纪念馆馆员　北京　100071］

① ［日］松村俊夫著，赵博源等译：《南京大屠杀大疑问》，新华出版社 2001 年版（内部发行），第 55 页。

② ［日］东中野修道著，严欣群译：《南京大屠杀的彻底检证》，新华出版社 2000 年版（内部发行），第 270 页。

③ 徐捷：《拉贝日记：视角 · 真相 · 立场》，《电影艺术》2009 年第 4 期，第 75 页。

张氏父子与东北空军始末

赵守仁

摘　要：张氏父子重金购买西方飞机，国内培训飞行员，又派往法、日留学，组建东北空军，参与军阀间的内战。但在九一八事变之际，张学良执行不抵抗主义，将大批飞机拱手让予敌寇。滞留在北平的东北航空人员合并于中央空军。从此东北空军解体。

关键词：张作霖　奉系　东北空军　北京政府

奉系军阀在20年代举兵入关争夺执掌北京政府的权柄中，受到国际和国内发展空军的影响，也不遗余力地开始建立东北空军。

一

从国际影响看，中国军阀筹建空军，也如同各派军阀设置兵工厂、化学工厂一样，皆是受到西方的影响。从国内发展空军的影响看，各地军阀都在跃跃欲试。

张作霖耳闻目睹上述国际、国内空军崛起及其在战争中所起作用，急欲发展空军装备奉军，以举兵入关，执掌北京中央政府，进而问鼎中原统一中国。凭借其财力充裕，筹建起全国规模最大、飞机数量最多，机场设施、飞行员培训等都在各军阀前列的一支空军。

在购置西方飞机上，张作霖财大气盛，不惜重金。1919 年 11 月，通过格兰特（Grant）上校这个掮客从中介绍，沈阳的布瓦苏（Boixo）有限公司为张作霖购买了 3000 毫升 14 型引擎的布雷盖（Brequet）飞机 20 架。[①] 1923 年，张作霖在巴黎的代表魏宗晋在巴黎签订了一份数量巨大的合同，购买考德隆（Caudi-on）、布雷盖（Brequet）等各式各样的飞机 105 架，戴姆勒（Daimler）水上飞机 35 架，后者即行运往葫芦岛港，由一家布瓦苏公司销售。这些装有雷诺发动机的考德隆飞机和装有西端发动机的布雷盖飞机均装有炮位，足见其军用。1924 年 1 月，第一批布雷盖的飞机即时运抵东北。[②]

在直皖战争中，奉系军阀从中掳获一批飞机，计有大威梅双翼 360X2 马力（双发动）旅客运输机 4 架，小威梅单翼 360 马力侦察教练机 4 架。[③]

1922 年，张作霖又从意大利菲亚特（Fiat）公司买到价值 40000 元的飞机零部件。1923 年 9 月，大小武器和两架柯蒂斯（Curtiss）飞机运抵沈阳。[④]

张作霖于 1924 年 10 月战胜吴佩孚之后进驻北京。是时，张作霖在大肆扩编陆军的同时，又加紧发展空军购买飞机。1924—1929 年期间，东北空军购买的飞机型号和数量如下：意大利安沙里特 400 马力战斗机 2 架；法国包代子 450 马力侦察机 6 架，

---

① ［加拿大］陈安东著；沈自敏译：《军阀与西方国家的军火贸易（1920—1928）》，近代史资料，总第 74 号，第 181—182 页。

② ［加拿大］陈安东著；沈自敏译：《军阀与西方国家的军火贸易（1920—1928）》，近代史资料，总第 74 号，第 207 页。

③ 孙继先口述：《东北航空军建立始末》，辽宁省政协文史资料研究委员会编：《文史资料选辑》第二辑，辽宁人民出版社 1983 年版，第 48 页。

④ ［加拿大］陈安东著；沈自敏译：《军阀与西方国家的军火贸易（1920—1928）》，第 202 页。

施来克180马力水面飞机8架；德国容克300马力轰炸机9架；吴克40马力游览机1架；日本牛波耳300马力战斗机5架，八八式450马力侦察机3架；英国180马力爱弗罗中级教练机8架；美国福特双发动机1100马力旅客机1架（计43架）。

同时，建设机场迫在眉睫。东北当局选择沈阳东塔作为机场大本营。1921年开始修筑，其面积约有200万平方米。其建筑质量颇为粗糙，没有设置固定滑道，也没有浇灌混凝土地基，只有类似跑马场般的大块平地。这是因为当时飞机的航行速度很慢，一般的起飞只要有300多米长的平地就可从地面升空了；降落时也只要在平地上滑行700米左右就可以停机了。当时对机场要求并不严格。

1925年秋，东北当局又利用锦州东大营炮兵操场修筑另一个机场，其规模比沈阳东塔机场稍大。除此之外，还在葫芦岛、绥中建了中等基地。① 从机场基地分布状况而言，东北当局建立空军是为入关打内战、抢占地盘，称霸中国服务的。这是不言而喻的。

东北空军领导机构设置状况。目睹北洋政府组建空军，张作霖不甘落人之后，于1921年初先在东三省巡阅使署内成立了航空处，委任他的参谋长乔赓云（字汉章）为航空处长。1923年，调整机构，乔赓云去职，张学良兼任航空处总办，把原设的一科（主管文书总务）、二科（主管材料）、三科（主管机械）、卫队连（维修工厂）、修理技工组等单位，划为总务、机械2处，分掌事务和机务，并以高纪毅为总务处长，周培炳为机械处长。1925年秋，组成东北空军司令部（战时编组），由张学良兼任空军司令，冯庸为参谋长。1928年，张学良就任东北保安总司令，尔后任东北边防军司令长官，将航空处缩编为东北空军大队，任命徐世英为大队长，并将飞龙、飞虎、飞鹏、飞鹰、飞豹航空队

---

① 孙继先口述：《东北航空军建立始末》，辽宁省政协文史资料研究委员会编：《文史资料选辑》第二辑，第53页。

改称为第一、二、三、四、五队，其队长依次为陈鸿陆、姜兴成、葛世民、雷根（白俄）、聂恒玉。至1930年初，又将大队改称东北空军司令部，张学良任司令，徐世英为副司令，并以军事参议官张焕相驻部，人称代司令。部内一切组织人员编为大队。在司令部内，以老航空员陈海苹为参谋长，以周德鸿、王绍棠、孙炎为司令部部附，分负机械、行政、训练责任。这是一支组织系统比较完备的空军队伍。①

为适应东北空军建立，急需飞行员的状况，1922年创办东北航空学校，张学良兼任校长，以周培炳兼任教育长，以万咸章、王立序、陈海华、盛建漠等南苑出身的飞行员为飞行教官。同时，聘请有法国教官二人，英国教官一人。而后，又从哈尔滨招来雷根、多斯托夫、包起罗夫等4名白俄飞行员为飞行教官。

东北航校共办2期。入学资格限中学以上文化程度，身体强健。学习年限2年半。课程以飞行为主，学科方面有飞机构造学、发动机学、飞行学、航行学、气象学等。教练机以爱弗罗为初级教练机，学会单独飞行后，再学较大的飞机考德隆、布来克式大威梅等。爱弗罗是双驾驶机构的初级教练机，教官可以带学生一同练习飞行。就一般飞行技术而言，南苑和东北航校的学习、训练还算挺好的。教官的飞行技术颇有把握。一些学员的飞行技术学习得很有成效，受到称赞。②

兹将孙炎的历史回忆中列出的东北航校第一期毕业生名单列举如下：姜兴成、王耀祥、王维一、王雨长、王清茂、王卫民、王荣光、王聚有、朱玉玺、聂恒玉、石慢中、沈永祥、金恩心、闪国训、白明叔等20余人。第二期毕业生名单如下：赵景贤、邢非、李家祺、陈智光、寇占江、潘大同、张树焱、张智忠、英光烈、吴光斗、刘光业和少校军官刘炎、姚东焕，上尉军官张在

① 孙继先口述：《东北航空军建立始末》，辽宁省政协文史资料研究委员会编：《文史资料选辑》第二辑，第56页。

② 孙继先口述：《东北航空军建立始末》，辽宁省政协文史资料研究委员会编：《文史资料选辑》第二辑，第54页。

善、李祥林15人。同期招收机械班学生有郝明元、庄世培、黄河清、沈振铎等15人。[①]

在总结沈阳航校培训的飞行员的状况时，才发现学员年龄偏大，学校训练设备条件不完善，技术水平偏低，无论是驾驶或是战斗技术均显不足。是时，正值奉直战争酣战之际，急需飞行员人才。于是，张学良又从陆军军官中选拔一批人员，计有徐士英、陈鸿陆、王绍棠等12人赴法留学。这些学员于1925年回国。但因其年龄偏大（有的30余岁），受身体条件影响，驾驶、战斗技术水平均不高，仍不能满足军事上的需要。[②]

鉴于上述情况，1925年张学良再次选送学员出国学习培训。此次特重视身体和年龄条件。为此，专门从东北军训练班中1000余名学员筛选出年龄小、身体健壮、体检合格的青年军人，计有高志航、杨相林、王友天、白景丰、张念勺、袁国维、孙仲华、尚景新、朱长凯、葛世昌、葛世民、姜广仁、唐英麟、张维军、王常立、孙维先等28人。这批学员于1925年3月从上海乘船前往法国巴黎。原定计划将28名学员，全部进入毛兰纳航校（巴黎市内）学习训练，后因体检不合格，该校只接纳18名。1927年初，结束全部训练项目后，启程回国。[③]

第一批留法学员赴法同时，航空处又选派孙炎、姚东焕、张在善、李祥林等赴日本下志津航空学校学习高级航空军事技术。

二

即使如此，东北空军在军阀混战中还是发挥一定作用。作为

---

① 孙继先口述：《东北航空军建立始末》，辽宁省政协文史资料研究委员会编：《文史资料选辑》第二辑，第55页。

② 孙继先口述：《东北航空军建立始末》，辽宁省政协文史资料研究委员会编：《文史资料选辑》第二辑，第50页。

③ 孙继先口述：《东北航空军建立始末》，辽宁省政协文史资料研究委员会编：《文史资料选辑》第二辑，第51—52页。

奉军扩张势力的辅助军种东北航空军，也不可小视，在军事上虽然只能起侦察、对地扫射、小规模轰炸等作用，但张作霖却善于以己之长，攻敌人之短（多数军阀尚无空军），充分发挥飞机的作用。于是，这支空军连年投入战斗达数百次之多。据有关资料记载，东北空军参与比较大的战事有如下几次：

东北空军组建不久，就投入1924年的第二次奉直战争。东北空军以锦州、葫芦岛、绥中等为基地，名义上有飞龙、飞虎、飞豹、飞鹏航空队投入战斗，实际上只有10余架投入战斗。由于飞行技术和战斗技术很低，又缺乏实际作战经验，飞机没有战斗装备，指挥组织和通讯联络机构不完善，虽向山海关和京奉路沿线一带进行几次侦察和投弹，但收效甚微，只是在精神上给直军一种威胁。奉军进入山海关抵达天津后，飞龙、飞虎队也进驻天津北仓临时机场，只不过是虚张声势而已，并没有起到什么实际作用。[①]

1926年5月，奉军以“讨赤”联盟军名义在南口一带与冯玉祥的国民军激战数月之久。是次战役，东北空军曾出动四五架飞机投入战斗。

奉系张作霖对晋系阎锡山改易青天白日旗不满，矛盾激化。1927年10月初，通电讨阎，双方在正定、石家庄一带激战。晋系郑泽生的骑兵军迂回至张家口与古北口一带，威胁北京，引起奉军的震惊，急速调动空军投入战斗，每日出动两三架飞机进行侦察，监视晋军的行踪。奉军的空军每日上午向晋军散发传单，投放报纸，动摇其军心；下午则向晋军阵地投掷炸弹。激战相持月余，钳制晋军处境困难，致使晋军无法向北京挺进，无奈只好向奉军投降。[②]

1927年6月，阎锡山依附于蒋介石悍然发动反奉战争。在

---

① 中国人民政治协商会议辽宁省委员会文史资料研究委员会：《辽宁文史资料》第6辑，辽宁人民出版社1985年版，第62页。

② 孙继先口述：《东北航空军建立始末》，辽宁省政协文史资料研究委员会编：《文史资料选辑》第二辑，第54页。

晋军主力于京汉、京绥线一带攻击奉军之际，傅作义率部袭占了涿州。此地战略地位极为重要，乃为京、津、保三角地带之要冲。安国军大元帅张作霖坐镇北京，由其子、军团长张学良统驭3万精锐之师，重夺涿州。在战斗中奉军飞机飞临涿州上空助战，在几次攻城中均有飞机助战。空军在涿州之战发挥了很大作用。历时3个月之久的涿州之战，由于傅师接受改编而结束。①

1931年7月间，盘踞在河北南部一带的军阀石友三部蠢蠢欲动，调兵遣将，急欲占领河北全省地盘，向东北军提出让防要求。而东北军在占据京津后，早欲驱逐石友三于河北省之外，这就引起保定—石家庄间奉石大战。此时，东北空军正在整顿训练中，就以训练组织出动，投入这场讨石战争。参战的飞机计有300马力容克轰炸机7架，450马力包袋子侦察机5架，180马力爱弗罗中级教练机8架。这是东北空军历史上第一次全部出动。②

东北空军在战胜石友三部之后，急匆匆地返回沈阳。是时，正值日本侵略者在东北屡造事端，磨刀霍霍，随时准备发动事变，占领沈阳及东北的前夕。1931年9月15日，日本借中村事件武力征服东北的消息传到了东北空军官兵驻地。一时间，官兵跃跃欲试，纷纷请求出动，轰炸日军。

此时，东北当局的辅帅张作相、荣臻参谋长也拿不定主意，一再向北平通电话，请示对东北局势副司令有何指示，侍卫副长官谭海在电话中说："副司令指示，要慎重从事，遵照中央的命令，坚决不要抵抗！"在中央坚决不抵抗政策的误导下，驻守在北大营的第7旅官兵稍作抵抗，即退往东山咀子集结待命。

在如此严峻的危局下，东北空军也处于群龙无首状态，代理

---

① 王成斌等主编：《民国高级将领列传》第二集，解放军出版社1988年版，第508—512页。

② 中国人民政治协商会议辽宁省委员会文史资料研究委员会：《辽宁文史资料》第6辑，第60—61页。

司令张焕相不在沈阳，副司令徐世英已调至长官公署任职，在沈阳的东北空军长官只有参谋长陈海华一人。在无可奈何情况下，陈海华给东北边防司令长官公署副官处副处长李济川打电话说："情况危急，我们机场有 42 架待飞的飞机，怎么办?"李说："建文，赶紧飞锦州，飞去一架是一架，锦州不能降落，辽河以西任何地方都行。"不久，航空处参谋长陈海华又来电话："我支持不了啦，各方派人找飞行员，一个也没有找到。"李问荣参谋长怎么办，荣说："让陈参谋长酌情处理吧!"[①] 在东北当局莫衷一是、束手无策的情况下，张副司令"关于命令全体空军官兵不得擅自行动"的信息已传至东北空军官兵驻地。飞行员闻知此讯后，不辞而别，纷纷告别了多年驾驶的飞机和起降的机场，潜入北平，将大批飞机拱手让予敌寇，令人痛心疾首。

九一八事变不久，张焕相即在北京西城航空署衙原北洋政府的航空署旧址组织起司令部，以收容东北的空军人员，按原待遇发给薪俸，以笼络人心，防止空军人员潜往他省就职。孙炎自称，他与王卫民、朱玉玺 3 人于事变后的第 3 天从大连潜往北平。几天内所有空军人员均来到北平。

来到北平的空军人员，虽然仍享受原来的优厚待遇，但这些人员的生活苦涩乏味，整天打麻将，无所事事；有的人吸食鸦片成瘾，而不能自拔。虽有部分人员，感到东北沦陷无家可归了，希望能打回老家去，但在蒋介石不抵抗政策的束缚下，只能唉声叹气而已。

在这种不死不活的窘境下人心思变，各奔东西，计有姚东焕、李祥林、张在善、张念勺、袁国维、张树焱等去新疆投奔盛世才部；白景丰投奔四川刘湘处；王荣光、王友天去湖南何健处；原副司令徐世英、孙继先等 10 余人，万念俱灰，赋闲留在北平；高志航、孙仲华、杨相林、孙炎、金恩心、沈永祥、陈海

① 中国人民政治协商会议辽宁省委员会文史资料研究委员会：《辽宁文史资料》第 4 辑，第 68—69 页。

华、周德鸿等60余人前往南京集结待命。[①]

1933年3月，热河沦陷，张学良引咎辞职。在蒋介石、宋子文的“劝说”下，张学良赴欧洲考察和戒烟。张学良出国后，北平军分会何应钦指示，首先停留在南苑机场的8架爱弗罗飞机飞抵洛阳，随后即下令将东北空军人员合并于中央空军，并指定东北空军人员并到杭州笕桥新成立的中央航空学校。从此，东北航空军的名称也悄然消失。张氏父子苦心经营的一支空军完全解体。历史说明，东北航空军就是不抵抗主义的牺牲品。这也是历史留给国人的沉痛教训，应永远铭记。

[**作者：**赵守仁　辽宁师范大学历史文化旅游学院　教授　大连　116600]

① 中国人民政治协商会议辽宁省委员会文史资料研究委员会：《辽宁文史资料》第6辑，第63—64页。

辛亥革命时期辽宁革命党人与封建势力的斗争

石 岩

摘 要：20世纪初年，清政府的腐朽统治给辽宁人民带来了深重的灾难。不甘心忍受压迫的辽宁广大群众，掀起了规模巨大的反清斗争，也为辛亥革命在辽宁地区的开展提供了土壤。同盟会辽东支部成立后，积极发展会员，进行革命宣传。“奉天联合急进会”的成立推动了辽宁辛亥革命的继续与发展。但由于封建反动势力的强大以及资产阶级的软弱性与妥协性，辛亥革命归于失败。辽宁地区的辛亥革命也随之沉寂。

关键词：辛亥革命 同盟会辽东支部 张榕 蓝天蔚

日俄战争后，日本取代了沙俄在辽宁进行殖民统治。迫于外界压力，为了维护自己的统治，腐朽的清政府开始实施“新政”。新政的实施使得苛捐杂税猛增，给人民生活带来沉重的负担。不甘心忍受压迫的辽宁广大群众，掀起了规模巨大的反清斗争，也为辛亥革命在辽宁地区的开展提供了土壤。

一、同盟会辽东支部的成立及发展

1905年8月，孙中山领导的同盟会成立后，便派革命党人来到辽宁建立革命机关，组织民众进行革命活动。1907年，同盟会重要领导人之一的宋教仁来到了辽东地区，积极组织筹建了同盟会辽东支部。同盟会辽东支部成立后，同盟会员开始了革命宣传工作。同盟会员宁武等人在张作霖部下和杜立山旧部发展革命势力。在他们的宣传下，奉天巡防营右路统领马龙谭所部营长邵兆中、奉天巡防营前路统领张作霖所部营长刘景双都先后加入了同盟会，并在所属部下发展革命力量。此外，同盟会员祁耿寰等人在辽西地区秘密联络地方民团；朱霁青、张献廷在新立屯设西医诊所，作为辽西联系革命工作的据点。商震、陈干等人在辽阳建学校，利用报纸在群众中进行革命宣传；彭家珍、黄旦忱、钱拯等人专门争取冯麟阁部。在商震、宁武等同盟会员的影响下，复州联庄会领袖顾人宜、顾人邦、顾人敏三兄弟接受了民主革命思想，于1908年参加了同盟会。

1910年，同盟会员张榕和蓝天蔚也先后来到了奉天。张榕此行的目的是在沈阳和大连联络革命党人，计划在清军秋操时率军从锦州入关袭击清军，直捣北京。[①] 蓝天蔚来到奉天任新军第二混成协统领，驻扎在奉天北大营。他在新军中积极宣传民主革命思想，从而使得新军中很多士兵加入了同盟会。

1911年10月10日，武昌起义爆发，各地新军纷纷响应，关外的同盟会员也吹响了响应武昌起义的号角。以张榕、蓝天蔚等人为首的资产阶级革命民主派，以东三省总督赵尔巽为首的代表清政府利益的地方统治集团，以省咨议局议长吴景濂为首的维新派则成为辽宁政治舞台上互相角逐的三股政治力量。

---

① 王益知：《辛亥革命与张作霖》，《沈阳文史资料》第12辑，1986年版，第62页。

以张榕、蓝天蔚为首的资产阶级民主派则秘密筹划，准备利用10月中旬省咨议局开会之机，成立保安会，以不流血的方式驱逐东三省总督赵尔巽，宣布奉天独立。不料计划泄露，赵尔巽纠集袁金铠和张作霖带兵进入咨议局会场，控制了保安会，将革命扼杀在摇篮之中。

二、“奉天联合急进会”的成立

奉天革命失败后，1911年11月14日，清政府撤销了蓝天蔚的协统职务。蓝天蔚潜往大连，继续革命。张榕实际上担负起辽宁地区辛亥革命的重任。11月17日，张榕、宝昆、田亚斌、张根仁等人联络当时辽宁各地力量，成立了以张榕为会长，张根仁、柳大年、李德瑚为副会长的“奉天联合急进会”。该会“以人道主义、政治革命积极进行为宗旨”[①]，“以建设满汉联合共和政体为目的”[②]，响应南方，牵制北军势力，使清帝不敢东归，赵督不敢中立。同时，创办“国民报馆”，向东三省人民宣传共和思想。

“奉天联合急进会”的成立对组织革命力量向封建势力展开进攻，起到了良好的作用，尤其是“建立满汉联合政体”的宣传，较之同盟会的“驱除鞑虏、恢复中华”之主张更为柔和、更为进步，因而得到了满族人民的响应与支持。

但当时居领导地位的张榕，没有认清赵尔巽的反革命面目，他对咨议局、保安会等反动统治工具抱有幻想，甚至把赵尔巽的心腹袁金铠视为革命者而拉入急进会。他信心满满地声称：“现在我急进会拥有三万五千之兵力，以为后盾，散布东省各地之马贼亦已暗通我党，一旦有事，乐为我用。保安会议员之大半及咨

① 《联合急进会简章》，《盛京时报》1911年11月21日。
② 《急进会首领之宣言》，《盛京时报》1911年11月24日。

议局议员各商绅等无一不通款我党者，一切准备毕成。”[①] 张榕集中注意力于封建上层，在思想上、组织上的疏于防范，使奉天革命陷入以赵尔巽、张作霖为首的保皇势力包围之中。结果，革命党人连日被巡防营捕去者，不可胜数，在奉天很难进行活动。

以和平手段谋求奉天省城独立的失败，迫使革命党人不得不部分地改变斗争策略。决定在奉天成立总机关部，作为负责革命活动的筹划、策动和联络机关，由张榕主持。各地设立机关部，进行革命活动。派遣杨大实、张根仁、柳大年、商震、祁星宸、石磊、宁武等革命党人分赴庄河、宁远、辽阳、安东、凤城等地，策动军警起义，组织地方武装，于11月末至12月，革命党人在辽宁各地先后点燃了起义的烽火。

1911年11月20日，以复州顾家岭为根据地的革命党人顾人宜、顾人邦、顾人敏三兄弟联合庄河抗捐运动领袖隋守真等人率众起义，指挥革命军进攻驻防在李家卧龙（今普兰店市城子坦镇老古村）的清军巡防队，打响了辛亥革命在东北的第一枪。起义军首战告捷，巡防队狼狈逃入复州城。义军乘胜追击，并攻占了第二、三巡警分局，夺取了大量的武器弹药。义军所向披靡，声势大振。“复州辖境内分驻各地巡警局现已悉数撤退，均入复州城内”，“向瓦房店及普兰店等处逃难者实繁有徒，以普兰店‘满铁’附属地一地方言之，已有二十余人，举家迁至者亦已达六七户”。[②] 11月24日，奉天联合急进会总务部长杨大实和张璧等到顾家岭，与顾人宜等人会合，协商斗争方略，加强了起义军的领导力量。11月27日，革命军宣布成立中华民国军政分府，顾人宜为中华民国军政分府关东第一军司令官，张璧为参谋长，司令部设在李家卧龙。同时，发布革命宣言，揭露清廷的罪行。

11月28日晚，顾人宜、张璧等人决意攻击水门子巡防队。

---

① 《急进会首领之宣言》，《盛京时报》1911年11月24日。

② 《庄、复乱事汇志》，《盛京时报》1911年11月26日。

29日清晨四时，顾人宜率革命军兵分四路向水门子进发，7点钟，向清军右路巡防第一营发起猛攻。革命军作战十分勇敢，“大队长顾人邦只手挽枪，只身冲入敌军，三入三返，所向披靡，官军甚至于不能发枪，继闻官军一片降声，纷纷四窜”[①]。经过2个多小时的激战，巡防队大败，死伤100多人，被俘20多人。

11月25日，辽阳警察教练所的教官徐春新带领学员40余人，占领了城西南的重镇刘二堡，打响了辽阳起义的第一枪。当地的巡警和农民纷纷响应，家家挂上了白旗。徐春新贴出募兵布告。由于这年夏天，刘二堡发生水灾，饥民甚多，应募者大有人在，起义军迅速发展到200多人，声势大振。28日，革命党人商震、程起陆、郭斗升等，在辽阳高丽门外聚众200余人，与清军激战。战斗持续了4个昼夜，终因寡不敌众，起义最后以失败告终，郭斗升等人战死。

在庄复、辽阳起义的同时，革命党人还在凤凰城、海城、宁远州（今兴城）等地发动了起义。1911年11月26日，革命党人鲍化南指挥民军约200余人在凤凰城雪里站起义，在清军镇压下，革命军终因众寡不敌、子弹告竭而失败。革命军战死20人，何秀斋等27人被俘，解送凤城后，壮烈牺牲，部分民军转到庄河起义军中。宁远州团山子农民起义抗清，柳大年立即前往，带领起义农民进入安乐山。为支援辽阳起义，赵中鹄率一批青年学生军，准备在大石桥药王山起义，结果事情泄露，遭到清军镇压。

东三省总督赵尔巽对革命党人的疯狂镇压使辽宁辛亥革命发展受挫。

面对庄河、辽阳等地的武装起义，赵尔巽施展了剿抚并用的反革命策略。对于离省城较近、威胁较大的辽阳等地的起义，立即派出大量军队，予以强力镇压。1911年12月2日，赵尔巽发出镇压令，“通饬各该文武，务须确定主见，乱未起，预防之；

① 《东省革命纪要》，《盛京时报》1911年12月7日。

乱初生，力制之；乱既起，痛剿之，勿再优柔误事。无论何处，不准别立会名；无论何人，凡扰乱治安，即为人民公敌。我不杀人，而待人之杀我人民，无是理也”①。切谕各地查拿革命党人，白色恐怖即刻笼罩辽宁全境，各地革命党人纷纷被捕。在辽阳，“受官军捕虏者二十六名，释放两名，处禁锢刑者十一名，以外十三名于十三日夜间，乘天色惨黑，裸体绑赴西关之刑场，以极钝之刀将头颅前后部及膊部，用力乱砍，甚至一人之头有砍至数次不下者，残酷之情莫堪言喻”②。12 月 9 日，宁远州州牧王玉泉率军将张根仁、柳大年关押，“严行囚禁，锁闭黑暗小室。继至省，囚于狱，衣履装束被劫一空”③。

与此同时，赵尔巽对于革命力量较强，距省城尚远，且与旅大日本“租借地”毗连的庄河、复州（今瓦房店市）起义，采取了以“抚”为主的政策。1911 年 12 月 3 日，赵尔巽派出官僚、士绅到顾家岭和李家卧龙，同顾人宜等谈判，许以高官厚禄，妄图招降义军。因双方意见分歧，未能达成协议。12 月 15 日，赵尔巽又命复州知州刘彦卿、水门子巡检刘文翔、复州勸学总董宫玉章、复州警务长牟维新、复州议事会议员王志潜、复州咨议局议员焉泮、庄河警务长恒续等 30 人同顾人宜等民团军再次谈判。强敌压境，武器弹药、资金给养都比较困难，在这种情况下，顾人宜采取了以退为进的策略，接受了解散民团军的条件，赵尔巽给革命军现银 1 万两作为起义所耗军费。结果，起义队伍化整为零，除庄西隋守真在当地坚持外，一部分去了烟台，一部分庄复革命军改编为复州保护地面的巡防队。

镇压了各地的革命军，安抚了庄复民军，赵尔巽开始腾出手来对付奉天的革命党人。而此时奉天联合急进会会长张榕却毫无察觉，甚至将革命机密泄露给袁金铠，致使其被袁金铠利

① 朱诚如、邸富生：《辽宁通史》，大连海事大学出版社 1997 年版，第 406 页。
② 《又有上断头台者十三人》，《盛京时报》1911 年 12 月 6 日。
③ 《释放激进党人之回顾录（续）》，《盛京时报》1912 年 3 月 16 日。

用，悔之晚矣。1912 年 1 月 23 日，由张作霖和奉天咨议局副局长袁金铠密谋，设下了杀害张榕的圈套。袁金铠出面邀请张榕赴奉天大西关平康里的德义楼夜饮。席间，袁金铠佯称张作霖有意参加革命。因当时张作霖掌握着军队，张榕也想规劝张作霖参加革命。宴毕，袁金铠借口有事，先告辞而走。张榕与张作霖同出德义楼。张作霖的侦探长于文甲、侦探高金山尾随在他们身后，见他们拉开一定距离，突然向张榕连开 3 枪，张榕被击中死亡，时年 29 岁。这就是举世著名的奉天血案。张榕被害之夜，张作霖派出大批军警，搜查张榕位于奉天小北关的住宅，将家属全部逮捕，所有房间、器物、车马、银钱等财物洗劫一空。“旋赴该犯住屋，搜出民军告示、委任状多件，又急进会会长木印一颗，小戳一个，及信内有东洋文字者数封，内有大连来信，系近日发自机关部者，并汇有巨款，即系约期急速起事之函”①。张榕家共损失白银约 55357 两。之后，张作霖又派人抓获了张榕家人李鸿顺、刘贵山、杨顺、高桐、尹国栋等。张榕牺牲后，孙中山在南京专门为张榕举行追悼会，尊称张榕为关东革命第一人。

张作霖杀害张榕后，连夜派前路巡防营帮统金寿山率领军士，直奔大东关恒知府的宅第而来，杀害张榕的好友宝昆。宝昆，正白旗满洲奉天人，别号宣山，因为在家排行老六，省城人都叫他“恒六”。其祖与清太祖有姻亲关系，父恒泰为成都知府，后升任按察使，代受国恩。他是辛亥革命时期奉天最活跃的人物之一，奉天联合急进会的主要成员。在革命道路上，宝昆坚决主张以武力夺取政权，他不惜用自家大部分财产购买大批武器弹药，策动新军内有革命倾向的军士反正。准备在清朝发祥地奉天，来一个“釜底开花”，粉碎清退守关东的计划。“奉天联合

① 《张作霖为报告杀害革命党急进会长张榕宝昆田亚斌等经过情形给赵尔巽呈（1912 年 1 月 24 日）》，郭春修：《张作霖书信文电集：上册》，北方联合出版传媒（集团）股份有限公司　万卷出版公司 2013 年版，第 64 页。

急进会”成立后，宝昆曾秘密组织同志分赴辽阳、海城、新宾、安东（丹东）等地发动武装起义。为了支持武昌首义，还派遣王璋、张英华带兵进军北京。

当晚，汤玉麟率人杀害了联合急进会机关报——《国民报》编辑田亚斌。田亚斌，又名田心正、田又横，吉林通化人，陆军小学堂毕业，是个文武兼优的人才，当时家住南关合兴福胡同。他常以共和理想，灌输三省人民，并在报纸上发表文章，批评时政，或用漫画讽刺封建当局，故颇为封建统治者所嫉恨。因此，惨遭杀害。同时遇害的还有辽东宿儒张振声。

张榕被杀，是资产阶级革命党人的重大损失。从此，奉天省城的反动势力挥起屠刀，大肆屠杀革命党人。“东北两关党员被杀害者至数十人。因囚禁益凶横无忌，凡剪发及华服无幸免者，并借捕党人名义抄民财”①。奉天城内，一片白色恐怖，革命力量受到严重摧残。

三、结 语

1912年1月1日，孙中山就任临时大总统，宣布中华民国建立。2月12日，清帝退位。2月14日，南北议和，孙中山辞去临时大总统职务。袁世凯窃取了辛亥革命的胜利果实，辽宁革命党人的革命斗争也随着辛亥革命的失败而归于沉寂。但辽宁辛亥革命志士的功绩将永存史册，其为建立民主共和国而奋斗的精神也将永不磨灭。

［作者：石 岩 沈阳博物院 副研究馆员 沈阳 110044］

① 《释放急进党人之回顾录（续）》，《盛京时报》1912年3月16日。

韩国光复军发展历程探析

牟元义

摘　要：1940 年 9 月 17 日，韩国光复军总司令部成立典礼在重庆嘉陵宾馆举行，标志着韩国光复军诞生。在中国军民的大力帮助支持下，韩国光复军经历了筹建、成立、迁驻、整编、改隶历程，充分体现了韩国光复军创建的艰辛和曲折，饱含了中国军民对韩国光复军的重视、关心和支持，展示了中韩军民一致抗日的决心和勇气，凝结了中国和朝鲜半岛人民深厚的传统友谊。

关键词：韩国光复军　发展历程　探析

19 世纪以来，日本先后强占了朝鲜半岛、发动了对中国的侵略战争，中国和朝鲜半岛民族危机空前深重，大量朝鲜半岛独立运动人士来到中国从事抗日独立斗争。1919 年，在中国军民的支持帮助下，大韩民国临时政府在上海成立，掀起了韩国独立运动的热潮。1940 年 9 月 17 日，韩国光复军总司令部在重庆成立，标志着韩国光复军正式创立。韩国光复军，经历了筹建、成立、迁驻、整编、改隶等历程，在中国军民的大力支持下，驻地迁徙、战备训练、军营生活得到了有力保障，并积极配合了中国军民抗击日军，在世界反法西斯战争中发挥了积极的作用。

一、韩国光复军的筹建

1939年3月，大韩民国临时政府由柳州迁徙到四川省綦江县（今重庆市綦江区），随行人员共107人，截至1940年9月迁往重庆市区，共居住了一年零六个月。大韩民国临时政府在綦江县政府帮助下，先找到綦江县城古南镇沱湾临江街43号，户主陈伯勋，思想开明，同意大韩民国临时政府部分干部租用部分房屋。于是韩国国民党领导人之一的曹成焕首先搬居綦江沱湾临江街43号，购置家具，安置好随行，在临江街43号挂出了“曹公馆”的牌子。随后，陈伯勋租用了綦江县古南镇上升街陈家公馆房屋、菜坝三台庄房，并且通过与观音岩庙主协商，占用观音岩庙宇部分空屋。① 大韩民国临时政府在綦江住下后，没有公开对外挂牌，上升街是总办事处，韩国临时政府主席、独立党理事长金九常在此办公。

大韩民国临时政府在綦江期间就开始筹建韩国光复军。1940年4月，朝鲜革命党、韩国独立党、韩国国民党在重庆綦江召开的三党联合代表大会上，全体代表一致要求临时政府着手组织一支归其统辖的军队，并希望中国当局同意在中国境内成立一支韩国光复军。当时，日本的军队中有大量强征入伍的朝鲜半岛人员，大韩民国临时政府也亟须通过建立相应组织，策反他们到中国的抗日战争阵营中来。②

1940年2月，金九向中国国民军事委员会提出成立韩国光复军的建议。4月11日，蒋介石给朱家骅之批示：“……为韩人金九拟成立光复军请予补助由已悉。所请准照办。希与何总长接洽办理可也……”支持成立光复军的要求。1940年5月，大韩

① 政协重庆市綦江县委员会、重庆大韩民国临时政府旧址陈列馆编：《西迁重庆綦江的大韩民国临时政府——綦江文史资料专辑》，1998年10月印制。

② 冯开文：《大韩民国临时政府在重庆》，重庆出版社1999年4月第一版，第988页。

民国临时政府制订了《韩国光复军编练计划大纲》。9 月 15 日，金九以大韩民国临时政府主席兼韩国光复军创设委员长名义发表了《韩国光复军宣言文》。至此，大韩民国临时政府为成立韩国光复军总司令部筹备工作全面就绪。

二、成立韩国光复军总司令部

1940 年 9 月 17 日，韩国光复军总司令部在重庆嘉陵宾馆举行了成立仪式，宣告韩国光复军正式成立。中国国共双方有关要员出席成立典礼，并致以诚挚的祝贺。重庆作为世界反法西斯战线远东指挥中心，也切实担负起了支持并指挥韩国光复军的重要任务。

韩国光复军总司令部成立仪式从早上 7 点至上午 10 点为止，在嘉陵宾馆共举行了三个小时，大韩民国临时政府要员和韩国独立党党员，包括中国国民党、共产党在内的有关团体人士，以及驻重庆外国使节及各报社代表等 200 余名参加了成立仪式。嘉陵宾馆在当时驻有多国外交使团，在此举办成立仪式，主要是为了扩大韩国光复军的国际影响力。成立仪式邀请了包括各国外交使节在内的各界人士，其目的是为扩大宣传光复军成立的影响。典礼仪式在上午举行，主要是为了躲避日军的空袭。在成立仪式现场，主席台正面竖挂着大韩民国临时政府的太极旗，两边交叉放着太极旗和国民政府的青天白日旗。主席台顶部挂中、韩、英文横幅——“韩国光复军总司令部成立典礼”，两侧贴有对联：“携起手来誓雪中韩民族耻辱，打将前去定把日本强盗灭亡”。背后还有用隶书写的贺词书法卷轴一幅，署名李济深、乔义生、王保真、徐谦、傅觉民等知名人士。

成立典礼由韩国光复军创立委员会委员长、大韩民国临时政府主席、韩国独立党执行委员长金九主持。金九致开幕词；临时政府外务部长赵素昂作总司令部成立报告；赵琬九代表韩国独立党作贺词；重庆卫戍司令官刘峙将军、中苏文化协会会长张西曼及中国国民党重庆市党部负责人汪观之先后致贺词；金九宣读了提交给国民政府军事委员会委员长蒋介石的《致敬文》；其后，韩国光复军女队员代表金正淑上台做了宣誓；青年技术会把写有“祖国光复”的旗子转交给韩国光复军总司令李青天；最后，李青天致辞并代表前方官兵作了宣誓，成立典礼结束。

韩国光复军的成立，得到了当时中国国共双方的支持。在韩国光复军总司令部成立典礼上，中共代表周恩来、董必武、杜君慧等参会，国民党代表孙科、白崇禧、戴笠等要员也出席仪式，并在《韩国光复军总司令部成立典礼来宾签名簿》上签名。1941年2月1日，《光复》第1卷第1期以“韩国光复军总司令部宣告成立”进行了报道。韩国光复军的成立标志着韩国独立运动在朝鲜义勇队基础上，又增添了自己的武装力量，初步形成了韩国独立党、大韩民国临时政府、韩国光复军的党政军三位一体雏形。

三、韩国光复军总司令部迁驻陕西西安前线

1940年11月29日，韩国光复军总司令部为便于指挥前线支队之组织活动，将总司令部迁驻陕西西安市二府街，任命黄学秀为总司令代理，在西安设立战线司令部。韩国光复军总司令部在陕西期间，由国民政府军事委员会管辖，中国政府按中国军队军官的标准全力保障韩国光复军的各项供给。同时，派驻中方尹呈辅、王平等军事人才参与韩国光复军，给予人才支持。总司令李青天和参谋长李范奭等由于经常要与中国方面协商军事问题，留在重庆的司令部，其余大部分要员则参加了战线司令部。① 1941年11月，经大韩民国临时政府与中国国民政府协商，国民政府军事委员提出《韩国光复军行动准绳》：一、韩国光复军在我国抗日作战期间直隶本会，由参谋总长掌握运用；二、韩国光复军归本会统辖指挥后，在我国继续抗战期间及该国独立党临时政府

① ［韩］金俊烨著，紫荆、力求译，韩俊光校：《我的长征——韩国学生兵在中国抗日斗争记录》，东方出版社1995年7月第1版，第218—219页。

未推进韩境以前，仅接受我国最高统帅部唯一之军令，不得接受任何其他军令或其他政治牵制。其与韩国独立党临时政府之关系在受我国军令期间仍准保留固有之名义关系；三、本会以援助该军向韩国内地及接近韩国边境之地域活动，以配合我国抗战工作为原则。在未能推进韩境以前，应以有韩人可吸引之沦陷区为主活动区域，在其军队编练期间，特准其在我国战区第一线（军部以前）附近组训，但须受我当地最高军事长官之节制；四、在战区第一线以后地区，仅准在战区长官所在地及本会所在地设立联络通讯机关，均不得有招编部队，任意逗留或作其他活动情事；五、该军总司令部所在地由军事委员会指定之……①

韩国光复军总司令部下辖四个支队。第一支队由西安创建光复军的要员组成，李俊植任支队长兼第一征募分处主任，分处设在大同，在山西省大同地区开始进行筹组支队活动。第二支队由总司令部的要员组成，由公震远任支队长兼第二征募分处主任，分处设在包头，在河北省的北平、天津、唐山、张家口等地招募兵源（1941年底撤回西安）。第五支队于1941年1月，由韩国青年战地工作队改编组成，罗月焕任支队长兼第五征募分处主任，分处设在西安，在开封、太原、石家庄和北平开拓的工作据点为支队活动的基地。第三征募分处主任金文镐，分处设在江西省上饶。

1941年12月8日，太平洋战争爆发。12月10日，大韩民国临时政府发表对日宣战声明书，正式对轴心国宣战。韩国光复军以其队员精通朝鲜语、日语、中文而著称，抗战中在策反日军中的朝鲜半岛人士、向日军宣传并摧毁日军的斗志、翻译截获日军电文、审问日军俘虏等方面发挥了积极的作用。

四、韩国光复军在重庆整编

1942年，韩国光复军战线总司令部返渝，办事机构设在重

① 台湾“中央研究院近代史研究所”编印：《国民政府与韩国独立运动史料》，第337—338页。

庆市区民生路45号吴宫茶室（后改为邹容路37号）。

1942年5月15日，中国军事委员会决定将“韩国光复军”和“朝鲜义勇队”两支武装合并为韩国光复军。经过双方协商，国民党派遣军政干部尹呈辅到韩国光复军总司令部任参谋长。韩国光复军总司令部增设副司令一职，由金元凤担任。旗下整编为3个支队。其中，总司令部设在重庆市区。第一支队在重庆，由收编的朝鲜义勇队队员组成，支队长金元凤；第二支队在陕西省西安，由原有的第一支队、第二支队、第五支队改编而成，李范奭任支队长；第三支队在安徽省阜阳设立本部，开展各种活动。确定了“韩国光复军”在抗日战争期间配合中国军队的五项任务：一、打入敌寇军队，煽动韩籍士兵；二、与朝鲜本土和旅外朝侨设法联络；三、招收朝籍有志青年，予以训练；四、经常在朝鲜本土及敌寇军队中散播复国运动的文告；五、觅取各种情报。

1942年9月7日，《新华日报》报道：“蒋介石嘉勉韩光复军，……该军披艰历辛逾二周年，团结精诚，良堪嘉慰”。1942年12月2日，《新华日报》以《韩国光复军薪饷悉与国军一律》为题报道：“韩国光复军在我国成立已经二载，其经费薪饷，悉由军委会供给，至留渝之总司令部官兵，与我军委会直辖各机关同等待遇。”1943年7月22日，《新华日报》报道：“据韩国光复军负责人士谈，中国军事委员会以目前物价波动，为了体念韩国光复军的生活，特将该军之总司令部和所属各支队全体官兵待遇，自6月份起一律加以提高。”

五、韩国光复军改隶大韩民国临时政府统辖

1944年8月28日，《中央日报》以《韩国光复军改隶临时政府》为题进行了报道：“韩国光复军今报将隶属大韩民国临时政府，惟在对日作战期间，及将受我国军事委员会指挥。以配合共同作战之任务。”1945年2月，经中韩双方协商制定了《援助

韩国光复军办法》，提出："韩国光复军所需一切军费，经协商后以借款形式由中国交予大韩民国临时政府，但光复军日常经费依照中国现行规定，由中国军事委员会按月拨交临时政府。"事实上，直到日本投降，朝鲜半岛光复后，大韩民国临时政府要员以个人身份归国，借款也无从归还。

大韩民国临时政府作为统辖韩国光复军的最高机构统帅府，其办事机构一直由中国政府支持落实。大韩民国临时政府于1940年9月迁到重庆市区办公，第一个办公地是杨柳街，第二个办公地是石板街（现附二院老大门斜对面，靠原公安局方向红绿灯处），第三个办公地是吴师爷巷，位于各平路吴师爷巷1号2层，有大小九间房子。在此期间，大韩民国临时政府要员及韩国光复军总司令李青天等先后住在临时政府，经常与国民政府有关机构协商韩国光复军有关事项。1944年12月，由国民政府出资租赁商人范伯溶位于重庆市区莲花池行馆赠送给大韩民国临时政府作办公地。该办公地共81间房子，年租金1200万元，在新办公处的大门的上方挂上了用中、韩、英文所刻的"大韩民国临时政府"的牌匾，在屋顶上升起了国旗。① 韩国光复军重新由大韩民国临时政府直接统辖后，积极投身于世界反法西斯战争洪流。1945年2月28日，大韩民国临时政府对德宣战。先后派遣韩国光复军赴印缅前线协同英军作战，担任前方对敌广播、翻译俘获的文件。1945年8月15日，日本宣布无条件投降。8月18日，韩国光复军组织"国内挺进队"奔赴朝鲜半岛。由于驻岛日军阻拦，挺进国内的计划未能实现。

1945年10月下旬，重庆各界纷纷举行各种仪式，欢送大韩民国临时政府成员回国。大韩民国临时政府还成立了宣抚团，处理善后事宜。11月5日，大韩民国临时政府、韩国光复军总司令部要员乘专机离开重庆回国。为感谢中国人民的深情厚谊，金

① 冯开文、杨昭全主编：《大韩民国临时政府在重庆》，重庆出版社1999年4月版，第786页。

九在起飞前发表了《致中华民国朝野人士告别书》，称："抗战八年来，敝国临时政府随国府迁渝，举凡借拨政舍，供应军备，以及维持侨民生活，均荷于经济百度艰窘之秋，慨为河润。"1946年5月16日，韩国光复军总司令官李青天发布《韩国光复军复员宣言》："现在宿敌日本已经投降，联合国军取得了胜利，我们的国土迎来了光明，本军在中国境内的作战任务已经完成。在数十年的流亡和抗战过程中，我们苦苦等待到了这一天的到来！现在发布本军的复员宣告，命令全体队员复员归国投入到祖国的建设大业中。"

六、结　语

韩国光复军作为世界反法西斯战争中的一股力量，在韩国独立运动、配合中国军民的抗日战争，以及世界反法西斯战争中发挥了积极的作用。韩国光复军的发展历程，凝结了韩国光复军为争取民族独立、国家光复的艰苦卓绝、矢志不渝的革命精神。韩国光复军的创建，也是中国军民在自身极度困难的情况下，对朝鲜半岛人民反日独立运动伸出援助之手，充分体现了中国人民的国际人道主义精神以及与朝鲜半岛人民深厚的友谊，值得今天的中国和朝鲜半岛人民深切缅怀和大力弘扬。

[**作者**：牟元义　重庆大韩民国临时政府旧址陈列馆　书记　馆长　重庆　400010]

中共大连地方组织史研究

大连近代史研究　第17卷

大连特殊解放区的重要功臣——韩光

刘功成

摘　要：韩光（1912—2008），1945年10月中旬，被中共中央东北局任命为中共大连市委书记。他在大连工作8年多时间，对大连特殊解放区的中共地方组织建设、民主政权建设和政治经济文化社会发展做出了重大贡献，成为大连特殊解放区的重要功臣。

关键词：大连特殊解放区　韩光　民主政权建设

1945年10月中旬，秋高气爽，艳阳高照，大和旅馆（今大连宾馆）二楼正中会客室，苏联红军驻大连警备司令官高兹洛夫中将热情地接待一位英俊潇洒的青年，这是身材高大的将军一周之内第二次在这里接待这位中国同志——中共中央东北局刚任命的大连市委书记韩光。一周前，为解决向东北进军的华东解放区部队多艘木帆船在大连沿海被苏军扣留的问题，韩光奉命到大连，会见高兹洛夫将军，妥善解决了问题。韩光曾于1935—1938年在莫斯科东方劳动者共产主义大学学习，能用俄语直接同苏联人交谈。他敏锐的政治见解和优雅的言谈举止，使高兹洛夫将军一见如故，主动同他探讨起在大连建立中共地方组织的问题。韩光回到沈阳后，向中共中央东北局作了汇报。东北局当即决定，任命韩光为中共大连市委书记，赶赴大连筹建市委。

韩光，原名孟宪林，出生于黑龙江省齐齐哈尔市。1930 年加入青年团，任团满洲省委秘书长。1931 年转为中共党员，兼任团北满特委书记。1933 年起任中共满洲省委特派员、东北抗日联军第一军政治部代主任。1935 年底至 1938 年初在苏联莫斯科东方劳动者共产主义大学学习，1938 年回国任新疆反帝会科长、副县长。1940 年起任中共中央统战部秘书长，1942 年起主持中共中央东北工作委员会。1945 年 10 月至 1946 年 7 月任中共大连市委书记，1946 年 7 月至 1948 年 7 月任中共旅大地委书记、关东行政公署副主席，1948 年 7 月至 1949 年 2 月任中共旅大地委第一副书记，1949 年 2 月起任中共旅大区党委第一副书记、关东行政公署党组书记、关东行政公署经济建设委员会主任，1949 年 4 月至 1950 年 10 月任中共旅大区委第一副书记、旅大行政公署主席、党组书记，1950 年 10 月至 1952 年 12 月任中共旅大市委第一副书记、旅大市政府市长、市政府党组书记。1953 年调离大连后，历任东北行政委员会委员、财经委员会副主任，中共黑龙江省委副书记、第二书记，黑龙江省政府主席、省长，国家技术委员会副主任、党组书记。“文化大革命”中遭受迫害，“文革”后，曾任国家基本建设委员会副主任、主任、党组书记，中共中央纪律检查委员会书记、常务副书记等职。2008 年 9 月 27 日，无产阶级革命家韩光病逝于北京。

一、“抢形势”“搭架子”，实际执政

韩光第二次抵大连后，积极贯彻中共中央东北局的指示：“抓住时机，抢形势，搭架子，尽快把大连市党、政、警、群领导机关建立起来，掌握大连政权”。他首先组建中共大连市委。初期人员不足，他便以大连市党“工委”的名义开展工作，1945 年 11 月正式成立中共大连市委。鉴于当时的大连政治形势极端复杂，韩光力排众议，不赞成中共大连市委挂牌公开活动的主张。中共中央东北局批准他的决策。后来事情发展证明，这个

决策是正确的，党的组织处于秘密状态，使党的各项工作的开展，有了更大的活动空间和回旋余地。

中华民国政府和苏联政府签订的《中苏友好同盟条约》规定：日本投降后，苏联红军进驻大连并对大连实行军事管制，大连市行政官员的主要人选需经苏联驻军同意，由中华民国政府委派。这样，共产党要执掌大连政权，就必须抢在国民政府委派官吏之前，以合法身份走上领导岗位。但抗战刚刚结束，共产党短时间内不可能把大批干部派到大连。为完成中共中央东北局关于在大连“抢形势”“搭架子”，建立民主政权的指示，韩光于1945年10月下旬，同大连总工会委员长唐韵超研究决定，由工会出面，采取办工人训练班的办法，培养一批干部，发展一批党员，把他们派到党、政领导岗位上去。韩光和沈涛等东北局派到大连的干部亲自登台讲课。1945年10月至1946年4月，大连工人训练班连续办了5期，共培养820名工人，从中发展300多名党员。结业后，他们有的被派回原单位担任党组织或工会干部，有的被分配到大连市政府、公安局、法院、中苏友协、妇联等党政群团部门，成为中国共产党在大连开展工作、建立政权的骨干力量。

韩光把掌握警察武装作为中国共产党掌握枪杆子建立和巩固大连民主政权的重要手段。1945年10月23日下午，他带领原山东军区滨海三分区司令员赵杰到设在大和旅馆的大连苏军司令部，推荐赵杰为大连警察总局局长（为不暴露原来身份，赵杰改名赵东斌），高兹洛夫将军同意并当场签发委任状。11月7日，大连警察总局成立（11月25日，改称大连公安总局）。对外赵东斌是总局局长，韩光为总局训练处主任；对内按人民解放军领导机构设置，赵东斌任司令员，韩光任政委。中共大连市委随即移驻警察总局，实行党对各项工作的全面领导。

在筹建中共大连市委的同时，韩光“即与苏军当局磋商成立市政府的事宜”①。经过大量工作，11月8日，大连市政府成立

① 韩光：《征途漫漫》，中央文献出版社2000年版，第160页。

庆祝大会在市政府前广场召开，中共大连市委派出的副市长陈云涛宣誓就职，市委安排的市政府秘书长和公安局、教育局等几个局的局长或副局长，也随即走上领导岗位。

在组建中共大连市委、大连市政府前后，韩光安排从解放区来连干部，加强了先期成立的大连职工总会的领导力量，组建了“中苏友好协会”“妇女建国会”“青年联合会”等群众团体；在搭起党政警群各级机构架子的基础上，将一批本地培养的和各解放区派来的干部，安排到各机关、学校、电台、报社和各大企业、事业单位，担任领导职务。1945 年底，中国共产党领导下的旅大党政警群机关，市区县民主政权的“架子”已经全部搭起来。当时的大连市政府、旅顺市政府、金县（今并入金普新区）政府上面没有地级政府，分别归于中共大连市委建立的各市、县委领导，从而实现了中共中央东北局提出的先机控制大连战略要地，实际掌控大连政权的意图。

二、“以苏为主”就是“以我为主”

苏军驻防和对大连实行全方位军事管制，这是抗战胜利后“旅大政治环境中最突出的特点”①。为搞好同苏联驻军当局的关系，韩光提出并积极推行“以苏为主”就是“以我为主”的工作方针。针对党内外存在的“以苏为主”就是“以我为奴”的争论，韩光反复宣传中共中央东北局提出的“要认识苏军驻军并对大连实行军事管制这一实际情况，充分利用这种情况对我有利的方面，放手开展工作……工作中，要照顾苏联的外交关系，不使苏联在应付美蒋方面发生额外的困难”。1945—1948 年，旅大地区的防务和外交，货币与银行的管理，港务、海关、电力、自来水等企业的管理，都是苏军当局直接承担的，由于彼此在对付

① 《中共旅大区党委关于三年来中苏关系的总结报告》（1949 年 5 月 20 日），《中共大连地方组织文献选编》，中共党史出版社 2009 年版，第 240 页。

美蒋的大局上有着共同的利益，“以苏为主”实际上就是“以我为主”。韩光结合大连实际的精辟分析，使地方党政领导干部对大连解放区的特殊性有了深刻认识和准确把握。在减租减息、反奸清算等一系列工作中采取特殊的政策和方法，对中国共产党在其他解放区实行的政策采取变通形式，采纳苏军当局的意见，充分发挥司法、检察机关的作用，既卓有成效，又得到苏军当局的认可。

在处理同苏军当局的关系中，韩光代表中共大连市委与苏军当局高层始终保持密切联系，及时交涉、解决突发事态和棘手问题，使中国共产党独立自主的政策和工作得以顺利实施。如1945年11月17日，大连公安总局逮捕了混进大广场警察局，当上局长的血债累累的潘澄宇。苏军保安部门负责人得知后，把公安总局局长赵东斌找去，训斥道：你不同苏军打招呼就随便抓这个局长，我就把你抓起来！这时韩光挺身而出，以中共大连市委书记的名义向苏军保安部门负责人提出抗议：“据我们掌握的材料，这个局长不是好人，总局长对他部下的坏人完全有权捉起来。你说要捉我们的总局长是错误的。”接着，韩光向高兹洛夫中将报告此事。高兹洛夫拿起电话，批评了那个苏军保安部门负责人，事情就这样解决了，以后再未发生类似事件。

韩光在坚持“以苏为主”的处理中苏关系方针的同时，对于苏军中存在的以占领者自居的思想表现，不是一味迁就，而是以同志式的态度和适当的方法提出批评和改进意见。除日常遇到具体问题如此处理外，1948年3月15日，韩光以中共旅大地委名义，向苏联驻军最高负责人别洛包罗夫上将递交长达6000字的意见书，题为《关于联共与中共同志在完成巩固苏联海军基地共同任务中的工作关系问题几点意见》。举出若干实例，对苏军当局派驻市、县（区）代表时常事无巨细地过问当地各方面工作，甚至直接出面干涉、发命令，对中方干部指手画脚加以斥责等几个方面的问题，提出批评。苏军当局对《意见》很重视，派大连市民政局负责人巴什上校约见韩光和地委组织部长苏杰、宣传部长袁牧华，诚恳地进行自我批评，并提出今后每月召开一次联席会议，然后双方分别发指示，让下级执行等具体的协调工作的措施。“自此以后，双方关系得到进一步的改善。”①

三、发展生产，安定民生

1946年11月26日，国民党军队占领金县石河驿苏联红军驻地关卡以北地区，对大连实行海陆封锁，妄图“接收”大连。1947年，大连遭到国民党军队的重重封锁，实际上成为一个孤岛。

大连解放前后，粮食年需量约25万吨，本地产量只有12万吨左右，主要靠进口。由于国民党军队的海陆封锁，铁路运输中断7个月之久，粮源中断，大连市内有3.5万人经常处于饥饿状态。面对民生疾苦，韩光心急如焚。他代表中共旅大地委作《关于目前形势与党的任务》报告，提出“发展生产，安定民生，节衣缩食，投向生产”的工作方针。他带领大批党政干部和机关工作人员到农村和城市生产第一线，组织生产和帮助群众开展生活自救活动；学习前线战士“寸土必争”的精神，把市内一切可以开垦的土地都种上粮食，把运动场和人行道也变成粮田和菜田。政府机关的房前屋后、院墙内外，甚至马路边上，都种上了庄稼。据不完全统计，1947年仅大连市区内就开垦耕地10600多亩，生产蔬菜250万斤，粮食150多万斤。这对解决市民吃饭问题起到很大作用。与此同时，韩光领导中共旅大地委把失业工人和家庭妇女广泛组织起来，通过手工业生产合作社等形式，投入到生产中。包括赶海、摊煎饼、做鞋、织渔网、挖炉灰、拣煤核、挑大粪，等等。“为解决吃饭问题开创了一条出路。”② 旅大职工总会和政府部门根据韩光指示，组织100多个

---

① 韩光：《征途漫漫》，中央文献出版社2000年版，第224页。

② 韩光：《征途漫漫》，中央文献出版社2000年版，第179—180页。

采粮队冒险北上或通过海路南下购粮。一些外出采购人员不惜以生命为代价，把粮食和工业生产急需的原材料源源不断地运进大连。1948年，金县、旅顺和大连市郊的粮食产量达20.8万吨，解决了全区粮食年需求量的80%，使大连的粮价大幅度下降，安定了民生。

大连工业，解放前在日本统治下完全走上军事工业的轨道，解放后工厂悉数停产，到处聚集着失业人群。为解决他们的就业问题，韩光多次出面和苏军当局交涉，接管了大连化工厂、大连钢厂、大连纺织厂、金州纺织厂以及几个机械厂；组建了中苏合营远东电业公司、中苏合营石油公司、中苏合营盐业公司、中苏合营大连造船厂。韩光亲任中苏合营大连造船厂董事长，其他三个公司也都由中方任董事长、苏方任总经理。这是最早的中外合资企业。这四个中苏合营企业开工，解决了大连三分之二工人的就业问题。与此同时，韩光领导组建“关东实业公司”“大连水产公司”等市政府主管厅局经营的企业，恢复了一大批企业的生产；帮助一些私营工业，恢复和发展生产，使工人的生活得到保障。工农业生产恢复了，地方经济搞活了，国民党军队对大连的经济封锁被粉碎了，国民政府接收大连的攻势彻底失败。在这场伟大斗争中，韩光运筹帷幄，充分发挥了把握复杂形势、驾驭全局、善于管理经济工作的组织才能，功勋卓著。

四、把支前作为首要任务，建成人民解放军隐蔽的后方基地

人民解放战争开始后，韩光把支援人民解放军前线作为大连特殊解放区的头等大事，提出“巩固旅大战略要地，建设我党隐蔽后方，发展生产，安定民生，支援前线”的战略总方针，充分发挥大连工业基础较强的优势，大力发展军工、军需生产，集中人力、物力支援前线，使大连成为人民解放战争的重要和稳定的后方基地。

1946年11月，韩光根据形势发展，召集各解放区驻大连的负责同志筹议成立中共旅大地委军工生产委员会，以大连公安总局工业科的名义开始对外工作。1947年，韩光亲自出面协调，接管一批苏军代管的企业，组建了中国共产党领导下的第一个现代化大型兵工联合企业——建新公司。

建新公司最初直接受中共旅大地委军工生产委员会领导。1948年，大连军工生产进入高潮阶段，韩光担任军工生产委员会书记。同年6月12、13、17日，中共旅大地委3次召集军工生产会议，韩光与陈云涛、任仲夷等11人出席会议。讨论通过1948年军工生产计划；研究解决计划执行中的资金调度、机器设备、重要原料、工人补充、工资标准与制度、工会与党的工作等问题，有力地保证了建新公司军工生产任务的完成。在三年解放战争中，建新工业公司共为人民解放军生产炮弹54.57万发，药筒26万个，雷管24万只，引信81.3万个，底火60.9万个，60迫击炮1430门，苏式冲锋枪563支，还生产各种型号无烟火药450多吨、弹体钢3000多吨等大批军工产品，全部性能优良，运往华东、华北及各地战场，发挥巨大威力。建新工业公司10多个企业8000多名职工，同以吴运铎为代表的中共华东局工程技术人员和领导干部并肩战斗，为取得人民解放战争的胜利做出巨大的贡献。

在大连建立人民解放军隐蔽后方基地过程中，为了不使苏联方面“在应付美蒋方面造成外交上的被动”，韩光提出“只做不说的办法”①；还提出有计划的支援，合理的支援，主动的支援，前线需要什么就支援什么的脚踏实地支援人民解放军前线的斗争策略 。1947年，为适应人民解放战争的需要，中共旅大地委开办大连汽车学校。第三期从大连市招生400人，1948年12月提前结业，直接编入沈阳战车部队——坦克指挥所，参加天津战役

---

① 韩光：《发扬艰苦创业的革命传统——为〈大连建新公司兵工生产史料〉集而作（代序）》，中共大连市委党史工作委员会编，1988年版，第2页。

后，改编为坦克一师。韩光曾回忆说："举办汽车学校，是大连地区党组织和公安系统支援全国解放战争的一件光荣任务。大连汽车学校（即四大队）培养的学员，很多都成了我军第一代坦克手。在装甲兵部队里，有相当一批领导干部出自大连汽车学校。"①

韩光领导大连特殊解放区，不仅向人民解放军前线支援了大批军需物资，而且输送了大批兵员。

大连输送兵员的人数，由于战争年代统计条件限制和输送兵员渠道不同等因素的影响，没有精确的统计数字；一般说法是3万余人。其实，这仅是辽沈战役结束之前，大连公安总局输送兵员的数量，还有不少公安系统之外的大连城乡人民参军数字没有包括在内（例如医务系统和几个县）。笔者依据手头资料的粗略统计，大连特殊解放区向人民解放军前线输送兵员超过5万人。

1948年8月14日，时任关东公安总局局长周光在总结三年支前工作时指出："总局过去扩军支前，输送兵员达3万多人。其中警察调往前方14360人。"②

1946年9月，中共旅顺市委根据旅大地委《关于扩军工作的指示》，从"反奸清算"斗争中涌现的积极分子中选送689人参军支前。翌年1月，从工人、农民和青年学生中选送200人参加东北民主联军。③ 1947年7月人民解放军第二次解放庄河县至1948年末，全县参军青壮年12373人。④ 复县（今瓦房店市）1946年春至1949年底，有19095人参军。⑤ 中共新金（后改普

① 《大连市志．公安志》，方志出版社2004年版，第582页。

② 《大连市志．公安志》，方志出版社2004年版，第688页。

③ 《旅顺口区志》，大连出版社1999年版，第581页。

④ 王远新、王万涛主编：《大连特殊解放区》，国家行政学院出版社2018年版，第504页。

⑤ 王远新、王万涛主编：《大连特殊解放区》，国家行政学院出版社2018年版，第509页。

兰店市）县委先后发动4次大规模参军运动，共输送兵员15266人[①]。

韩光在大连特殊解放区，还进行了大量卓有成效的领导工作。如，积极发展党员和培养选拔干部，重视党的建设和教育工作；贯彻执行新民主主义方针，为大连地区科学技术的发展和人才培养打下良好基础；大力组织开展群众文艺活动和文化体育工作，等等。

综上所述，韩光是大连特殊解放区的重要功臣，在大连人民革命和建设的史册上写下光荣不朽的一页。

［**作者**：刘功成　大连工人大学　原副校长　大连　116011］

① 普兰店市史志办公室编：《新金风云——解放战争时期的新金县》，1993年版，第136页。

吕塞略考

葛　峰

摘　要：抗日战争胜利后，吕塞作为“八路军挺进东北海上先遣支队”的探路先锋，率先带队渡海北上，后因天气原因在大连登陆，之后便留在大连继续从事党的工作。但此后的吕塞却如泥牛入海，不再为人所知。纵观他的一生，可谓风云变幻，命运弄人。本文依据吕塞的履历，将其置于大的历史背景之下，尝试用零散的历史文献资料去拼读“完整”的吕塞。

关键词：吕塞　大连解放　胶东根据地　王家岛

吕塞，长海县王家岛人，作为抗日战争胜利后较早进入大连的八路军干部，被收录于大连市史志办公室编写的《中共大连市委历届委员名录》一书，除此其并无太多文字记载。读罢吕塞履历，其在离开大连任赛马县县委书记时被国民党军队俘虏，是其命运的拐点，似乎也是后人鲜有为其过多着墨的原因。笔者尝试以吕塞的履历为主线，结合相关历史文献资料，用零散的“碎片”最大限度还原吕塞的一生。

一、赴山东烟台求学

吕塞（1912—1975），原名吕其恕，曾用名吕赛，辽宁省长海县王家岛（原属庄河）人。1931年九一八事变后，日本侵占中国东三省，激起了有志青年对侵略者的无比仇恨。1932年3月，在村小学任教的吕塞随同堂兄吕其恩、吕明仁、吕其宪及同乡吕健东等人搭伴乘渔船离开家乡到了烟台，在山东省立第八中学继续求学。

1935年4月18日，烟台发生了“徐明娥事件”①，引起烟台学生界的极大愤慨，继而掀起了烟台历史上声势最大、人数最多的一次学生运动，吕塞跟随堂兄一起参加了这次运动。不久，学校便以带头闹事为由将吕其恩等人开除。1935年7月，吕明仁、吕其恩等人相继赴北平进入“弘达中学高中部”学习。其间，吕其恩和吕明仁相继加入中国共产党。之后，吕其恩和吕明仁又参加了“一二·九”运动和“一二·一六”运动。

1936年6月，吕其恩受中共中央北方局派遣，以烟台党组织负责人的身份回到烟台继续开展工作，并随即与山东省立烟台中学②、烟台私立志孚中学的“民族解放先锋队”取得了联系。当时仍在山东省立烟台中学读书的吕塞，就是在这一时期加入了中国共产党。当年8月，吕塞和李大同受吕其恩派遣，到蓬莱山后顾家村开展党的工作。他们以小学教员的身份为掩护，从事党的地下工作，发展了赵铁生、丁离南等人加入中国共产党，建立了受中共烟台工委领导的党小组，吕塞任小组长，并发展了7名“民族解放先锋队”队员。后因中共胶东临时工委在烟台遭破

---

① 1935年4月18日，国民党烟台特区警士无辜枪杀女学生徐明娥，烟台进步学生吕其恩、李丙令等人遂联络在校学生，成立“烟台学生自治联合会”，组织全市学生游行示威，声援被害者。

② 山东省立第八中学，于1934年改称山东省立烟台中学。

坏，党员不得不分散转移，吕塞等人遂于1936年底先后离开蓬莱[①]。

二、进“军政训练班”学习

《中共大连市委历届委员名录》一书并未记载吕塞入山西太原“军政训练班”学习。但《吕明仁传》记载：“1936年10月，在北京的吕明仁与百余名有志青年随薄一波去了山西，并被编为军训团十二连……吕明仁向往的是红军长征到达的革命圣地延安……吕明仁、丁修和其远房叔弟吕塞三人以‘请探亲假’为名，离开集体宿舍，搬进旅社。”由此看，吕塞应是在山东党组织遭受破坏后，辗转进入山西太原，入“军政训练班”学习。

《吕明仁传》提到的“军训团十二连”，全称是“军政训练班第十二连”。“军政训练班”是在中国共产党和阎锡山建立统一战线的形势下，由薄一波主持的“山西牺牲救国同盟会”和“军政训练委员会”负责组建的，是当时山西抗日救亡运动的摇篮。“军政训练班”第十二连，组建于1937年2月初，学员大多数是由北平的党组织和“民族解放先锋队”动员介绍来的青年学生。

1937年4月开始，先后有20多名学员在征得组织的同意后，陆续离开太原前往革命圣地延安[②]。《吕明仁传》记载，吕明仁一行人赴延安的线路是“从太原乘船来到风陵渡，再由风陵渡乘火车到西安，然后换乘马车，经过20多天的辗转颠簸，来到了云阳……在云阳休息了几天后，他们就迫不及待地乘汽车到了延安”。

---

① 中共烟台市委党史研究室、烟台市档案局编：《中共烟台历史大事记第一卷（1919—1949）》，2003年版，第78页

② 山西新军历史资料丛书编审委员会：《山西新军决死第一纵队回忆录》，中共党史出版社1993年版，第71页。

三、入“抗日军政大学”学习

1937年5月，吕塞等人抵达延安，随即入“中国人民抗日军事政治大学”第二期学习。由吕塞介绍入党的李大同回忆：“1937年5月，接到已去延安的吕塞来信，叫我到延安学习”，恰能印证此事。

“中国人民抗日军事政治大学”第二期于1937年1月正式开学。随着大批爱国青年学生自国民党统治区踊跃入学，学校在已设立8个队的基础上，相继又设立了第九至第十四队，共接纳学员550余人。第九队队长聂鹤亭、第十队队长边章五、第十一队队长何长工、第十二队队长刘忠、第十三队队长谢翰文、第十四队队长谭家述。当年3月，为便于进行管理，将第九至第十四大队合编为第四大队，大队长聂鹤亭，政委董必武①。由此看，吕塞应是第四大队的学员。据资料记载，吕明仁当时是第四大队第十三队学员。

1937年7月7日七七事变爆发，中国全面抗战开始，抗日前线迫切需要大批干部，在此情况下，二期学员于8月8日举行毕业典礼提前结束学业。

四、到山西交城县从事党的工作

1938年2月，吕塞和郭卫人受晋西北区党委派遣来到交城、文水开辟党的工作，随即成立了中共文（水）交（城）工委，郭卫人任书记，吕塞任组织部部长，司正卿任宣传部部长②，常芝青任县长。当时虽然是国共合作共同抗日，但党组织并没有公

① 王智涛：《从共产国际归来的军事教官：王智涛回忆录》，军事科学出版社2015年版，第227页。

② 交城县志编写委员会编：《交城县志》，山西古籍出版社1994年版，第509页。

开而是秘密发展党的组织。鉴于此，中共文交工委的每个负责同志都有一个公开身份作掩护，郭卫人任交城县游击大队队长，吕塞任大队教导员，司正卿任县政府教育科科长。

郭卫人回忆：“我于1937年12月从延安出发，经西安、潼关，于1938年1月1日从风陵北渡黄河，到达山西临汾城西刘村中共中央北方局，刘少奇同志亲自找我谈话，决定分配我到晋西北120师地区。到达晋西北区党委后，大约是1938年2月初就决定派我和吕塞同志到文水、交城。”① 通过郭卫人的回忆，大致可以估算出吕塞离开延安的时间和行走线路。

吕塞到任后立即在游击大队中发展了党员，稳定了队伍。1938年4月18日，游击大队突然被阎锡山的军队武装包围，经过一天的激烈战斗将敌人打退。随后，郭卫人向“战地总动员委员会”武装部长程子华进行了汇报，程子华指示将交城县游击大队改编为“战地总动员委员会游击一支队第一营”，并于当年5月转移到汾阳北部边山地区。当年6月，吕塞和郭卫人遵照中共晋西北区党委的决定，在完成将文交工委扩大为文（水）交（城）汾（阳）介（休）工委的任务后，转为从事其他工作。

五、在山西汾北从事党的工作

1938年6月，吕塞和郭卫人在汾阳北部边山地区，以战地总动员委员会游击一支队政治部所属“民运工作团”为掩护，宣传发动群众抗战，为抗战部队筹粮款和军马，同时秘密发展和建立党的组织。民运工作团的团长由政治部宣传科科长王燕士担任，郭卫人公开身份是工作团指导员，吕塞是工作团副指导员。

民运工作团先后发展李景文、郝耀、王增谦等百余人入党，建立党支部、党小组20多个。1938年11月，中共晋西北区党委

① 中共吕梁地委党史资料征集研究室编：《吕梁党史资料》（第三辑），1983年版，第42页。

决定在汾阳北部地区建立县级党组织，由于当时党的基层组织较为薄弱，故称中共汾北工委，王振东任书记，吕塞任副书记。郭卫人则于1938年底（或1939年初）调离。

1939年1月，汾阳县政府设置五个科、一个局和四个区公所，吕塞以县政府教育科科长的身份公开活动。当年3月，中共晋西北区党委在交城县寨上村组建中共文交中心县委，撤销中共文交汾介工委，同时将中共汾北工委改称中共汾北县委，吕塞负责文交中心县委、汾北县委的组织工作。当年五六月间，中共汾北县委准备在石老村召开县委工作会议，传达贯彻文交中心县委会议精神，不料被驻罗城据点的日军包围，中共党政军人员奋起抵抗，王振东等人在战斗中壮烈牺牲。其后，中共汾北县委副书记吕塞主持汾北县委工作①。

新中国成立后，汾阳党史部门对这一时期的中共汾北县委工作给予了高度评价："一是加强了党对政权工作的领导，二是尝试并逐步完善了政权工作的职能机构，三是注重统一战线工作，四是抓了根据地的政治、经济、文化等方面的建设，使汾阳北部边山地区在抗日战争的中后期阶段，称为晋绥抗日根据地坚强的前哨阵地。"

六、先后在山西崞县、晋西区党委工作

1937年10月8日，山西崞县县城被日军攻陷。全县交通要道被分割，太同公路以西地区划归晋绥边区，太同公路以东地区划归晋察冀边区，崞县东西两个地区分别建立了崞县地方党组织。中共崞县（西）县委隶属中共静乐中心县委领导。1940年2月7日，中共晋西区党委和中共晋南区党委合并组成中共晋西区党委，中共静乐中心县委改称中共晋西第三地委。1940年4月，

① 中国人民政治协商会议汾阳县委员会文史资料委员会编：《汾阳文史资料（第6辑）：纪念抗日战争胜利50周年》，1995年版，第105页。

吕塞调任中共崞县（西）县委书记。

1941 年 8 月，由中共晋西区第三地委划出四个县委成立了中共晋西区第六地委。当年 10 月，吕塞调任第六地委宣传部部长，之后调任中共晋西区党委秘书。1942 年 5 月 20 日，党中央决定加强对晋绥根据地的领导，下发了《关于成立晋绥分局的通知》，晋西区党委于当年 8 月改组成立中共中央晋绥分局，关向应任书记。

据史料记载，1941 年和 1942 年两年间，日军对晋绥根据地大小“扫荡”30 余次，历时总共 400 余天。残酷的战争环境，给晋绥根据地的建设造成了极大的破坏，根据地的面积也日渐缩小，形势相当严重，尤其 1942 年是晋绥根据地最困难的一年。

七、相继在抗战日报社、晋绥分局工作

吕塞履历记载：“1943 年至 1944 年，任抗战日报社通讯科科长、中共晋绥分局党委秘书”。目前，笔者没有找到相关资料加以考据，只能推断晋西区党委改组为晋绥分局后，原任晋西区党委秘书的吕塞转任抗战日报社通讯科科长，之后再调任晋绥分局党委秘书。

《抗战日报》[①] 由中共晋西区党委于 1940 年 9 月 18 日创刊，晋绥分局成立后成为分局的机关报。1944 年 12 月 20 日，毛泽东在延安同晋绥分局副书记林枫谈话时，充分肯定了《抗战日报》的工作，并就下一步如何办好《抗战日报》作出了重要指示，这大大推动了新闻通讯工作的开展，鼓舞了广大新闻工作者的斗志，提高了大家办好报纸的自觉性。随着通讯工作的不断开展，采编人员积极性日益高涨，使《抗战日报》对全边区实际工作起着越来越大的指导作用。

---

① 《抗战日报》于 1940 年 9 月 18 日创刊，1946 年 7 月 1 日改名为《晋绥日报》，1949 年 5 月 1 日终刊。

八、入中央党校学习

吕塞履历记载，其于1945年1月入延安中央党校学习。笔者认为，吕塞实际是在由中共中央城工部主办的“敌占区城市工作训练班”学习。主要依据有三点：

一是据刘宁一回忆：“中央确定在1945年召开第七次党的代表大会，由我与刘慎之负责准备关于城市工作的报告……那时我们的工作是和中央组织部、党校一起进行的。”由此看，“敌占区城市工作训练班”对外的掩护性称谓有可能就是“中央党校”。

二是吕其恩履历记载，“1945年1月至4月参加中共中央城工部主办的敌占城市工作训练班”①。由此看，时间节点与吕塞履历记载相似。

三是有文字记载：“1944年底，党中央决定举办敌占区城市工作训练班，吕其恩和柳运光等四十余人参加了学习，听取了刘宁一、刘晓和马纯古等同志介绍的敌占区秘密工作经验。”② 而且在1945年6月中旬，党中央派遣吕其恩、柳运光和吕塞等有地下工作经验的同志一同从延安出发到东北做地下党工作。既然吕其恩、柳运光和吕塞同时由延安出发去东北做地下党工作，且“吕其恩和柳运光等四十余人参加了学习”，那就有吕塞也在该学习班学习的可能性。

九、到达山东解放区，伺机进入东北

因吕其恩在胶东工作过，而且西胶东地区又和东北的关系密

---

① 中共中央党史研究室第一研究部编：《中国共产党第七次全国代表大会代表名录》，中共党史出版社2005年版，第590页。

② 中共威海市委党史资料征集研究委员会编：《威海党史资料》（第二辑），1987年版，第33页。

切，吕其恩决定一行人先到胶东区党委，再伺机转道东北。

1945年7月初，吕其恩一行人到达晋西北根据地临近敌占区的边缘，当时刘慎之为大家准备好了良民证，发了伪钞，并派部队把他们送出游击区，进入敌占区。随后一行人兵分两路，吕其恩化装成照相馆老板，和妻子王军带着儿子，由梁岐山领路先到山西榆次县地下交通站；柳运光装扮成药店卖药的伙计和妻子杨斯来带着孩子，与吕塞另走一路。

1945年8月中旬，一行人相继抵达胶东。这时的国际形势大变，日本很快宣布投降。鉴于此，吕其恩认为按原计划到东北开展党的地下工作已不适应形势的发展。于是吕其恩和柳运光向胶东区党委建议从胶东乘船北渡，在辽东半岛沿海地区找个落脚点，拉起武装为解放东北做准备。同时，明确当前急需办理的两件事，一是将回胶东情况电告中央城工部并请示赴东北开展工作，二是组建渡海小分队，待命随时出发。吕其恩的建议立即被胶东区党委采纳，并报请党中央同意。

胶东区党委即令吕其恩、柳运光与邹大鹏、于克一起，迅速组建一支跨海进军东北的小部队，并成立了党的临时工作委员会，邹大鹏任工委书记，吕其恩、于克、柳运光和吕塞为成员①，队伍对外称“八路军挺进东北海上先遣支队”，其成员主要由区党委的联络部、社会部、城工部、统战部及军区所属的有关部门选调，吕其恩为司令员，于克为副司令员，邹大鹏为政委，柳运光为政治部主任。队伍于8月24日中午到达烟台。因船只数量少，吕其恩决定先派吕塞到大连探路。随后，吕塞陪同柳运光在烟台一渔行找到了其本族叔弟吕其贵，并通过他搞到了机械渔船。24日下午，吕塞率一个排约四五十人乘坐渔船从烟台先行出发，去大连探路侦察，其余同志则因遇到大风浪推迟到8月26日下午出发。

---

① 孟庆春：《历史大转折中22个首任省长、市长和自治区主席纪实》，中共党史出版社2009年版，第22页。

十、抵达大连

吕塞带领的队伍因海上风大浪急，所乘船只于1945年8月24日傍晚被刮到了大连，他们一上岸就被苏军扣押，随即与吕其恩彻底失去了联系。虽然后来苏军通过延安证实吕塞是中国共产党派往东北工作的干部，但此时吕其恩带领的队伍早已在庄河登陆。在此情况下，考虑到当时大连急需充实党的干部的实际情况，吕塞被留在大连从事党的领导工作。①

1945年8月末，大连的泥瓦工人李瑞和、李世彦在岭前地区组织了一股维护社会治安的队伍。两人曾到大连的苏军警备司令部打听八路军的情况，并要求维持社会治安。两人在司令部经翻译介绍与吕塞结识，吕塞建议两人扩大队伍，多缴日本人的枪支，保护老百姓生命财产的安全。两人随即根据吕塞建议，在岭前积极扩充队伍，取名“中国八路军辽东地方特别工作队”。②

另据阎芳刚回忆：“1945年8月16日，在左友文同志主持下召开了党员会……一是讨论决定在郭家屯688部队仓库成立工会，将工人组织起来。二是在此基础上组织武装……到22日我们已组织300多人……这时不凑巧，连日大风，胶东派来的队伍因大风阻隔船来不了，只有吕塞、孙梯青两同志带一警卫员坐客船来到大连……左友文和孙梯青同志研究，决定拉起队伍离开大连……在皮口遇到胶东来的队伍，一联系上，在庄河的部队就派了十四辆大卡车来接我们。”另有文字记载：“吕塞到大连后未能和苏军接上关系，便转到庄河县活动。”③ 笔者认为阎芳刚回忆中提及离开大连的这支队伍，除有孙梯青同左友文研究外，吕

① 政协长海县文史工作委员会编：《长海文史》，1991年第3期，第11页。

② 中共大连市中山区委党史办公室编：《中山春晓 1909—1949》，1991年版，第37页。

③ 中共大连市委党史研究室编：《中共大连党史大事记 1919—1990》，大连出版社1991年版，第38页。

塞也应参与其中，并随部队到过庄河。

此外，吕塞到大连后曾返回过一次胶东，向区党委汇报了与苏军接触的情况。这可从李彭华的回忆材料中印证："中共胶东区党委领导的大连支部决定派李彭华去胶东向区党委汇报情况……9月6日带领崔天锡和一个姓于的工人从小平岛坐船出发，8日到了烟台，在警备司令部见到了吕塞同志……10月中旬，拿着吕塞和邹大鹏的介绍信来到新金。"①

1945年10月下旬，中共大连市工委成立，韩光任书记，第二次来大连的吕塞②为副书记。姜毅回忆："我于1945年10月上旬随军从胶东渡海去东北，月中到了苏军进驻下的瓦房店，在这里组织上分配我和另外三位同志随陈云涛同志到大连……大连市工委机关设在沙河口区一所临街的小型住宅里……在这里我们见到的也只有韩光、吕塞等几位领导同志……几天以后就随同市委机关一起搬到中山区台湾银行楼上。"

1945年11月至1946年3月，吕塞任中共大连市委委员、市委组织部部长，其间于1946年1月13日至1946年2月兼任西岗分局副局长。1946年6月至8月，吕塞任中共大连市岭前区区委书记、区长。

十一、赛马县被俘

赛马县位于凤城县西北部，与本溪、新宾、桓仁、宽甸等县接壤，境内群山叠嶂，地势险要。抗日战争胜利时并无赛马县建制。辽东地区解放后，中共安东省工委为了便于发动群众，建设解放区，决定缩小县级行政区划规模，择地设置县建制。鉴于赛马地区的地理环境与当时的斗争形势，于1945年11月增设赛马

---

① 普兰店市史志办公室编：《新金风云：解放战争时期的新金县》，1993年版，第134页。

② 大连地方党史编辑室编：《中共大连地方党史资料汇辑》，大连出版社1983年版，第363页。

县，将凤城、宽甸、本溪三个县的部分辖区划归赛马县管辖。赛马县委成立之初隶属中共宽甸中心县委，1946 年改由中共宽桓地委领导；1946 年 6 月隶属中共安东省第四地委，1948 年改由中共安东省委直接领导。

1946 年 5 月，国民党军队占领本溪后，赛马县北部地区即为共产党军队与国民党军队对峙地区。当年 8 月，吕塞接任林孟舒，出任赛马县委第二任书记。吕塞实际到任则是 10 月，随即林孟舒改任副书记。而当时正值国民党军队集中优势兵力向辽东解放区进攻之际，中共安东省第四地委根据中央“让开大路，占领两厢”的战略决策和省委“区不离区，县不离县”的指示，要求各县精减人员，转移到隐蔽地区，坚持敌后斗争。赛马县兵分两路，一路由邵展群率领撤至石城、双河一带，一路由县委书记吕塞、县长王海之带领在铁路北坚持斗争①。国民党军队侵占后，在凤赛地区拼凑了 7 个联防队，252 个中队共 2500 多人的反动武装，实施“一家窝匪，十家同祸”的联保法。

1946 年 10 月 18 日，东北民主联军第四纵队政委彭嘉庆宣布组建凤（城）赛（马）地区武装工作团，任命四纵 10 师政治部副主任车学藻为团长、四纵直属机关民运部长张云樵为政委，吸收凤城、赛马两县坚持敌后斗争的党政机关人员参加武装工作团，在四纵作战略转移后在凤赛地区坚持武装斗争，牵制和打击敌人，以保护东满根据地的安全。凤赛地区武装工作团在凤城和赛马两县干部群众的支持下，开辟了楼子山根据地。当年 11 月，吕塞在赛马地区被国民党军队俘虏，转而送押在敌人的集中营里。

吕塞被俘一事，在公安总局抓捕审讯姜志远（原名姜泽新）时也有提及。姜志远与吕塞是同乡，与吕其恩是表兄弟。日本投降后，姜志远回到王家岛遇到八路军接收庄河，他利用与吕其恩

---

① 尚振生主编：《解放战争宽甸风雨录》，吉林大学出版社 2006 年版，第 444 页。

的关系，隐瞒了国民党特务的历史身份，当上了庄河县公安局侦缉队队长。在派其到胶东迎接八路军时，吕其恩发现他与当地敌伪残余分子拉拉扯扯，遂将其开除。当吕塞在大连工作时，姜志远再次隐瞒历史身份随其来大连，当其反革命身份被发现后，他便逃离大连。1947 年 5 月 28 日，公安总局的一名警卫员在电车上遇到了姜志远，因该警卫员认识姜志远，知道他是在吕塞身边工作，而吕塞早已去前方，姜志远此时却在大连，且衣着不凡，因此怀疑姜志远是逃兵，便将其扭送到民运街派出所，后转送沙河口区分局司法股审查。姜志远在审查期间谎称到大连是找公安总局新华公司经理谢谦、副经理孙文瑞等人，筹集黄金以营救在前方被俘的吕塞，司法股股长曲慕贤通过孙文瑞证实吕塞确实被俘，但让姜志远以一己之力设法营救不合常理，最终姜志远的谎言被揭穿并被绳之以法。

十二、劫后余生

吕塞于 1947 年春夏之际出狱，后在丹东的亲戚家寄住。其间经组织审查，因有变节行为被中共中央南满分局①开除。

1947 年 8 月，吕塞到临江县②苇塘沟煤矿任秘书。1948 年秋，来到位于安东县汤池区板石村的五龙金矿任秘书，该矿原本由国民党派人看守，国民党败退时将器材掠夺一空，房屋全部被破坏，中国共产党于 1949 年 2 月接管该矿，吕塞随即到安东炼钢厂总务科任管理员。1949 年冬，吕塞到葫芦岛的杨家杖子矿务局③任矿部主任(经理部主任)。1951 年，吕塞调任东北合作总社④科长。

---

① 中共中央南满分局又称“中共中央辽东分局”，成立于 1946 年 10 月 31 日，隶属中共中央东北局领导，1948 年 4 月撤销。

② 临江县于 1960 年撤销并入浑江市。

③ 杨家杖子矿务局 1949 年 12 月恢复生产，1950 年定名为杨家杖子矿务局。

④ 东北合作总社成立于 1949 年 11 月，1951 年 2 月改称东北区合作社联社，1953 年 1 月称中华全国供销合作社东北办事处，1955 年 1 月撤销。

1952年春至1973年，吕塞一直在鞍钢基本建设处[①]工作。其间，1952年春至1955年任劳资处科长，1958年因“大鸣大放”被撤职任科员直至退休。1975年5月27日，吕塞逝世。

吕塞的一生，风云变幻，可谓是命运弄人，虽短暂却不乏精彩。过早离世的他，就这样带走了属于他那个年代所独有的荣光与凄凉。

[**作者：**葛　峰　大连市公安局政治部宣传处　大连　116000]

---

① 鞍钢基本建设处于1951年1月改称鞍钢基本建设系统；1954年11月改称重工业部鞍山黑色冶金建设公司；1955年2月改称重工业部鞍山钢铁建设公司；1956年3月改称鞍山冶金化学建筑总公司；1956年10月改称冶金工业部鞍山冶金建筑总公司，后改为鞍钢鞍山工程管理处；因矿山生产与鞍钢生产不配套，1960年再组鞍钢矿山建筑工程总公司；1962年2月在此基础上合并另外5个单位成立鞍钢建设公司；1963年4月改组为冶金工业部鞍山冶金建设公司；1964年11月改名为冶金工业部第三冶金建设公司。

浅议新中国成立前旅大地区中苏两党同志的关系

袁晓虎

摘　要：抗战胜利后，苏军根据《中苏友好同盟条约》进驻旅大地区。在苏军的默许下，旅大成为苏军控制、中共领导的特殊解放区，为中国人民解放军控制东北，夺取全国解放战争的胜利，作出重大贡献。至新中国成立前的三年多时间内，中共旅大组织与联共当局在旅大的关系，并非自始至终在所有方面都和谐无间，一帆风顺，其间也不断有矛盾冲突，并且一度发展到颇为激烈的程度。随着解放战争的胜利，彼此的关系也走向了团结、互敬的友谊之路。

关键词：新中国成立前　旅大地区　中苏关系

1945年8月22日，根据《中苏友好同盟条约》，苏军进驻旅大。此时，大连港为自由港，而旅顺口则为由苏军负责防御的中苏共用的海军基地。这是新中国成立前旅大地区政治环境中最突出的特点，中共旅大组织一切政策的决定、工作的布置都与这个特点分不开。

在中共旅大组织建立前，东北局就明确指示：与苏方关系只能搞好，不能搞坏；应充分利用对我有利的方面，放手开展工作，同时又要照顾苏联外交方面的影响，便于他们在外交上说话，不授美蒋以柄；在对内政策上也要和苏方充分协商，取得谅解；苏方不同意的事，如土改政策和斗争地主的方式，我们可不办或缓办，或改为苏方可以同意的方式。总之，要注意大连的特殊情况，注意政策和策略。① 中共旅大组织因此决定实行“以苏为主”的工作方针，与联共当局在高层次保持密切联系，及时交涉协商，改进关系；认清双方共同利益所在，实行充分合作，顾全大局，求同存异。② 但是，中共旅大组织与联共当局在旅大的关系，并非自始至终在所有方面都和谐无间，一帆风顺，其间也不断有矛盾冲突，并且一度发展到颇为激烈的程度。

一、旅大地区中苏关系的发展经历了三个时期

(一) 1945年10月至1947年10月，为时两年半

这段时间，虽然中共旅大组织的同志在与联共同志共同工作中，能虚心接受联共领导同志意见，保持遇事同联共领导请示商量的密切关系，能够在实际工作中保持执行联共同志提出的方针与办法，但中共旅大组织的大部同志未能充分认识旅大地区形势与特点，未能严格站在阶级立场上正确地认识苏联，未能以无产阶级国际主义精神体验联共对本地区所提出的具体施政政策。中共旅大组织的领导虽然保持了正确方针与政策，但在广大干部中，关于旅大形势与特点以及制定各种具体政策的根据，又未能作深入的说服解释工作。所以在许多工作部门中，一些干部党员对苏联关系问题存在模糊的认识、误解，甚至于不满情绪。于是在许多具体工作中，中共旅大组织与联共同志的关系是不够正常

① 韩光：《关于旅大地区解放初期若干情况的说明》，《韩光党史工作文集》，中央文献出版社1997年版，第35页。

② 《苏联红军进驻旅大的十年》，大连市史志办公室编印：《苏联红军在旅大》，1995年版，第18—19页。

的、不够协调的、不够充分互相谅解信任的。[①]

例如：旅大地区属于军管时期，则其政策与措施应无条件服从于苏军指挥部的要求，应服从于一个苏联外交政策的要求。有些中共旅大组织的同志未能有全局观念，不照顾苏联外交政策的利益。在对“土改”问题上。当时不实行“土改”，被他们看成是苏联“干涉”中国内政的结果。[②] 又如：1947年3月成立旅大地区最高政权机关——关东公署时，按照苏联同志意见，吸收了旅大地区的中上层代表人物、大商人、地主成分的非党人士参与政权工作，且彼等在关东公署机关内，除仅有的民政厅长与公安局长外，均任正职。而中共旅大组织的同志及另外非党人士却任副职。[③] 许多同志当时不能理解苏联同志这一主张的重大策略意义，也不能从当时国际形势的政治因素中，找出苏联同志所提主张的根据，而仅从数字与形式上去分析找中共旅大组织在政权中的地位与作用，因而怀疑起旅大政权的新民主主义性质，怀疑起中共旅大组织在政权中的领导作用。在实际工作中也就发生了一连串的不重视政权，不善于运用政权，不加强中共旅大组织对政权领导的偏向。

1947年5月，旅大地区实行了苏军军用币盖印的重大金融措施。[④] 当时军用币盖印措施的直接目的，就是杜绝国民党统治区军用币流入旅大地区（当时东北国民党统治区已停止流通苏军军用币），制止本区通货膨胀、稳定物价、安定民生。因为事出紧急，苏联同志经详加了解金融情况后，曾向中共旅大组织提出实行该措施的具体方案，要中共旅大组织实行。中共旅大组织的许多同志，虽能稍许了解该措施的意义，但却并非完全信服，

---

① 《中共旅大区党委关于三年来中苏关系的总结报告》，大连市史志办公室编印：《苏联红军在旅大》，1995年版，第307页。

② 《洛甫在东北局组织部召开的旅大干部会议上的讲话》，大连市史志办公室编印：《苏联红军在旅大》，1995年版，第290页。

③ 韩光：《征途漫漫》，中央文献出版社2000年版，第161页。

④ 韩光：《征途漫漫》，中央文献出版社2000年版，第165页。

初则对货币盖印措施表示异议，后于苏军指挥部说服与强制之下，才勉强接受，动手执行。而事后证明：钞票盖印措施发生了良好的经济效果，避免了国民党统治区发币套取物资的损失，旅大地区通货也未膨胀，安定了民生。

1947年的七八月份，在对苏联关系上，曾发生严重问题。在纪念“八一五”抗战胜利的宣传工作中，苏方认为有严重影响苏方外交的事实。会后苏军民政局长格列克夫上校召集中共旅大组织各系统负责同志，进行了严格批评。同时，又个别与刘顺元同志（地委副书记）进行谈话，提出警告，并指出唐韵超、陈瑞光、白学光、柳运光等同志不尊重苏方意见，不照顾政策，同时并暗示，遇必要时苏方会向上级党委（指东北局或中央）提出把他们自旅大地区撤退的意见。① 此外，当时金县又以减租名义，实行“变相土改”，引起当地苏军司令部强令金县区长、区委书记退还地主土地。②

苏方当时特别怀疑中共旅大组织与中共各解放区财经单位不照顾苏方外交，不实行建设旅大支援前线的方针，而在旅大乱抓一把，而中共旅大组织则隐瞒苏方无限制批准物资免税出口。③ 于是，苏方直接派军官监督海口与税收工作。至9月中旬，苏军指挥部以刘顺元于公署工作期间不能执行苏方政策，工作不力；唐韵超拒绝执行苏方所提出的工资政策等理由，正式向中共旅大组织提出（时逢东北民主联军总政秘书长杜萍同志在连，苏方当时以为他是在连检查工作的，故与杜作正式谈话提出的），要求

---

① 《巴申与杜平谈话纪要》，大连市史志办公室编印：《苏联红军在旅大》，1995年版，第278—279页。

② 《巴申与杜平谈话纪要》，大连市史志办公室编印：《苏联红军在旅大》，1995年版，第278页。

③ 《关于刘顺元、唐韵超两同志撤退问题的报告》，大连市史志办公室编印：《苏联红军在旅大》，1995年版，第278—279页。

撤退刘、唐两同志[①]。这可以说是三年来对苏关系最坏的时期。

（二）1947年10月至1948年6月以前，为时8个月左右

这个时期，从整个方面说来，中苏关系是获得了逐渐的改善，比过去是进了一步。这是因为："十月会议"对旅大地区当时形势与特点作了较为深刻的研究，从而确定了"巩固旅大海军基地，建设我党隐蔽后方，发展生产，安定民生"的基本上正确的方针。同时，在对苏联关系问题上，"十月会议"也着重地进行了自我检讨。但是，由于"十月会议"对形势与特点以及中苏关系中之主要问题，未能从理论与原则的高度给以本质上的分析，并于会后没有在干部中反复进行说服解释工作，所以许多问题的解决还是不够彻底的。加之当时在执行经建计划的配合工作中、在贸易方面、在资金调度方面，都曾存在过若干不够协调的问题；[②] 在关东公署以至各市县的政权工作中，由于中共旅大组织的工作存在许多缺点，联共同志对中共旅大组织事事严格，处处认真，要求克服缺点之心切，有时操之过急，于是采取直接干涉、当面指责的态度，所有这一切导致在双方关系逐渐改善的情况下，又出现了关系不够正常的现象。

例如：1948年春季，在对外贸易以及关于批准物资免税出口的程序问题上，关东公署关税厅与苏方民政局及其商业科的同志，曾经引起数度争执。此外，在解决食盐交换肥田粉、统购花生、管理海外商人出入大连港等带有日常经济业务性的问题上，也曾发生过抵触，工作关系不够融合的情形。[③] 当时中共旅大组织在致别洛伯洛多夫上将同志的《关于联共与中共同志在完成巩

① 《关于刘顺元、唐韵超两同志撤退问题的报告》，大连市史志办公室编印：《苏联红军在旅大》，1995年版，第278—279页。

② 《中共旅大区党委关于三年来中苏关系的总结报告》，大连市史志办公室编印：《苏联红军在旅大》，1995年版，第309页。

③ 《关于联共与中共同志在完成巩固关东苏联海军军事根据地共同任务中的工作关系问题的几点意见》，大连市史志办公室编印：《苏联红军在旅大》，1995年版，第293—294页。

固关东苏联海军根据地共同任务中的工作关系问题的几点意见》一文件中，曾就上述问题，于详述事实经过后，向苏方提出改进双方关系的意见。

这个时期的后一段，还应特别指出的：就是在“六月会议”上，甚至还有不少同志在发牢骚中表示怀疑“以苏为主”的提法，提出“以苏为主”，就是“以我为奴”的错误观点，把苏联看成如同帝国主义国家，和我们变成了“主”“奴”的关系。①此外，有的同志将中共旅大组织领导上接受联共同志意见，遇事向联共领导同志商量请示，保证执行联共同志所提之各项方针与办法，看作中共旅大组织和苏方“一个鼻孔出气”，认为那样做是错误的。又有同志认为在对苏关系中应“有团结，有斗争”，把中共旅大组织与苏联的关系，看成中共旅大组织在统一战线中与其他阶级的关系。而这些丧失阶级立场的错误观点，在“六月会议”上，既未展开争论，在结论中也未受到应有批评。②

（三）1948 年 7 月至新中国成立

这一时期，特别是自 1948 年 8 月到新中国成立前，是中苏关系迅速改善，走入正常发展的阶段。

在旅大地区诸重大原则问题的解决中，例如：1948 年 11 月货币改革的实施，1948 年度农业所得税基本税则的确定，1949—1950 年旅大经建计划的制订与颁布，1949 年三四月间中共旅大各级组织的公开，4 月 1 日旅大区党委活动分子大会的准备与召开，4 月底旅大区第二届人民代表会议的召开，关东公署之改组，纪念五一国际劳动节的准备工作与纪念大会本身的进行等,总之，自 1948 年下半年以来到新中国成立为止，在中共旅大组织与苏方民政局间，未曾在任何原则问题上，发生过意见分歧，且一切问题的解决，都是经过双方充分交换意见后决

---

① 《伍修权在东北组织部召开的旅大干部会议上的讲话》，大连市史志办公室编印：《苏联红军在旅大》，1995 年版，第 291 页。

② 《中共旅大区党委关于三年来中苏关系的总结报告》，大连市史志办公室编印：《苏联红军在旅大》，1995 年版，第 310 页。

定的。这就对旅大一切工作获得成绩，取得胜利，起了决定性的保证作用。①

经过“六月会议”后，中共旅大组织绝大多数干部党员，对无产阶级国际主义与资产阶级民族主义的原则区别，有了较明确的认识，开始掌握了看问题的正确方法，分析问题的无产阶级立场。另一方面，中共旅大组织的同志在实际工作中也确实体验到联共同志提出的方针、政策以及实施各项政策的具体措施是完全正确的，联共同志的政治原则性很强、眼光远大、办法高明。他们宝贵的工作经验、工作作风是值得学习的。

中苏关系的改进对许多中国同志来说，是一个学习的过程，是一个自我斗争的过程。因为实际工作中改进与联共同志的关系，要求中共旅大组织的同志克服自己的缺点，虚心地、诚恳地、主动地学习联共同志高度的政治原则性，工作中的严肃性、组织性与纪律性以及完美的党性修养。

在这期间，某些企业的日常业务，与联共同志的关系上存在问题，但这些问题毕竟还是限于业务方面，偏重于技术性的，而少带有大政方针上的原则性。这些问题会在该企业同志与立案共同志共同榷商中，求得合理解决。

二、联共同志有高度的政治原则性与策略的灵活性

联共同志在决定旅大地区一切重大问题时，都充分掌握旅大在各个阶段上所存在的特殊情况，而不因政策决定的疏忽与错误，使苏联在与美蒋外交斗争中处于不利地位，使旅大民主建设受到损失，使中共旅大组织在人民中降低威信，使中苏人民的友谊受到破坏。例如：成立关东公署、钞票盖印、货币改革等问题，都是根据旅大地区政治经济形势的发展，而极切合时宜地提

① 《中共旅大区党委关于三年来中苏关系的总结报告》，大连市史志办公室编印：《苏联红军在旅大》，1995年版，第307页。

出并加以解决的。在外交形势不允许中共党员公开参加关东公署领导的情况下，即成立以非党人士占多数的地方性的民主政权，以使自己在外交斗争中属于主动的地位。但这绝不意味着，联共同志把政权的领导权让给大商人及地主阶级的代表人物；相反，却尽一切力量保证中共旅大组织在政权中的领导地位与作用，保证民主政府实行中共旅大组织的各项政策，扩大以个人资格参加民主政府工作的中共旅大组织的同志在群众中的威信。又如：货币改革是旅大地区解放以来实行的重大经济措施之一，从货币改革实行的原则中，中共旅大组织的同志也深刻体验到，联共同志对保护旅大社会主义性质经济与劳动人民经济利益所采取的明确阶级立场，而对投机倒把的私人商业资本家以及不利于经济发展的私人银行资本，则经过合法程序予以解决。又如：1948 年秋，在中共旅大组织指定农业所得税则时，规定对地主封建剥削部分实行超额征收，以便在尚未“土改”的条件下，对封建势力给以有力的削弱。中共旅大组织向联共同志提出后，即马上得到他们的同意。又如：1949 年，由于中国人民解放战争胜利发展，旅大的政治形势已经发生了根本变化，中共旅大组织曾于 1 月间，向联共同志提出关于公开某些工厂与农村政治及个别党员干部的问题，当即由联共同志转告上级考虑，后于 3 月间正式作答，同意我们在旅大地区完全公开建党。及至 4 月间又提出改组关东公署，实行进一步政权民主化的措施，这又使我旅大政权改组大大向前推进一步。[①] 总之，从上述的例子，都可明确看出联共同志善于掌握政治原则性与运用策略上的灵活性，也就是说，联共同志有着极明确的无产阶级阶级立场与分析问题的马列主义观点与方法。

联共同志有高度的工作责任心与工作热情，有健全的组织概念与纪律观念，完成上级指定的工作任务不谈价钱，超过自己职权的问题立即报告请示，服从上级组织决定，不独断专行、滥用

① 韩光：《征途漫漫》，中央文献出版社 2000 年版，第 232—233 页。

职权；他们还有着社会主义国家的管理城市、管理企业、管理近代化生产的丰富经验，且每人都精通自己业务。企业内部有精密科学分工，制度严格，机构紧凑。

联共同志极为注重调查研究掌握材料，工作中积累经验，制定政策与工作计划，是由占有材料、数据，分析情况从实际出发，而不是以感想代政策，主观地乱提意见，对工作采取不负责任的态度。

联共同志习惯于批评与自我批评，为工作利益发生意见分歧时，他们可以争论得面红耳赤，但这只是为了工作，而绝不致影响个人的得失，不计较个人的面子，严格批评后，同志们相处还是直爽愉快的。联共同志直爽坦白豪放的性格，工作时朝气勃勃、认真积极，生活中极易交往、和蔼可亲，使人容易接近。

三、苏联各级干部水平也是不一致的，在工作中存在不足之处

第一，有些同志，由于对中国情况未能充分了解，处理问题不能从实际出发。例如：1945 年秋，中共旅大组织刚刚在旅大开始进行工作时，大连市苏军警备司令部高兹洛夫中将曾建议中共旅大组织建立机关，进行公开活动，当时中共旅大组织认为不妥，乃提请其上级处理，后远东高级机关同意了中共旅大组织的意见。①

第二，有个别领导虽然掌握政策比较稳重，原则性强，但工作作风不够民主，命令多于说服，强制多于劝告。例如：1947 年夏，苏军指挥部民政局长格列克夫上校，在帮助中共旅大组织纠正支援前线中的混乱情况，掌握海口、管理税收、制定公署各项制度方面，尽了极大努力，改进了我们的工作。但是一般则表

---

① 《旅大八年》，大连市史志办公室编印：《苏联红军在旅大》，1995 年版，第 39—40 页。

现为不够虚心听取中国同志意见，对中共旅大组织某些同志进行批评时，不分党内党外，做法上不够策略。①

第三，有些同志处理问题欠妥时，容易推卸自己的责任，自我批评精神较差。例如：在管理物资出口问题上，本已商定凡属商业性质，无论中苏企业，均须统一按贸易局规章办理出口事宜。但格列克夫上校却多次以军管名义直接命令，以致当时曾严重地影响了贸易局对出入口物资的管理工作。关于格列克夫上校在任期间所发生的一些不够协调的关系，以及对几个主要工作的意见，中共旅大组织曾于1948年3月15日，以《关于联共与中共同志在完成巩固关东苏联海军根据地共同任务中的工作关系的几点意见》一文致苏军总指挥别洛伯洛多夫上将。② 该文件经指挥部负责同志研讨后，曾向中共旅大组织负责同志作了正式答复，认为中共旅大组织所提问题一般尚属正确，但未能同意中共旅大组织，在该文件中提出的关于定期召集联共同志联席会议检讨与研究工作的建议。且认为：从组织原则上讲关于联席会议的建议的提法在当时是不正确的。又如：苏军指挥部民政局出版科的同志于刊载毛主席1947年12月25日之《目前形势和我们的任务》一文时，曾擅自修改文中之“蒋介石”为“反动派”三个字。这也证明个别同志还不能掌握政治原则，后来该当事人曾受到上级严格批评。③

从旅大同志的工作方面而言，旅大解放初期的中苏关系就是中苏干部关系，而在中苏关系中发生的不正常、不协调现象，是因为中共旅大组织中的许多同志的马列主义理论水平不高，还不

---

① 《关于联共与中共同志在完成巩固关东苏联海军军事根据地共同任务中的工作关系问题的几点意见》，大连市史志办公室编印：《苏联红军在旅大》，1995年版，第295页。

② 《旅大八年》，大连市史志办公室编印：《苏联红军在旅大》，1995年版，第66页。

③ 《中共旅大区党委关于三年来中苏关系的总结报告》，大连市史志办公室编印：《苏联红军在旅大》，1995年版，第307页。

会运用阶级分析的方法理解问题与认识问题的本质，无产阶级觉悟与国际主义觉悟不高，在民族问题上，还多少受狭隘民族主义的影响。[①]

此外，在工作作风上，也反映了中共旅大组织中干部的游击主义习惯与苏联同志的正规作风的对立，分散与集中的对立。有些同志随随便便惯了，遇到苏联同志规规矩矩办事，总觉得不舒服，不仅不觉得自己不对，相反的却对苏联同志正规紧张的工作作风不以为然。后期中共旅大组织的同志主动学习苏联同志随时请示，遵守制度，尊重上级的作风，克服自己的不请示、不报告、无组织、无纪律、无政府的游击分散主义作风。[②]

新中国成立后，中共旅大组织加强了对马列主义的思想教育、无产阶级的国际主义教育，并号召全党同志积极提高自己政治理论水平，虚心地、诚恳地、主动地向苏联同志学习社会主义建设中各方面的实际经验。在实际工作中也确实做到把思想提高一步，把工作提高一步，实现了发展生产、改善民生、发展文化、培养干部的光荣任务。与联共同志取得一致见解，在实际工作中保持亲密、团结、互助、互敬的友谊关系。

［作者：袁晓虎　大连市委党史研究室宣教处　大连　116002］

① 《中共旅大地委整党大会关于若干问题的总结》，大连市史志办公室编印：《城市的接管与社会改造》，1998年版，第579页。

② 《中共旅大区党委关于三年来中苏关系的总结报告》，大连市史志办公室编印：《苏联红军在旅大》，1995年版，第307页。

抗战胜利后美国情报人员在旅大的活动及遭到的打击

温明成 宫宗缘

摘　要：抗战胜利后，美国间谍系统不断向大连派遣情报人员，在旅大地区进行搜集信息情报等一系列活动，为美国提供了大量军事、政治、经济等情报信息。旅大公安机关与驻旅大苏军当局，在隐蔽战线与美国间谍的情报活动进行了针锋相对的斗争，有效地限制和打击了其阴谋活动，为配合党的中心工作发挥了重要作用。

关键词：抗战胜利　美国情报　旅大活动

1945年抗战胜利后，美国间谍系统以其驻大连领事馆为掩护极力招募间谍，在旅大地区进行搜集信息情报等系列活动。在新中国成立前后，根据上级指示，大连公安机关与驻旅大苏军当局采取果断措施，针锋相对进行斗争，有效地限制和打击了其阴谋活动。

一、美国间谍机关从多种渠道向大连派遣情报人员

1945年8月，苏军进驻旅大。自大连解放至新中国成立前

后，根据大连公安机关侦查结果统计，从不同渠道先后向大连派遣情报人员的美国间谍系统有：“美国四十四海外观测队（亦称E. S. D44）、战略情报局、驻韩国‘CIC’、美军驻韩公报处和美国海军驻香港武官办事处、美国驻大连领事等”①。

（一）以营口等外围城市为前哨基地

美国四十四海外观测队是美国中央情报局在中国的间谍机关。据档案资料记载，该组织先后通过天津营口组及上海站向旅大地区派遣间谍，其中营口组先后派遣4个情报小组及4名单线特务13人、上海站派遣单线特务2人。这些特务潜入旅大后大力扩充特务组织，发展情报人员，进行搜集军事、政治、经济等各种情报活动，先后发展25名情报人员。

1945年12月末，美国“E. S. D44”天津站派国民党中统局“旅大区”专员赵某等人携带小型电台和手摇发电机到锦州后，遂派遣情报员武某化装为铁路员工经沈阳潜入大连，发展特务组织，建立活动据点进行情报活动。1946年2月，武某将搜集的情报送到沈阳。3月重返大连，企图选择架设电台的据点，但未得逞，后返回营口。5月，赵某进入营口市并架起电台，将营口组作为旅大派遣特务的前哨基地，向旅大派遣特务小组和单线特务。

其间，武某先后三次潜入大连，发展特务11人，组成特务小组，自任组长。武某在大连以行商为掩护、以民生牙科医院为活动据点，搜集政治、军事、经济等情报，1946年7月被大连公安机关捕获。

同时，美国“E. S. D44”营口组还派遣特务组长杨某，以大连东莱贸易商行为据点进行活动，企图启用三青团大连支团的电台。

1946年6月21日，营口组又派刘某等4名特务潜入大连，

① 大连史志办公室编：《大连市志·公安志》，方志出版社2004年版，第124页。

搜集旅顺军港苏军舰种、番号及大连港的情报。接着，又派遣高某等6名特务分别潜入金县（后改为金州区，今并入金普新区）和大连小平岛等地，进行搜集情报活动。

另外，美国“E. S. D44”上海站也向大连派遣间谍，1946年5月，派遣王某潜入旅大。一个月后，去往长春，于长春、沈阳专门从事搜集旅大地区情报。1948年8月，“E. S. D44”上海站派遣辛某潜入旅大搜集苏联驻军情报。1949年1月，辛某在潜入旅顺时，被公安机关捕获。

（二）以韩国为境外基地

基于发展经济的需要，旅大地区从1945年冬开始与韩国进行贸易往来。美国驻韩国的间谍机关则趁机对来自大连地区贸易人员进行突击审问，诈取情报。有的被其收买利用从事间谍活动。如：原关东公署主席迟子祥之子迟良相被“CIC”收买利用为其搜集情报。1946年，迟良相第二次赴韩国仁川经商时，被“CIC”翻译金商纪带领警察抓到光州，被“CIC”拘押期间，生活上予以优待关照，成为“CIC”谍报员。

“CIC”队长、大尉（美国人）对迟良相部署任务说：“你父亲是大连市长，把市政府的情况了解了解，有多少共产党员，有多少本地人，都负什么责任？苏联有什么权力机关管中国政府？”1947年，迟良相、迟良功和董清深再次去韩国经商时，迟良相先后向金商纪和“CIC”队长报送了迟子祥从行政公署窃取的绝、机密情报，受到“CIC”队长的赞赏。1951年，公安机关依法将迟良相逮捕。①

有的虽未被直接利用，但与特务机关保持往来，为其间接提供情报。不仅如此，美国驻韩国的间谍机关还通过韩国“大同青年团”“大韩独立促成青年联盟”“美国政厅统计部”“美国木浦CIC”“群山CIC”等外围组织，派遣间谍潜入旅大地区刺探

① 大连史志办公室编：《大连市志·公安志》，方志出版社2004年版，第125页。

苏联驻军的军事情报。1948年美国釜山港湾司令部派遣金×奉、"光洲CIC"派遣金×得，1949年美军驻韩公报处派遣宫某、"仁川CIC"派遣金×国、"大韩民国"国防部情报处三科派遣葵某等人，以贸易经商为掩护，经沈阳、营口、天津、烟台、石岛等地潜入旅大地区搜集苏军情报。[①] 此类人员均被旅大公安总局侦查机关捕获。

（三）以美国驻大连领事馆为据点

美国驻大连领事馆始设于20世纪初，1941年太平洋战争爆发后，领事馆被迫关闭。1946年5月，美国政府以签发在大连的外国侨民归国通行证为由，在大连中山区民成街1号（原瑞士百利洋行旧址）重新设立了领事馆。驻华外交人员是美国情报人员的一个重要组成部分。日本投降不久，美国就要求在大连等地建立领事馆，其中重要目的就是获取情报。

美国驻大连领事馆成立后，总领事班宁哈福（Benninghoff），即与大连之苏籍侨民查礼斯·必少浦·肯尼保持亲密联系，通过肯尼结识了很多居住大连的意大利、丹麦、瑞典、德国以及日本等国家的侨民和中国亲美反动分子。当时肯尼的主要任务是为美国领事馆建立社会联系，进行情报活动，其一切活动经费均由领事馆负责支付。肯尼通过原日伪大连水上警署巡捕朱某，为其搜集了驻大连苏军军事设施、武器装备等大量的重要情报。同时，班宁哈福还通过大连天主教主教林某（美籍）推荐教徒到美国领事馆当翻译和汽车司机，为其从事特务活动。班宁哈福还经常与教会的神甫、修女保持秘密联系，布置天主教神甫李希良为其搜集情报。[②]

1946年10月，伊萨克·派迟（Isaac Patch）到大连任副领事后，以学中文为名聘请日本特务川岛芳子的外甥国民党员王某为教师，借以搜集旅大行政和苏军等情报。翻译陈某于1947年

---

① 张殿选主编：《大连公安历史长编》（1945—1949），大连市公安局1987年版（内部资料），第112页。

② 张殿选主编：《大连公安历史长编》（1945—1949），大连市公安局1987年版（内部资料），第112页。

至1948年，除了为美国领事馆搜集情报，还翻译了大量的报刊资料。

施某（中国籍）由上海美国新闻总处派来大连任领事馆报务员，除担负报务工作外，还有搜集旅大地区情报，并进行反动宣传。

1948年6月17日，第二任领事帕迪克（Paul E. Paddock）和第三任副领事莱天瑞（Culver Gleysteen），携带报务员赵某（中国籍）来连后，委任陈某为美国中央情报署远东区策略顾问兼中央情报审检委员。陈某便竭尽全力为美国领事馆搜集东北人民解放军驻军、旅顺军港设施、海空军学校创建等情报。报务员赵某除接任报务工作外，还负责翻译和整理、保管情报工作。

二、为美国提供军事、政治、经济等情报

战后初期，美国为实现其远东战略，将旅大作为其获取情报战的重要地区。鉴于冷战的需要，这一时期美国获取情报的主要内容是驻旅大苏军和中国共产党在旅大的活动等，以便为美国制定对苏、对华政策提供依据。

1946年2月，美国“E. S. D44”天津站派遣的情报员武某从大连将搜集的关于旅大苏军情报、政府首长名单、重工业及其设备情报、日本统治时期的地图及统计材料送到沈阳。

美国驻大连领事馆时任领事帕迪克这样回忆：“我们两个美国人对大连情况的报告，成为提供给自由世界及其媒体的较为必要的和重要的情报。搜集情报是外交官的一项重要基本职能，……在一个共产党国家做我们特有的工作，我们不可避免地要冒被作为‘间谍’逮捕和监禁的危险。”① 美国驻大连领事的工作就是观察这个城市，阅读当地报纸，将之整理后发回美国。

---

① Paddock, Paul. China Diary: Crisis Diplomacy in Dairen [M]. Des Moines: Iowa State University Press. 1977.

这个工作量相当大，几乎每周要工作65小时。

据统计，美国驻大连领事馆1946年度向美国务院发出电报不少于46封；1947年度向美国务院发出电报不少于128封；1948年度向美国务院发出电报不少于239封；1949年度截至10月闭馆，向美国务院发出电报不少于317封。①

其间，致电驻华大使司徒雷登的电文有：1947年2月8日，致电汇报上月通过几个可靠渠道获得的情报，称“中共一直在强化在大连地区的影响力”。3月18日，致电：“关于苏联帮助共产党军队从大连逃往山东的报道，我馆经过4个多月的持续调查，无法拿出支持这一推断的证据。大连和烟台之间航运量相当之大，便装共产党军人无疑会混迹往来。但是本人有理由确信，大连没被任何成建制的共产党部队用作登船地点。”11月18日，致电就半年来大连和旅顺口海军基地政治动向作了长篇汇报。②

除此之外，涉及中共旅大组织的电文有：1947年8月19日，致电国务卿，称“中共在大连的公开活动日益增多”；1948年11月，致电告国务院，“现在大连和中共媒体上的反美文章，比我们来连后的任何时候都要多，措辞也更加激烈”；1949年6月9日，致电代国务卿韦伯，就旅大区党委书记欧阳钦5月30日讲话内容做出分析。③

美国驻大连领事馆的情报人员搜集关于旅大的信息和情报是多方面的，以至于1949年1月15日关东百货公司开业也引起美领馆的高度关注。又如：1947年4月8日，致电国务卿汇报了解到的在旅顺口召开的中苏政治会议有关情况；1949年5月4日，领事致电国务卿艾奇逊，报告三四月份大连当地的政治形

---

① 张建威：《美国驻大连领事馆（1946—1949）大事记》，《大连大学学报》第36卷第2期，第55—57、60页。

② 张建威：《美国驻大连领事馆（1946—1949）大事记》，第55—56页。

③ 张建威：《美国驻大连领事馆（1946—1949）大事记》，第56—57页、59页。

势变化；5 月 14 日，致电国务卿艾奇逊，汇报苏军拟从大连撤回旅顺口的相关事宜；9 月 21 日，致电国务卿称，第一艘日侨遣返船业已离连，第二艘船将于 9 月 28 日离连。[①] 从以上事例可以看出其搜集到的情报信息内容之广泛。

三、旅大公安与驻旅大苏军当局限制和打击美特情报活动

与美国特务活动的斗争，中共旅大组织早有准备。1945 年 11 月 7 日大连警察总局成立之后，中共大连市委对公安、侦查、武装部队实行了统一指挥和领导。明确公安机关的任务是："搞好社会治安，保护人民生命财产的安全，坚决打击美蒋及日本特务，粉碎国民党及其地下武装的一切阴谋破坏。"[②] 明确指出：当时在大连地区最危险的敌人，已经不是汉奸、走狗、日本特务，而是国民党特务地下武装及美国特务。

为了同美蒋特务有效地进行隐蔽斗争，中共大连市委在组建大连警察总局和市政府的同时，也开始了筹建社会部的工作。1945 年 11 月中旬，中共大连市委社会部成立。社会部是大连市委的一个职能部门，对外不公开，其任务是锄奸保卫，对特务间谍进行隐蔽侦查。部长由大连警察局副局长于会川担任。为了工作方便，公开职务先是总局副局长，1946 年 2 月又改为法院院长。

抗战胜利后到新中国成立前后，旅大公安机关在隐蔽战线与美国间谍的情报活动进行了针锋相对的斗争，先后破获 3 起颇有影响的美国特务案。

1946 年 7 月，由美国"E. S. D44"天津站派遣的武某被旅大公安机关捕获。另外，由美国"E. S. D44"天津站营口组所派遣

① 张建威：《美国驻大连领事馆（1946—1949）大事记》，第 55、58、60 页。
② 《大连公安历史长编资料汇编》，第 1 册，第 17 页。

的特务杨某，企图启用三青团大连支团的电台，因被公安机关破获，架台阴谋没有得逞。同时，营口组所派刘某等4名特务当其策划在旅顺以经营咖啡为名，建立据点之时，被公安机关捕获。所派遣高某等6名特务均被公安机关捕获。美国“E. S. D44”天津站营口组，由于屡次派遣特务失败，被迫于1946年12月末撤销。

美国驻大连领事馆的工作人员回忆，他们的活动是受到限制和监视的，如：不准去旅顺口；开车去星个浦公园（今星海公园）需要事先获得批准。1948年9月，帕迪克领事、莱天瑞副领事、舒曼夫人及其女儿开车去金州大黑山响水观郊游，返回途中被苏军士兵扣留约45分钟。

1948年11月，随着辽沈战役的胜利，东北全境解放。到了1949年，美国驻大连领事馆的工作人员受到更多限制。1949年2月，领馆会计陈亮洪因涉嫌谋杀被捕。4月12日，帕迪克领事致电国务卿艾奇逊：莱天瑞副领事和一名德国姑娘驾驶吉普车来到老虎滩，因涉嫌“用汽车前大灯发出灯光信号”，被两名中国警察和两名苏军士兵限制人身自由4个小时。4月23日，致电国务卿艾奇逊，就莱天瑞被扣押向苏方抗议事进行磋商，报告领馆车辆和司机在连受到刁难。4月30日，报告领馆中方雇员受到警察盘问。5月9日，帕迪克领事和莱天瑞副领事重访4月12日莱天瑞副领事在老虎滩野餐地，当他们回到车前时，等候在那里的苏方人员请他们去苏军驻大连警备司令部走一趟。5月19日，四名警察到领事官邸“查户口”。其间双方发生纠纷，又有10余名警察赶到现场。凌晨2时，警方人员撤离。6月23日，致电国务卿称，近日美领事官员在秋林百货公司购物时，与店员交谈了5分钟，店员因此受到苏军驻大连警备司令部人员的训斥。6月24日，帕迪克领事的司机马某被五名便衣警察带走接受讯问，半夜被放回。[①] 8月，帕迪克领事和莱天瑞副领事

① 张建威：《美国驻大连领事馆（1946—1949）大事记》，第58—59页。

的活动范围，基本被警方实际局限在南山、港湾桥和青泥洼桥三点间构成的三角区域。

1949年4月，中共旅大地方组织公开后，美国驻大连领事帕迪克不安地观察到，共产党的旗帜取代了过去和苏联的旗帜一起飘扬在公共建筑物上的国民党旗帜。帕迪克向美国汇报：苏联指挥官现在拒绝收领事馆的信，这就迫使我们不得不直接同旅大行政公署打交道，但各级中方官员拒绝美国驻大连领事馆人员的拜访。帕迪克认识到领事馆的地位越来越难以为继，他向国内表示：领事馆对本馆当前和未来的价值没有什么信心。如果美国不能迫使苏联人允许这里处于工作状态，其重要性无法恢复。否则，最好还是自己体面地关闭领事馆。

但是美国不想就这样关闭大连领事馆，告诫帕迪克，即使向国内报告的数量有所减少，领事馆的工作也是有价值的，应该继续下去。

直到7月，美国不得不接受现实，驻华大使馆给帕迪克发来电报，电文大意为：我们清楚地知道保留我们在“满洲”的最后立足点的好处。然而，我们不得不承认，在目前情况下，那些好处与为了保持这个据点存在而带来的斗争、花销、屈辱和危险相比，得不偿失。大连领事馆工作人员现在几乎是在某种新危机下等待苏联人报复的人质了，同意在同苏联外交部作最后的交涉到8月15日还没有结果的情况下，关闭大连领事馆。①

在新中国成立的当月，美国驻大连领事馆关闭。10月21日，帕迪克等人离开大连。

关于在隐蔽战线旅大公安机关与驻旅大苏军当局，限制和打击美特情报活动的这段历史，关东公安总局在1948年12月《关于旅大地区敌特活动情况与侦查工作的意见》中指出：1948年在侦破案件中，特别是在同美帝国主义和国民党反动派的特务情

① 王惠宇：《抗战胜利后美国驻大连领事馆的建立及其活动》，《兰台世界》2011年11月，第29页。

报活动的斗争中，闯出了一套秘密逮捕、就地审讯、细心搜查等相结合的方法，弥补了内线侦查工作的不足，……为配合党的中心工作发挥了重要作用。[1] 1949年12月26日，旅大区党委社会部在《关于1949年侦查工作的基本总结》中充分肯定了1949年的侦查工作取得的成绩，并指出：解放战争时期的侦查工作，破获了不少敌特案件，在各阶段均起了一定的作用。《总结》还肯定了1949年的侦查工作又有改进，不仅清理了点线，还有组织地建设与布置了侦查力量和阵地，密切配合党的中心工作，孤立了敌人，使对敌斗争不断取得胜利。

[作者：温明成　中共大连市委党研室宣教处　处长
宫宗缘　中共大连市委党研室党史处　大连　116002]

① 《大连公安历史长编资料汇编》，第4册，第616页。

斩棘披荆志益坚——记黄铁城

周爱民

摘　要：黄铁城，吉林珲春人。1933 年加入中国共产党。1935 年 7 月从苏联受训回国后，在大连开展谍报工作。1941 年 10 月被捕，关押在旅顺监狱。1945 年 8 月抗战胜利出狱。1948 年在旅顺中苏友好协会工作。1950 年响应国家“支援大西北”的号召，到中共中央西北局党校工作。1953 年到西北俄文专科学校（今西安外国语大学）工作。2003 年 3 月去世。黄铁城一生努力奋斗、无私奉献，特别是在 1945 年抗战胜利之后，他从谍报战士成长为人民教师，始终关心下一代的成长工作，为我们留下了宝贵的精神财富。

关键词：黄铁城　谍报战士　人民教师

2020 年是中国人民抗日战争暨世界反法西斯战争胜利 75 周年，旅顺日俄监狱旧址博物馆收到老馆长周祥令先生捐赠的文物，从 1981 年 8 月至 2000 年 2 月，他先后收到黄铁城先生 18 封来信，保存完好。信中记录了黄铁城先生对博物馆事业的关心和指导，对年轻人的勉励和希望，以及对历史资料的不断补充和捐赠，就像他在诗中写的那样“经风见雨心犹壮，斩棘披荆志益坚”①。

2000年8月15日，纪念抗日战争胜利55周年的日子，笔者曾专程去西安看望黄铁城先生。黄老当时88岁，精神矍铄，他非常开心地告诉我们，他被国家教委关心下一代工作委员会评为国家教委系统关心下一代工作先进个人，荣获由李鹏总理亲笔书写的奖牌。黄老家中墙上挂着一幅字画，上面写着“一肩皓月一身白，两袖清风两眼明”，这既是他的座右铭，也是他一生的真实写照，他把自己的一生献给了国家的解放事业和教育事业。

本文根据历史资料以及黄铁城的回忆，结合黄铁城的信件，重点记述他自1945年抗战胜利后，发挥自己的专长，积极投身到国家建设事业，从一名隐姓埋名的谍报战士成长为桃李满天下的人民教师。

一、在大连开展谍报工作被捕入狱

黄铁城（1912—2003），原名孟昭恒，吉林珲春人。1932年6月，在哈尔滨工业大学读书期间结识共产党员孟昭林，加入共青团组织。1933年3月加入中国共产党，开始参加党的地下工作。1934年被派往珠河游击区工作，结识赵一曼、赵尚志，被他们的革命精神深深感染，投身革命的决心更加坚定。

1935年3月，黄铁城被党组织选派去苏联伯力学习做地下情报工作的经验。同年7月，被苏联远东情报部派遣来大连工作，任务是“建立情报网及通讯联络，特别是搜集有关大连港口日本军事活动的情况”②。当时，苏联情报部门认为，“大连是日本对中国进行侵略的基地及海陆航运的交通枢纽，目前苏日关系很紧张，远东地区正处于疾风骤雨的前夜，情报工作是很重要的

① 黄铁城：《一个幸存者的自述》，陕西人民教育出版社1999年版，第142页。

② 黄铁城：《一个幸存者的自述》，陕西人民教育出版社1999年版，第42页。

工作，很需要中国同志给以帮助”[1]。

黄铁城到大连后，开办了“民生号”杂货铺，以普通商人的身份作掩护开展工作，经常往来于大连、旅顺之间，搜集日军的情报。同时，借助做生意的机会，结识日本人山本，此人在大连海关担任会计科长。经山本的推荐，黄铁城打入日军战需物资运输的重要部门——大连海关工作，并以此合法身份为掩护，躲过日本宪兵、警察、特务的严密监视，可以“随时掌握敌人运输的军用物资去向、数量及部队番号”，通过交通员将情报送往沈阳，沈阳方面利用无线电台发报机及时通知苏军伯力情报部门。

1941 年 6 月，黄铁城获取日军在中国东北急剧增兵，准备进攻苏联西伯利亚的军事情报，但此时沈阳电台因遭敌人的注意已停止工作，不能进行情报传递。为了将掌握的情报及时汇报，黄铁城到驻大连苏联领事馆附近希望能接上联系，但领事馆没有派人接头。这期间，黄铁城又获悉绝密军事情报“日军在东北急剧增兵，德、日、意轴心国往来频繁，希特勒计划进攻苏联，要求日军一定进攻苏联西伯利亚，遥相呼应”[2]。于是，他决定到苏联去汇报工作。

1941 年 6 月 19 日，黄铁城在通过中苏密山国境线时因迷失方向，被日伪警察逮捕。同年 7 月中旬，他被转押在大连的关东州厅特高课拘留所，遭受酷刑逼供，咬紧牙关，挺住了敌人的野蛮摧残。1942 年 2 月，黄铁城又被转押到大连岭前监狱，与大连抗日放火团负责人秋世显一起关押在 15 号牢房里，他痛心地发现，秋世显的双手有七八个指甲没有了，那是被敌人用竹签插进去脱掉的。

1942 年 10 月初，关东地方法院以“偷越国境未遂现行犯”的罪名，判处黄铁城 5 年徒刑，关押在旅顺监狱单人牢房，番号 1208 号。在艰苦的监禁生活中，为了抒发情感，他在狱中作诗，

---

① 黄铁城：《一个幸存者的自述》，陕西人民教育出版社 1999 年版，第 39 页。

② 黄铁城：《一个幸存者的自述》，陕西人民教育出版社 1999 年版，第 63 页。

并教给同牢的难友背诵，难友出狱后抄录保存，我们今天看到的黄铁城狱中诗抄就是这样保存下来的。

1942年12月9日，早晨8点多钟，黄铁城忽然听到楼上牢房的玻璃被打碎，同时伴随着愤怒的叫喊声。后来，“进牢房抬马桶的‘犯人’悄悄告诉他，当天上午10时，日本法院在监狱绞刑场绞杀5名抗日放火团成员，抗日放火团总指挥纪守先用手铐砸碎了牢房门上的玻璃，并大声怒骂日本殖民当局，向他们提出抗议。抬马桶的‘犯人’还告诉他，据说明天还要在绞刑场绞杀4名抗日放火团成员”[①]。黄铁城听后，心如刀绞，夜不能寐，默默为他们作诗纪念：挺身御侮健儿多，争枕刘琨待旦戈。慷慨就义呼万岁，浩然正气壮山河。

1945年8月15日，日本战败投降，中国人民抗日战争暨世界反法西斯战争取得胜利。8月22日，苏联红军进驻大连，大连人民获得解放。24日上午11时，苏军到旅顺监狱，黄铁城被指名叫出来。“看守到仓库拿出我的衣服，但已经腐烂了。身上穿的红色囚衣也破烂了，因而日本老狱头田子仁郎让日本看守拿来老囚犯穿的灰色囚衣、囚裤让我穿上，同时把我的怀表交给我”[②]。苏军此次共释放20多名“政治犯”，黄铁城在释放过程中帮助苏军翻译。苏军自接收旅顺监狱后，共进行4次释放工作，均由黄铁城担任翻译。

黄铁城自出狱后就在苏军指挥部做俄语翻译工作，10月中旬，被安排到旅顺警备司令部工作。

二、在旅顺参加中苏友好协会工作发挥专长

抗战胜利后，中国共产党根据国内外形势的发展和东北地

① 周祥令：《一肩皓月一身白，两袖清风两眼明》，《大连近代史研究》第2卷，2005年8月，第597—598页。

② 黄铁城：《一个幸存者的自述》，陕西人民教育出版社1999年版，第102页。

区斗争的需要，制定了“向北发展，向南防御”的战略，指示晋察冀分局和山东分局积极行动，尽快建立和开辟东北根据地。

1945 年 9 月 7 日，中共山东省胶东区党委北海地委派长山列岛特区工委书记兼武装大队政委郭壮和地工干部王泽民带领 14 名武装战士组成小分队，从北隍城岛乘坐木帆船由海道进入旅顺港，这是中国共产党第一批派往旅顺的武装力量。[①] 9 月 12 日 19 时，郭壮和王泽民在旅顺苏军指挥部找到黄铁城，这是黄铁城第一次见到中国武装小分队，大家相见分外高兴。郭壮说：“我们的船驶进旅顺港口后，当即被苏军扣留进行审查，所带枪支弹药都被没收了。”黄铁城立即和苏军政治部联系，告诉苏军“他们有山东省胶东区党委的介绍信，是中国共产党派来旅顺协助苏军工作的”。几经交涉，终于取得了苏军的信任，苏军不仅交还武装小分队的枪支弹药，还给他们安排住处，给了粮食和衣服，又另外给了一些枪支弹药。

旅顺解放初期，社会情况非常复杂和混乱，日伪残余势力负隅顽抗，国民党特务伺机破坏，老百姓生活极端困苦，苏军部分官兵侵害民众利益的事情也时有发生，苏军认识到建立公安队伍是当务之急的事情。9 月末，旅顺市警察局建立，郭壮担任督察长，带领队伍清理日伪财产，维持社会治安，同敌伪残余势力做斗争。10 月 25 日，旅顺市警察局改称旅顺市公安局，郭壮任局长。在这期间，黄铁城积极为苏军与公安局以及其他来旅顺工作的同志做俄语翻译。11 月 25 日，旅顺市政府成立，黄铁城担任外事科长。

苏军进驻旅顺后，中苏友好协会成为重要的新机构，大连、旅顺是中国最早一批成立中苏友好协会的地区。1945 年 9 月 3 日，旅顺市中苏友好委员会成立，宗旨是“交流文化，促进中苏

---

① 中共大连市旅顺口区委党史办公室：《旅顺晨光》（1945—1956），1993 年 12 月，第 153 页。

两国友谊”。1946年9月8日，召开第一届会员代表大会，并改名为旅顺市中苏友好协会，至1947年底共发展会员15800多人。[①] 1948年秋，黄铁成调到中苏友好协会工作，并于1949年3月代理会长一职。1949年7月30日，第四届会员代表大会召开，黄铁城担任会长，苏军代表白科维斯基担任副会长。此时，旅顺各区乡都已建立了中苏友好协会的基层组织，并组织群众发展友协成员。

1945年11月25日，旅顺市政府成立后，有很多青年学生到政府要求学习俄语，也有不少知识分子对苏联先进的文化及科学产生兴趣，也有学习俄语的愿望，但当时条件有限，没有适当教材。为了适应社会发展需要，黄铁城利用业余时间，潜心研究，编写了《俄语读本》和《简明中俄会话》两本书。在书籍编写过程中，苏军政治部杜曼中校也积极帮忙校阅，从而加速了这两本书与读者见面。1946年9月，这两本书由旅顺民众报社印刷，旅顺友协发行出版，为大家学习俄语提供了极大的帮助。至1950年3月，《俄语读本》由大连新华书店出版发行了1万册。

为了更好地发挥这两本书的作用，黄铁城利用业余时间，每周给旅顺中学毕业班同学上两小时俄语课，每周晚上给友协夜校上六次俄语课。虽然连续工作很辛苦，但激发了黄铁城对教学工作的热爱。

三、在西安从事教育工作奉献余热

1950年10月，因工作需要，中共中央东北局调黄铁城到中共中央西北局党校工作。同年12月，党校的俄文班成立，共有38名同学，黄铁城担任俄语教师兼班主任。西北局党校是1945年7月由延安迁到西安的，该校学风严格有序，领导作风民主，

---

① 周传章编：《旅顺口史话》，东北财经大学出版社1990年版，第174页。

干部团结融洽，处处体现党的优良作风，使黄铁城感到非常亲切和欣慰。他在认真搞好教学工作的同时，也认真学习马列主义、毛泽东思想，学习中共党史以及有关党的方针政策，在政治思想上受到很大教育，在工作作风上也得到深刻的锤炼，为成为一个合格的党员干部奠定了良好基础。

为了适应国家经济建设和政治外交的需要，1951 年经中央人民政府教育部批准，由兰州大学文学院俄文系、西北大学外国语文系俄文组、俄文专修科合并组建——西北俄文专科学校（今西安外国语大学）。1952 年 10 月，中共西北局党校俄文班并入西北俄文专科学校。1953 年 2 月，黄铁城调到西北俄文专科学校，在负责教学领导工作的同时，兼教俄语翻译课，为西北地区的机械工业、燃料工业、轻纺工业和地质采探等部门培养了大量的俄语翻译人才，为支援西北建设做出了贡献。1954 年，黄铁城被陕西省委文教部评为俄语副教授。同时，当选为学校党委委员、常委。

1958 年，随着教育事业的迅速发展，西北俄文专科学校更名为西安外国语学院，增设了英语、德语、法语和西班牙语等专业，成为西北地区唯一的一所主要外语语种齐全的普通高校。黄铁城为学院的发展感到欣喜，他辛勤工作，从不计较个人得失。他说："我的许多战友都没能活到革命胜利，没有享受到一天胜利成果，每想到他们，我心里都非常难过，也感到自己万分幸运。为了今天，他们付出的是全部的鲜血和生命，我今天职位的高低，又算得了什么。"①

1961 年，学院派黄铁城到西北局党校学习，到临潼参加农村整风政社工作，这些经历都使他深受教育和锻炼。"文化大革命"期间，黄铁城因曾在苏联学习以及被捕入狱等经历而受到冲击，身心受到折磨和摧残，但他意志坚强，坚信党的领导，写下"严霜虽凛冽，秋菊自精神"勉励自己。1972 年 9 月，黄铁城恢

① 黄铁城：《一个幸存者的自述》，陕西人民教育出版社 1999 年版，第 165 页。

复组织生活和教学领导工作。

1979年，黄铁城被中共陕西省委调到陕西财经学院工作，担任教务处处长，基础部部长，学院党委委员、常委。他忠诚党的教育事业，认真负责，默默奉献，1981年11月被评为优秀共产党员，出席中共陕西省委科教系统直属单位表彰先进支部、优秀党员大会。这是在几十年工作中第一次受到党组织鼓励和表扬，他激动万分，感到无比的光荣和自豪。

1985年4月，黄铁城离休。他说："虽然人老了，但我思想不老，精神不老。"他自觉地珍惜时间，希望利用有生之年，多做力所能及的事情，继续为祖国的教育事业做贡献，帮助青年进步。

四、始终不渝地弘扬爱国主义精神

1976年，黄铁城的同事到大连出差，顺便到旅顺监狱旧址参观，看到对黄铁城事迹的介绍，回西安后转告他。黄铁城得知旅顺监狱旧址已作为爱国主义教育和革命传统教育的阵地对社会开放的消息特别惊喜，把自己珍藏多年的囚服和两本字典，还有在监狱十五工场服役时用过的剪刀、毛刷等文物捐献给博物馆，希望作为历史的物证进行陈列。黄铁城捐赠的这套囚服，是博物馆至今为止收藏的唯一一套狱中服装，具有重要的历史价值。为此，博物馆给黄铁城颁发了"捐赠文物证书"和奖金，但他将证书收下，将钱退回来，他在回信中写道："如果青少年们能从这些遗物中受到教育和启迪，就是我们这些老共产党员最大的愿望……"

1980年6月，黄铁城到大连东北财经大学参加外语教学活动，旧地重游，他格外高兴，挥笔写下"一别大连三十年，重游旧地喜开颜。山山水水风光好，柳绿海滩别有天"。他一路北上，到哈尔滨参加哈工大65周年校庆，见到曾经一起战斗的同志，往事历历在目，格外怀念那些逝去的战友。

1986年8月20日，黄铁城在儿子的陪同下再次来大连，却是第一次来到旅顺监狱旧址参观。记得是在下班的时间，馆长让我们讲解员集合，与黄铁城一起合影。馆长说，黄老是最出色的“讲解员”，他的回忆有真情实感，最打动人心。我们要做革命先烈的代言人，做红色历史的传播者，就要学习黄老的爱国精神，学习他对事业的忠贞态度。这次合影，是笔者初次与黄铁城相见，他的谦逊质朴和满腔热情给我留下深刻的记忆，为我以后的讲解工作奠定了很好的基础。

1987年6月，黄铁城与夫人来大连，因前两次在大连都是匆匆忙忙，所以这次要好好游览大连，并为大连欣欣向荣的发展感到由衷高兴。黄铁城和夫人带着一种兴奋心情参观旅顺监狱旧址。他低调地到售票处买票参观，却被售票员认出，通知馆长出来迎接。参观时，很多观众认出他，主动围绕过来，亲切地问这问那，使他对博物馆的爱国主义教育工作更加关心。他在来信中说：希望博物馆越办越好，内容不断充实，文物不断增加，讲解水平不断提高。①

1989年8月10日，黄铁城托同事从西安将怀表和《王云五小字典》带到旅顺，捐献给博物馆。他在信中说：这块怀表是我1935年到大连搞地下工作时买的。1941年我被捕时它也跟着入狱。1945年出狱时它又跟我一起出狱。这块怀表是有纪念意义的。

黄铁城离休后，陕西财经学院党委为了充分发挥老同志的传承作用，聘请他为学生们讲党课。他仔细研究社会上出现的新情况、新问题，把握青年学生的思想变化和心理特点以及内在要求，在讲课中坚持一条主线，即“鼓励青年大学生振奋民族精神，树立民族自尊心和自豪感，热爱社会主义祖国，热爱中国共

---

① 1987年9月24日，黄铁城来信。

产党、热爱人民”[①]。他还根据青年人可塑性强的特点，通过回忆对比的方法，教育他们要树立正确的世界观、人生观、价值观和高尚的道德修养情操，并以自身经历教育他们，在提高专业技能的同时，也要阅读有关文学、历史等书籍，不断提高自身的文化素质，为将来的人生道路奠定坚实的基础。黄铁城的讲课具有很强的针对性和实效性，使青年人受到了深刻的思想教育，许多人写心得体会并递交入党申请书。

从1986年7月开始，黄铁城进行个人回忆录的写作工作，先后写了《在大连搞地下工作情况》《在旅顺监狱中》《铁窗诗稿》等文章，至1988年10月，完成8万多字的文章和资料整理。大连市委党史研究室将他的文章在《大连党史》进行连载，受到大家的好评，也使他受到很大鼓舞，决心出版个人回忆录。

1990年10月，黄铁城个人回忆录《大连地下十年》由陕西人民教育出版社出版。1991年5月，旅顺日俄监狱旧址博物馆收到1500册书，黄铁城在来信中说：“我希望这本书对读者特别是年轻的读者能起到一定的教育作用，能知道新中国来之不易，能产生对党的热爱之情。如果这样，我就欣慰了。”

1999年9月，黄铁城将个人回忆录进行修改补充后再版，改名为《一个幸存者的自述》。2000年2月，博物馆再次收到新书1000册，黄铁城在来信中激动地写道：“我是一个幸存者，我始终怀念和我一起共同战斗过的亲密战友，他们有的被敌人杀害了，我要把他们为国捐躯的事迹写出来，把敌人的罪行揭露出来，以祭奠烈士在天之灵。”

2000年正值抗日战争胜利55周年，为了进一步加强对中共大连地方组织史的研究工作，博物馆决定结合抗战胜利的主题，深入挖掘史料，举办反映中共大连地方组织史、大连工运

① 黄铁城：《一个幸存者的自述》，陕西人民教育出版社1999年版，第124页。

史、抗日放火团事迹的专题展览《铁窗英魂》。笔者因负责陈列大纲的编写工作，领到任务后就前往西安黄铁城家进行采访。黄老夫妇见到我们特别高兴，因为那天恰好是“八一五”抗战胜利纪念日，大家都觉得真是无巧不成书，非常有纪念意义。采访结束后，黄老将他获得的“关心下一代先进奖”“十佳健康老人”等奖牌，以及六份证书、三份回忆录手稿和7张珍藏的在旅顺中苏友好协会工作的照片资料一起捐献给博物馆收藏保管，他深情地说：“这样我的一生的活动记录，将永远保存在博物馆。”我们也请黄老放心，绝不辜负他的殷切期望，把这些珍贵的文物精心收藏，充实到陈列展览中，激励大家的爱国之心，报国之志。

分别时，我们热情邀请黄老及夫人在《铁窗英魂》开展时再来旅顺，为展览开幕剪彩。黄老特别开心，坚定地对老伴说：“咱俩一定要把身体保养好，争取到旅顺！”

2003年3月，旅顺日俄监狱旧址博物馆意外地收到一则讣告，93岁的黄铁城永远地离开了我们，大家悲痛万分。西安交通大学（与陕西财经学院合并）在《黄铁城同志生平》中写道：“黄铁城同志的一生是光辉的一生，是坚强奋进、勤恳求实的一生。在战争年代，他身陷囹圄，斗志坚强，为革命做出了巨大贡献。……在和平年代，他又积极投身于党的教育事业，用高度的责任感教授好每门课程，教书育人，桃李满天下，曾多次被评为优秀共产党员、优秀教育工作者。

“黄铁城同志离休后仍然关心学校的建设和发展，提出了许多有益的建议。他对工作认真负责，作风正派，生活简朴，平易近人，团结同志，对子女严格要求，在他身上，充分体现了老一辈革命家、老一辈知识分子的高风亮节。

“黄铁城同志德高望重，对党的事业无限忠诚，他的一生是为新中国的成立努力奋斗的一生，是为关心教育事业忘我工作的一生。我们将永远怀念他，学习他的优秀品质，化悲痛为力量，为国家发展做出更大的贡献。”

2020年，大连人民满怀深情，纪念抗日战争暨世界反法西斯战争胜利75周年，纪念大连地区解放75周年。在纪念的日子里，人们更加怀念那些曾经为祖国的解放事业，赴汤蹈火，身陷囹圄和流血牺牲的英烈们，是他们用生命和鲜血在共和国的旗帜上增添了绚丽的光彩。

［**作者**：周爱民　旅顺日俄监狱旧址博物馆 研究馆员　旅顺　116041］

历史方志文化研究

大连近代史研究　第17卷

大连有轨电车历史述略

董宇航 姜 悦 李珉萱 宋 歌 高 嵩

摘 要：大连有轨电车是大连近代交通史的重要组成部分，无论是日本殖民大连时期的“满铁”等企业，还是大连解放后的交通公司，都在此方面做过巨大努力。有轨电车成为大连发展的紧密一环，不仅承担着交通运输与文化旅游等多种功能，还根植在大连人民的内心深处，成为这座城市的城市灵魂。

关键词：有轨电车 大连电车 交通史

一、殖民时期大连的有轨电车

俄占大连时期与有轨电车相关企业雏形的建立。沙俄为加紧在东北地区的控制，早在《中俄密约》时期便开始在整个东北地区建设了大量铁路。1898年，自诩“三国干涉还辽”有功的沙俄强迫清政府签订《旅大租地条约》以及《续订旅大租地条约》。1899年，大连开埠建市，沙俄命名达里尼市，在此期间，沙俄大力发展港口工业，同时为解决运力问题，铁路发展更为迅速。

沙俄侵占大连时期，在城市工业的发力为这座城市打下良好的工业基础，此时的大连已建立起数座工业基础设施，“东清铁路机车制造所”便为其中之一，这座具有强烈代表性的工业建筑正是后来组装或建造大部分有轨电车的“满铁大连机车厂”的前身。[①]

日占大连时期有轨电车的建造及发展。1905年，日本取得日俄战争的胜利，日俄双方签订的《朴次茅斯和约》使整个辽东半岛自此沦为日本殖民地。日本野心勃勃，欲将整个东北据为己有。日本殖民侵略的两大主要机构之一——南满洲铁道株式会社，即“满铁”，在大连地区修建了大量铁路，主要用于将东北丰富的资源运送到大连港，再通过海运运回日本。同时，为了巩固日本在辽东半岛的统治，“满铁”运输部1907年起负责筹建大连市内的电气铁道，即有轨电车。“1908年，大连市有轨电车线路开工建设，次年5月开始铺轨”[②]。有史料显示，轨道建设所雇用的劳工多来自中国国内人口过剩的地区，待遇较国内企业雇用工人略高，但仍与日本人差距甚远，也无法满足除基本生活外的任何需求，日本人内部待遇差距也更是悬殊。这一情况在1932年伪满洲国成立后更为凸显，“同为日本人，各部门职员的平均月薪大约是雇员的15—52倍不等，同为雇员，各部门的日本人雇员平均日薪是中国人雇员的3—4倍”[③]。

1909年8月9日，首条大连有轨电车线路正式通车，采用多个公司的部件拼成的“11型”有轨电车：车身制造商为美国的布列斯顿公司、底盘制造商是英国的蒙天吉布森、电气部分制造商为德国公司，该型号有轨电车被称为“美国大木笼子”。随着时间的推移，“满铁”大连机车厂建造或引进了1型、51型、41型等诸多型号有轨电车，遗憾的是，很多型号并未留下历史资

① “‘满铁’大连机车厂”即“满铁”沙河口铁道工厂，有史料也称之为“日本大连机车厂”，1907年由“满铁”在沙河口将“东清铁路机车制造所”易地重建。

② 隋鹏：《新中国成立前大连有轨电车线路略考》，《大连近代史研究》第15卷，第458—465页。

③ 刘榕：《伪满洲国劳工生活及社会影响研究》，《佳木斯大学社会科学学报》2018年第4卷，第156—160页。

料。1928年6月起，“满铁”以白色和红色两个颜色将有轨电车车辆分级，白色车只允许当时的“上等人”（日本人）乘坐，中国人只能乘坐内饰粗糙且拥挤、安全性低的红色车，“满铁”将此制度称为“低级工人专用车制度”。

车辆建造工厂方面，有史料显示，大部分有轨电车车辆在“满铁”沙河口铁道工厂建造。1910年，“满铁”建设的电车修理厂投入使用，该厂可为100辆有轨电车提供装配、停放、保养、维修等服务，位于今大连市中山区民主广场7号，时至今日，该厂仍在正常使用，现大连公交客运集团有限公司电车分公司电车修理工厂。电力系统方面，有轨电车的电力由城市电力系统供应，“满铁”在1926年5月27日成立了南满洲电业株式会社，此时标志着铁路、有轨电车、城市电力供应正式拆分成“满铁”旗下的3个不同系统。伪满洲国成立后，1934年，南满洲电业株式会社重组为“满洲”电业股份有限公司，1935年12月27日，大连都市交通株式会社成立，该公司“专门负责大连公共交通的规划、运营和车辆维修等业务”①。

车辆数量方面，“1909年营运车37辆，1919年营运车56辆，1929年营运车115辆，1939年营运车135辆，1942年营运车最高达148辆”②。线路方面，有史料显示，1909年，运营线路3条，线路总长9.8公里；至1939年，运营线路共有10条，线路总长32.7公里。

大连解放前有史料记载的有轨电车车型如下：

11型：1909年引进大连，是大连最早运行的有轨电车，共30台。1963年增至35台。多国公司合制，木质复车台。定员72人，满载145人。该型电车自20世纪60年代末期开始陆续退役，其中5台改造为2000型继续运营至20世纪90年代。

---

① 隋鹏：《新中国成立前大连有轨电车线路略考》，《大连近代史研究》第15卷，第458—465页。

② 徐博文：《大连市工业遗产保护与再利用研究》，沈阳建筑大学2017年硕士学位论文，第18页。

1 型：由日本车辆工厂制造，木质复车台。1910 年开始运营，共 10 台，后续情况不详。

51 型：日本大连铁道工厂制造，木质复车台。1918 年开始运营，定员 86 人，满载 145 人。1963 年在营 2 台。

41 型：日本大连铁道工厂制造，木质复车台，是大连最早的带有空气助力制动装置的有轨电车。因其车顶两端的独特造型而得俗称“大黄帽”。1939 年在营 5 台，1963 年减为 3 台。41 型有轨电车运营至 90 年代初期退役。

201 型：日本大连铁道工厂制造，半钢制单车台。1921 年开始运营，定员 59 人，满载 132 人。1939 年在营 20 台，1963 年减为 9 台。

601 型：日本商会制造，木质单车台。1923 年开始运营，定员 66 人，满载 135 人。1939 年在营 8 台，1963 年增至 9 台。

301 型：日本大连铁道工厂制造，结构形式未知。1925 开始运营，大部分带有转向架，稳定性高，定员 84 人。1939 年在营 20 台。

401 型：日本大连机械厂造，半钢制单车台。1929 年开始运营，定员 55 人（有说 59 人），满载 132 人。1939 年数量为 15 台，1963 年减至 9 台。

501 型：日本车辆工厂造，半钢制复车台。1935 年引进大连，定员 94 人，满载 190 人。后改造为 3000 型 26 台，曾长期被作为大连市有轨电车线路上的主力车型之一。

701 型：日本车辆工厂造，半钢制复车台。1939 年开始运营，定员 58 人，满载 190 人，后改造为 4000 型 5 台。

801 型：日本车辆工厂造。1939 年开始运营，共 7 台，定员 80 人。

901 型：日本大连机械厂造。1945 年开始运营，定员 94 人，满载 190 人。1963 年在营 12 台，后改为 4000 型 5 台。

二、解放后大连有轨电车的发展

1945年8月22日，大连解放。日军在撤出大连之前，将大连市内众多设施大肆破坏，其中就包括大连有轨电车。数量最高时曾达148辆的有轨电车在此时只剩10余辆能勉强使用。1946年，大连市政府接管了大连都市交通株式会社并更名“大连市交通公司”（大连公交客运集团电车分公司）。此时的大连人民带着对家乡的热爱，不懈努力，迅速修复被损的有轨电车与线路，截至1948年年末，所有线路的供电已经几乎完全恢复，1949年3月，有轨电车重组成11条线路。此时，运营车辆105辆，“日均客运量150000多人次”①。20世纪70年代，大连建设更美城市，因老式有轨电车缺点众多，大连逐渐拆除有轨电车线路，只留下201、202、203等3条线路，后又合并为201和202的2条线路。1999年，为满足现代化需要，大连市发展现代有轨电车工程，以实现有轨电车系统的车辆、轨道及运营管理现代化。大连市按照城市轻轨交通体系标准建设现代有轨电车线，模仿一些欧洲发达国家的有轨电车系统去改造。为了降低工程造价，大连主要采用国产机车来装备其有轨电车系统。“1999年10月15日至2002年12月1日，大连市公共电车公司开始对兴工街至黑石礁的202路进行现代化改造。改造内容主要为增加道岔信号系统、改善弯道运行条件、部分路口借助地势修建跨线桥等。改造后的有轨电车不仅提高了旅行速度，同时也提高了乘车舒适度与运营安全性”②。改造后，202路成为国内第一条采用70%低地板现代有轨电车的轨道交通线路。

1950年起，大连机车厂（现全名为中车大连机车车辆有限

① 张兴：《大连有轨电车今昔》，《城市公共交通》2015年第5期，第69—70页。

② 夏天主编，杏仁审稿：《有轨电车再复兴——大连202路改造与运营经验谈》，汉唐有轨电车信息平台2019年11月20日网络新闻。

公司）开始着手建造国产有轨电车。1951 年 10 月 1 日，大连机车厂成功制造出第一辆有轨电车，也是新中国首辆有轨电车，命名“成功号”，车辆编号 1001，即 DL—1000 型有轨电车的第一辆车。后又研发或将旧车改造出了 621、DL—2000、DL—3000、DL—4000 等车型。2000 年，大连机车厂研发 DL6WA 型有轨电车，命名“大连人”号，2001 年起该车批量生产运营。2017 年，大连公交客运集团从中车大连机车车辆有限公司购置 8 辆“风光牌”新型有轨电车，是大连电车首次使用 100%低地板列车，有望在未来几年内投入运营。

票价方面，大连有轨电车的票价“最初只有 4 分钱，慢慢涨到了 7 分钱，后来改成一毛钱 5 毛钱，最后定格在一块钱并衍生出月票、明珠卡”①。目前，有轨电车的票价是 202 路全线 1 元，201 路则为以大连火车站为分段点，过此站收费 2 元，否则收费 1 元。由于月票造假等现象难以控制，2006 年 11 月 1 日起，大连公交及有轨电车取消月票，自此，便捷且有一定优惠的大连明珠卡使用率愈发增加。

近年来，由于交通拥堵、噪音扰民等诸多问题，不断有部分大连市民提出拆除有轨电车的想法。2017 年，大连地铁一号线全线贯通后，线路与大连 202 路有轨电车重合程度极高。部分自媒体为博眼球，编造“大连即将拆除 202 路有轨电车”的谣言，在网络上引起轩然大波，所有能够反映民意的网站、热线一时间全部爆满，微博、贴吧等社交媒体也传出不舍与反对。得益于大连市交通局的及时解释，此事件才逐渐平息。可见，有轨电车是大连人民的情感寄托，是对家乡热爱的体现，以交通拥堵或资源浪费的名义拆除有轨电车是不可取的。

大连解放后有史料记载的有轨电车车型如下：

DL—4000 型：最早在 1946 年由前文所述的车辆于大连交通

---

① 张兴：《大连有轨电车今昔》，《城市公共交通》2015 年第 5 期，第 69—70 页。

公司电车厂改造，1980年改造的4000型由购入的沈阳旧车改造。

DL—1000型：大连交通公司电车厂造，半钢制复车台。1951年10月1日，首辆国产有轨电车即1001“成功号”开始运营，填补了技术空白且自此有轨电车驾驶员可以坐着驾驶。定员100人，满载200人，1963年数量为30台，70—80年代的DL—1000型有轨电车更换为绿色系，并配至鞍山、长春、哈尔滨等其他东北城市。90年代时更换配色，取自碧海蓝天的图案。1000型作为大连市有轨电车主力车型，直至1997年后开始陆续退役。

DL—3000型：大连交通公司电车厂改造，半钢制复车台。1950年开始运营，定员94人，满载190人，1980年运营的电车由购入的沈阳旧车改造。70—80年代的DL—3000型有轨电车上部为黄色，下部为绿色。90年代时更换为全新包装，取蓝天碧海的图案及配色。1996年起，DL—3000型有轨电车迎来第一次翻新修复，同时车身采用较深色底的古典风格包装，2006年经历第二次翻新。3000型长期被作为大连市有轨电车线路上的主力车型之一。至今仍有部分3000型有轨电车在大连街头运行，称为百年滨城的活历史和城市名片。

DL—5000型：大连交通公司电车厂改造，半钢制复车台。1952年开始运营，定员120人，满载190人。1982年在营8台。

挂车型：大连交通公司电车厂造，半钢制复车台。1958年开始运营，满载80人。1963年在营4台。

DL—2000型：大连交通公司电车厂造，半钢制复车台。1965年开始运营，定员100人，满载200人。

DL—7000型：大连交通公司电车厂造，全钢制复车台。1982年开始运营，满载200人。1990年有10台在运营。现仅剩一台作为每日开始运营前的防滑作业使用。

DL—621型：大连交通公司电车厂在7000型的基础上自主研发制造的我国首款铰接式6轴有轨电车，全钢制复车台，车身长度20米。1983年开始运营，定员260人，满载350人。该型有轨电车的定型和批量生产为我国研制大运量轻轨车辆奠定了基础。1985 年营运数量为 10 台，1990 年增至 15 台，1998 年后陆续退役。

DL—8000 型：大连交通公司电车厂 1997 年设计制造的新技术有轨电车，后由于 DL6W 型将其功能替代卖给长春，2014 年已全部退役。

DL4W 型："DL4W 型仿古有轨电车于 2003 年 8 月开始设计，其首台样车于 2004 年 7 月 1 日正式剪彩上线试验并于 2005 年 3 月完成线路性能试验"①。该车的外观与内饰均采用仿古建造，原计划用于替代当时 201、203 线路上的老旧有轨电车，但由于造价太高且 DL6W 型电车足以满足需求，只生产了两台便停产了。现已全部结束运营。

DL6W 型：2000 年，大连交通公司电车厂生产出 DL6WA 型有轨电车，是我国第 1 辆 70%低地板双铰链式现代轻轨类电车，于 2001 年在改造后的 202 路线路开始运行。后又有 DL6WB、DL6WC 型号，现已结束运营。

"风光牌"新型有轨电车：2017 年采购，是大连市首次使用 100%低地板有轨电车，即将上线。

三、结　语

时光荏苒，白驹过隙，大连有轨电车"叮当叮当"地从 1909 年而来，它穿梭在历史的长河中，是一代代大连人的记忆，是大连人生活的一部分，更是大连人的感情寄托，正如大连新闻网的评价："对于大连来说，有轨电车已不单是一种交通工具，而是城市多元文化和发展历史的载体。百余年来有轨电车那律动有序的'叮当'声，如摇篮曲般让大连进入梦乡，每天早上又

① 李文勇：《DL4W 型仿古有轨电车》，《内燃机车》2006 年第 3 期，第 7—12 页。

准时将全城唤醒，有轨电车已驶在大连人的感情世界里。”

如今城市发展迅速，日趋同化，驶过一样的路，却再难看到记忆中的沧桑，以前的古色古香的街巷，如今却已然是高楼林立，车水马龙。即便这样，电车仍以不紧不慢的步伐，行驶于过去与未来之间，营造着属于大连人的独特浪漫，承载着大连人的浓厚感情。有轨电车在大连仍被完整保存，“叮当叮当”的车响，低语着往昔与今日，蜿蜒曲折的道路，镌刻着岁月里的沧海桑田，从日占时期只给日本人开放白色车，到大连解放后的全面开放，从日制，到1951年10月1日新中国第一台新式有轨电车的诞生，从“美式大木笼”，到现如今的DL6W型现代有轨电车，已然成为大连这座城市的城市名片，更是一条独具特色的风景线，展现着这座城市的灵魂，更凸显着这座城市的文化沉淀与软实力的提升。

［作者：董宇航　辽宁工程技术大学　学生　大连　116113
姜　悦　辽宁工程技术大学　学生　大连　116021
李珉萱　哈尔滨工业大学　学生　大连　116041
宋　歌　大连民族大学　学生　大连　116033
高　嵩　沈阳工业大学　学生　大连　116031］

水师营裁撤前后逸闻

裴文翰

摘　要：旅顺水师营，建于清康熙五十四年(1715)，设协领1员，佐领2员，兵员500人，营房1200间。有军船10艘，供官兵海上巡哨。经历一个半世纪，到光绪六年（1880)，清政府于旅顺口筹建北洋水师，遂于1881年将老水师营裁撤。

此文是一位水师营老人所记述裁撤前后水师营的逸闻。

关键词：旅顺口　水师营　清军　逸闻

水师营是一座有三百多年历史的大集镇。据史书记载，旅顺水师营始建于康熙五十四年（1715)[①]，算来距今已有300多年的历史。初建时分为四个街，即东北街、西北街、东南街和西南街。四街之中心处，建一座老爷庙，供奉着关老爷的圣像，每年水兵出海巡视前都要到老爷庙祭拜关老爷。随着不断地发展，几十年间，水师营周边渐渐居住了许多老百姓，他们从事各种职业，有种地的农民，有种菜的菜农，有从事各种制作的手艺人，

① 旅顺区志办编：《旅顺口区志》，大连出版社1999年版，第88页。

也有从事商业活动的商人，他们的工作都是为水师营的士兵而服务，并从中赚点钱。其中，老刘家火烧铺就是在那个时候出现的。

一、非物质文化遗产糖鼓火烧

老刘家原籍是山东，到水师营做糖鼓火烧生意已有好几代了。他们以特有的手法和配料、火候，做出来的火烧又香又甜，外焦里嫩，吸引着大人小孩，自开张以来，生意一天比一天兴旺，顾客盈门，真是门庭若市。

水师营的西南面有座小山叫蟠龙山，距水师营街里约四五里路，山上地面比较平坦，早于关帝庙一年，在此建了一座海神娘娘庙（南方叫作马祖娘娘庙），水兵祭祀完了关老爷，还要到娘娘庙叩拜娘娘，期望出海巡视时得到关老爷和娘娘的保佑，平安归来。拜完娘娘下了山，山的西边有一条龙河，大小军船全停泊在这里，形成水师码头。这时的龙河水深港阔，船只停泊，出海行动方便。

农历四月十八日，是海神娘娘的生日，每年到这个日子，远的河北、山东等地；近的辽阳、海城、营口的大批商贩，驴驮车拉着货物，浩浩荡荡地从四面八方赶往水师营，参加一年一度的娘娘庙会。

到正日（庙会从四月十八日始，正日三天）娘娘庙正前方的戏台演大戏3天，戏台开戏时锣鼓家什的响声在水师营街里都听得清。从水师营街里到蟠龙山的五里路也摆满了各种行当。有卖食品杂货的，有圈地说唱的，有各种杂耍，有耍猴，有卖膏药，还有变戏法的，真是热闹得很。道路两旁庄稼地的苞米苗、高粱苗被来往行人踩得东倒西歪，柔泥烂酱（在这时苞米苗、高粱苗长了有一尺来高）。庙会过后总有一场透雨浇下来，各种苗又会滋棱棱长得兴旺。老百姓说："这是娘娘保佑的。"

老刘家的糖鼓火烧，卖得特别火，倍感人手不足，不得不雇人出去卖，他们有的在路边占地叫卖，有的背着小箱叫卖，有的拐着筐卖。打火烧的刘老大一直忙活下半夜，还得为第二天备上货（糖鼓火烧凉吃味更好）。3天庙会之后，商贩们都要带一些糖鼓火烧回家给家人尝鲜，最后一天老刘家忙得更厉害，往往这一天要忙个通宵。过后大掌柜刘茂甲都要到我家，见到我父亲第一句话便是“这几天简直剥了皮了”。

生意如此火热的旅顺水师营为何于1881年裁撤？因为李鸿章在旅顺修建军港。水师营经100多年运营逐渐衰落，水兵们疲沓，大多不务正业，干什么的都有，甚至许多水兵拿起大烟枪，木船也腐朽，没经费修理，修也没有用，便停止了海巡活动，只好裁掉。这时水师营已经名存实亡，到后来这里只余一个响呱呱的村名“水师营”。

记得在我四五岁时，外祖母隔三差五地给我送来糖鼓火烧。后来母亲告诉我，外祖母家养了几只下蛋鸡，家中的零用钱是仗着鸡蛋换来的，给我买糖鼓火烧全是硬挤出的零钱。

糖鼓火烧那时一毛钱一个，大小有大人2个手掌那么大。外祖母硬从买油盐酱醋里挤出一毛钱买糖鼓火烧给她最疼爱的外孙吃。

如今令人惊喜的是，我们家乡风味小吃，有百年历史的糖鼓火烧，已经成为大连市的非物质文化遗产。

二、佐领府耳闻一瞥

水师营的最高长官是协领，副职为佐领①。到了19世纪末，水师营的功能已经衰落到了无法收拾的地步，水兵们多数人只顾自己的小家，有的一年两年不知营里有什么差遣。朝廷也不管这里的事，有的水兵抽大烟、扎吗啡，成天迷迷糊糊；有的闲来无事去妓院，进戏园子打发日子；有的水兵干脆逃回家乡，再也不见面。

① 旅顺区志办编：《旅顺口区志》，第89页。

这时，李鸿章准备在旅顺修建军港，便有裁撤旅顺水师营的意思。当旅顺军港动工兴建，李鸿章奏请朝廷批准裁撤了旅顺水师营兵营，自此，水师营便成为地名了。因长时间无所事事，佐领韩恒超在郁郁寡欢中辞世。

佐领府是一座朴实而庄严的府邸。韩恒超初建府邸时，就要求切莫奢华。正房五间，房上为金镶玉，房檐铺上泥瓦，只三趟，其余为草；屋脊是由海草堆砌，冬暖夏凉。院中间是一棵百年老枣树，夏天树荫铺了半个院子。东厢房是小辈人居住的，共3间；西厢房3间是长工居住两间，另一间为存放工具的库房。

大门是很阔绰的建筑，我父亲曾告诉我大门叫仪门，大门两旁还各有一座小门，韩佐领得势时大门一般不开，进出从两座白天总开着的小门走。我家接手后，便没有那规矩，小门一般不开，只走大门。大门高而阔，大马车可以从大门进出，大门的门槛是活动的，门槛又宽又厚，一个棒小伙要用很大力气才能抬起来。平时只有来了高贵客人才拿下来倚在旁边墙上。我记得小时候，发现大门槛又宽又大很好玩，我便骑着门槛当作大马，不防被三祖父看见，他直奔我而来，口骂着手指着我嚷嚷道：“小孩好坐门槛吗？少教！”我被吓得起身便跑回自己屋。后来听我母亲说：“门槛是不能坐的，坐上就像坐在当家脖上。”无怪乎三祖父气急败坏地说我。

后来分家时，我父亲要这座老宅，可主持分家的是老范家的我二祖母的叔父，我曾祖母的弟弟，我父亲叫他舅爷。舅爷主张老房子给老人，老房子便分给了三祖父。三祖父在世时，老房子还保持原来的样子，三祖父去世以后，房子传到他的孙子。因为他家是地主成分，东厢房分给了一家，五间上房的东边两间划给另一户居住，这样，过去的佐领府被拆分得不成样子。

20世纪末，我曾数次走进我生活多年的老宅大院，看了之后，心里有说不出的苦涩，我的泪水在眼窝里打转。大门没有了，砌上一个不大不小的门，两旁的小侧门亦不知哪里去了。昔日的佐领府就这样被糟蹋得面目全非。

到21世纪初，你想见佐领府吗？除非在梦里！为建设现代化城市，这座记载着水师营兴衰历史的古建筑被拆除了，就这样消失在人们的视线之外。

三、我曾祖父是大清的水兵

水师营是一座古老的水师兵营。它始建于清康熙年间，到1880年李鸿章在旅顺建军港，1881年水师营被裁撤，清政府辛苦经营达160余年的水师兵营，自此结束了它的使命。

我的曾祖父与这座走向衰落时期的水师兵营有一定的瓜葛，因为他在这座兵营里当过多年的水兵。

我的曾祖父裴延芳出生在旅顺西部，当年颇为兴旺的小港——羊头洼港附近的太平沟村，为了改变自己的命运，他毅然走出这座小山沟，不足20岁的他便到水师营，当上了一名水兵。可是，我的曾祖父却要在这里出人头地，他认为当兵不是一辈子的事，他想在这里飞黄腾达。这个梦支撑着他坚定不移地干起来。

曾祖父有着一身好水性，当个好水兵是不成问题的。所以，在进入水师营之后，他积极作为，给长官留下了好印象。很快，他被佐领韩恒超看中，调到身边做了一名贴身亲兵，当上通信兵，在长官之间传递信息。但是，正当他得意于自己的处境，看到自己的光明前程时，传来了他难以接受的消息——水师营被裁撤。

当他脱下军装，摘掉头上的红缨帽时，他茫然了。回太平沟吗？不能，那是绝对不可能的事！那么，"我怎么办呢？"他深深地询问自己。韩恒超看出来他心里的矛盾，便让他暂时住在家中，看看能不能想出可行的办法。有人说在哪儿跌倒在哪儿爬起来，可我的曾祖父认为，"我在这里并没跌倒，而是整个水师兵营跌倒了，我的时运太不济"，他怨恨时势太可怕。经过几天的思考，他对韩恒超说："我就在水师营了，哪儿也不去。"

这时的水师营，兵营撤了，集镇却兴旺起来，过去的四街冷清清，现在那里店铺林立，一片生机盎然的景象，我曾祖父觉得可以利用这大好局面自己也大显身手。下定了决心，在此挺起胸膛干出个样子来。于是他告别了昔日上司，在水师营后街一户姓唐的农家租下他家三间厢房，同时又租了几亩薄地，开始了艰苦的创业。几年后，经人介绍和团山姓范家的姑娘结婚，开始了他的新生活。

那个时候，种地能有多大的收益呢？辛辛苦苦劳作一年，除了公粮和租子，已所剩无几，他认识到不能这样生活下去，也不符合从太平沟出来时所发的誓言。他凭着水师营裁撤时发给的几个安家费，在水师营街面支起了一个小杂货铺，卖点针头线脑、零食杂品之类。平时，除了莳弄那几亩薄地之外，也在小杂货铺里打理生意，这样一年下来，地里收成虽然不多，小铺里的收益可以弥补，家里的生活由原来的拮据达到可以自足的地步，人也由原来的愁眉苦脸，变成了发自内心的笑容，他看到了一点曙光，光明的前景使他信心百倍。几年以后，他还掉了租来的几亩薄田，自己买了十几亩东石崮，北石珠和西菜园的好地，还拴上了一套马车，家里人手不够还雇了短工，帮助收拾农活；又买了水师营南街街面上的五间瓦房和后院的五间草房，还把草房改换上了水泥瓦，把小铺也扩大成有一定规模的大商铺了，小日子过得红红火火。

有了儿子，曾祖父供孩子们上学读书。他的大儿子就是我的祖父，聪明伶俐，为人实在，不会要小心眼。我的祖父长大后继承了家里的农田，精心管理，不误农时。到了20世纪头十年，家业兴旺。这时原佐领府的主人韩恒超去世，随着时间段推移，到了30年代，他的儿子也相继去世，他的家产就有他的孙子们继承。韩玉阶和韩玉万商量，现在两家都不缺房住，他们便决定将原佐领府卖掉，因为原佐领府的房子建筑质量高，建筑格局好，院落宽大，可以多卖些钱。我的曾祖父听到这个消息后，二话没说，便决定买下这座他熟悉的府邸，因为他不知进出这个房屋大院多少次。这座建筑经历了200多年的风雨依然不变，当我家买下它时仍如百年前那个样子。

到了20世纪20年代，曾祖父感到身体已经衰弱，他明白自己时日无多，于是他嘱咐我祖父等到那时将他过去穿过的水兵服和红缨帽作为装老用。

他真的在弥留之际让家人把他的水兵服穿上，以一个水兵的姿态去到另一个世界。

四、佐领“勤务兵”孙二

老孙头没有正式的名字，据说孙二就算他的正式名字了，因为大家都这么叫。他是山东人，多久闯关东到大连，他自己说不清，谁也不知道，反正年龄不大就来了，怎么来的他自己从未提起，别人也没问他。

老人讲，他少年时和我曾祖父在一起，那时他还是个孩子，给佐领府扫地、抹桌子，端茶送水，还有别的零活，他干活勤快，佐领和家人都很满意，这样就成为一名编外的“勤务兵”。水师营裁撤后，他曾在街上流浪一段时间，后来被我曾祖父收留在家干些零活。遇到了老相识，他很高兴，干活更认真，从不惜力，不藏奸耍滑，别人没想到的活，他都想到并抢着干。他又是一个性格直率的人，有话心里搁不住，好像只有说出来心里才舒服。虽然有时说些错话，也没人嫉恨他，觉得他还是很可爱的。

在我家买马后，孙二曾赶过一段时间马车，而且做得还不错，我曾祖父还常夸他干什么像什么。孙二和我曾祖父二人的身份虽然不同，但由于有过去那一段旧关系，两人相处还是挺亲密的。

有一次，修葺我家的大门楼，因为这时原水师营佐领府的门楼已历经百年风雨，门顶上的瓦片有的脱落，砖墙勾缝的白灰大部分被雨水冲掉。经过几天瓦匠的努力，墙缝已经勾好，只剩门楼上的瓦要重新翻修，重铺瓦。

这时，瓦匠正在把小瓦一排排揭下，一摞摞放好，等敷一层新黄泥，再把瓦铺上。这时我曾祖父正从门里往外走，孙二紧跟在身后，刚走出大门，一摞小瓦突然从门上滑下来，孙二眼疾手快，一把将我曾祖父推到一边，这时只听咔嚓一声，一摞小瓦跌落地上，摔得粉碎。我曾祖父看着地上的碎瓦片，又看着孙二，他感情复杂地笑笑，意思是说，多亏了孙二。而那些干活的瓦匠都吓得噤了声，尤其是门楼顶上的那个瓦匠，吓得直吐舌头，见当家的没事，对孙二充满了感激之情。自此以后，孙二处处受到我曾祖父的照顾。

一天，天气不好滴答小雨，不能干活，孙二在他小屋搓草绳子。我曾祖父领着三个儿子和两个孙子走进孙二的小屋，他指着孙二说："老孙就像你们的亲人一样，他在咱们家辛辛苦苦的不容易，我将来不在了，你们必须好好对待他，不准有半点差池，听到了没有？"我的祖父和他的弟弟都点头称是。

就这样一年又一年，孙二变成了老孙头。

当我来到这个世界时，老孙头已是七十六七岁的人了。他见我长得虎头虎脑，常领着蹒跚走路的我满院子溜达。我在父母的关爱中长大，也在孙老太爷的呵护中长大，我把他看作亲老太爷。

我4岁那年春天，老孙头突然倒地，当家里人把他扶起来时，他对人有气无力地说："我不行了，快给我穿衣裳，我好走。"人们跑到他的小屋，在一个破箱子里，找到了他自己早已准备好的装老衣服、裤子和鞋袜，送这位勤劳善良的老者上路。

老孙头真的走了，这位当年水师营的"勤务兵"，离开我们那年81岁。

［**作者**：裴文翰　旅顺图书馆　原调研员　大连　116003］

“关东州”鸦片特许机构：大连宏济善堂戒烟部

秦 岭

摘 要：1910 年，大连的民族资本家以宏济彩票局的盈余款创办救济中国人的慈善机构宏济善堂。其目的在恤寡抚孤、育婴养老、戒烟、施棺义葬、济困等，是当时中国人最大的且唯一的慈善机构。由“关东州”民政署审批设立，华商公议会筹资并负责日常管理。而大连宏济善堂戒烟部，是“关东州”实施鸦片专卖政策的特许机构，独立于宏济善堂，直属民政署，假“戒烟”之名，行大肆贩卖、走私鸦片之实，是隐藏最深的殖民侵略机构。

关键词：鸦片专卖　宏济善堂　戒烟部

“都督府伪装在一个所谓宏济善堂的慈善团体中，设立了‘戒烟部’，都督府派遣的职员在大连民政署长的指挥监督下，推行贩卖业务。建立了把贩卖所获的收益全部作为专利费纳入都督府的制度。"[1] 宏济善堂是个什么样的慈善团体，还是一个值得探讨的问题。这里面涉及2个方面的问题要厘清：日本在中国推行的毒品政策研究、宏济善堂与宏济善堂戒烟部。

一、日本在中国推行的毒品政策研究

二战结束后，远东国际法庭对日本所犯下的战争罪进行了审判，但日本在中国进行的毒品政策并未受到彻底清算。虽然日本战犯古海忠之等人有供词，但大都是当事人依靠记忆的供述，缺少日伪政权内部原始文件记录，更缺乏原始档案。正是缺乏日本对华毒品政策的原始公文，中国史学界对于日本在中国实施的毒品政策的研究起步较晚。这一领域的研究大致在20世纪80年代中期才开始引起中日学界的重视。开研究之先河的是日本爱知大学历史学教授江口圭一先生。[2] 他发现了当年曾任伪蒙疆政权经济部次长沼野英不二带回日本的蒙疆原始鸦片文件31份。以此资料，江口圭一相继出版《日中战争时期的鸦片政策——以蒙疆政权资料为中心》《日中鸦片战争》。资料和著作反映的是1937—1942年"蒙疆地区"的毒品政策制定与实施情况，对了解中日战争时期日本的毒品政策至关重要，为这一领域的研究作出了重要贡献。20世纪90年代，台湾学者李恩涵发表了关于日本毒品政策的系列文章，除了日本学者的资料，还利用了英文资料与大陆文史资料，资料更加丰富，成果更加深入。20世纪90年代中期开始，我国更多学者展开对日本毒品政策的研究，涌现大批学术成果；资料的整理和出版也填补了此前的空白。

当代学者能够清晰地认识到日本对中国的鸦片侵略和50年的侵华毒品政策，是基于已经公开的大量资料和学术研究成果。

---

① 顾明义：《日本统治大连时期推行鸦片专卖制度的始末》，大连政协：《大连文史资料》第二辑。

② 王宏斌：《鸦片：日本侵华毒品政策五十年（1895—1945）》，上海社会科学院出版社2016年版。

那么，同时代的人对此是什么看法呢？

二、傅立鱼笔下的宏济善堂

傅立鱼曾任中文报纸《泰东日报》15年编辑长，同时任大连市役所议员、“满铁”嘱托、南满洲教育会编辑委员、满蒙文化协会会务委员、“满洲”社会事业研究会评议员、奉天教育研究会顾问。他正是利用这些职务的有利条件，从事反日爱国活动。这位大连当时的文化名人，曾在《大连要览》中记叙过宏济善堂。

大连宏济善堂清宣统二年（1910）由“关东都督”许可成立，“以宏济彩票局之盈余款充其经费”，花费25000日元资金和借贷500亩官地兴建，“其目的在恤寡抚孤、育婴养老、戒烟、施棺义葬、济困等”。宏济善堂的资本运营在于“现有基本金数万元分贮正隆、龙口、辽东各银行。又于监部通奥町（今长江路民生街附近）等处有房产若干。每月可收租数千元。即以此及基金利息为维持费。诚大连华人唯一之慈善机构，吾人饮水思源，不能不感谢宏济彩票局及创办诸公之大德也。该堂规模宏大，设在西岗子南山善堂内。事务由公议会长郭精义君总其成而周华吉君主其务云”①。同时，获得小岗子商会经营的小岗子医院，作为其治疗部，即宏济病院。在宏济善堂内设施粥厂。毗邻宏济善堂的是大连天后宫，俗称“西岗大庙”。当时的小岗子南山下，以宏济善堂和天后宫等建筑群构成中国人尤其是闯关东而来大连的山东、河南等地移民的精神家园。在傅立鱼的著作《大连要览》中，作者不吝赞美之词，对宏济善堂及设立者给予高度肯定和赞美。

傅立鱼所著《大连概览》可以与乔德秀著《南金乡土志》、孙宝田著《旅大文献征存》并称，是日本殖民时期中文的大连

① 傅立鱼：《大连要览》，第233页。

本土志书，是研究日本殖民旅大租借地40年不可多得的中文史料，甚至可称为“殖民地最清醒的中国声音”。《泰东日报》的主编金子雪斋热情地为《大连要览》作序。他认为：“大连开埠十数年，汉文记载之书，尚付阙各。居者行者均感不便。”而傅立鱼的记载包罗万象，有大连沿革、地理、工商业、人物、风景、各项规则等。方便学术研究、政客从政、商旅手册、土著喜欢、外地新来者需要，是“便于人类”的粲然之书。

《大连要览》与现在档案馆看到的“关东州”编印的“施政”十年、二十年、三十年的历史记载等量齐观，不但内容全面，且全方位记录，是难得的中国知识分子用汉语书写和记录的书籍。如在介绍华商精英人物中对刘肇义的介绍，除了身世、创业及所创建的商业帝国，还介绍其乐善好施，办理公共善举，“创办宏济善堂、附设病院义地、并修天后宫庙宇、公学堂宿舍”等。刘肇义作为华商公议会的首任会长，有功于小岗子、东关街的建设，功不可没。他在日本殖民统治的租借地内，传播、弘扬中华优秀传统文化，尤其是来自山东的儒家文化，使得东关街以至大连一直保有本民族的文化传统和精神信仰（妈祖崇拜等），不但为华商做出了表率，也为傅立鱼这位殖民地最清醒的中国人传播和宣传新文化、保护和传承中华文化打下了坚实的物质基础。但刘毕竟是商人，在甲午战争、日俄战争中大发战争财，与侵略者、殖民者周旋、交好，在他所建造的商业帝国中也饱含着中国人的血泪。

三、大连宏济善堂戒烟部

1912年3月，国际海牙会议的主题是禁绝鸦片，会议签订了《海牙国际鸦片条约》，禁止鸦片烟膏的进出口，日本是缔约国之一。为了减少国际舆论对日本纵毒政策的谴责，日本政府指令“关东州”采取禁烟政策。1914年底，“关东州”取消鸦片专卖对个人的特许权，将特许权给予以中国人名义设立的慈善组织大连宏济善堂。1915 年初，"关东都督府"委派职员，在大连宏济善堂里成立了"戒烟部"。戒烟部在行政事务上与宏济善堂没有实际隶属关系，不过是借这个慈善招牌掩人耳目而已。它直接隶属于大连民政署长，内部设鸦片总局，置理事 40 余人，均由民政署长推荐，呈报"关东州"都督府委任。民政署长负责戒烟部的指挥和监督事宜，重大事项由"关东州"都督府来裁决。规定戒烟部所得收入的一半上交"关东都督府"。

同时，大连市内还设立了十几家"戒烟酒公所"，劝人戒烟，大广场警察所、小岗子警察署还开办了"救疗所"，收容鸦片吸食者戒毒。据殖民当局自称，仅大连宏济善堂戒烟部，"号称 7 年间戒烟 2.4 万多人"①。

1915 年关东州鸦片特许费是 1914 年的 11 倍，因为在 1914 年成立了"戒烟部"，将鸦片特许经营权交给了宏济善堂，制造戒烟的假象，1917 年则达到了 500 多万日元，达到一个高峰。1920 年 10 月 28 日长沙《大公报》刊载消息，称"日本允禁毒物来华"，文中说："万国拒土总会前因中国境内烟土吗啡等物多系从大连、青岛两埠运送入口，特致函驻京日本公使请予查禁。兹闻日使对于此事已有复函，略称关于大连、青岛两处鸦片各种麻性药物贸易一节，当经据情转呈本国政府。现奉指令内开，大连、青岛两处鸦片专卖制度，业经决定尽年内准予完全废除"。可见，由"个人特许专卖"到"官方督办专卖"的改变，"关东州"获取的利润大大提升，这为日后在整个东北实施鸦片专卖制度打下了基础。②

日本在大连宏济善堂所取得的鸦片贩卖成为"始作俑者"，以此模式复制了华中宏济善堂。1936 年 6 月华中宏济善堂在上海设立，直到 1944 年 4 月，日本在不到 5 年时间里所进行鸦片

---

① 大连市志编委会：《大连市志·民政志》，大连出版社 1993 年版，第 127 页。

② 王宏斌：《鸦片：日本侵华毒品政策五十年（1895—1945）》，上海社会科学院出版社 2016 年版。

毒化的活动，以宏济善堂为幌子，牟取了10亿日元，相当于为侵华战争提供了12艘航空母舰。① 华中宏济善堂表面上看是个慈善机构，实际上是日本人全面掌控的毒品贩卖机构，完全秉承日本官方意志，强迫民众种植罂粟、瘾民登记等。在国民政府统治中心，在禁烟运动已经轰轰烈烈开展的情况下，上海宏济善堂极力纵毒，毒品供应充足，价格便宜，吸食便利，吗啡、海洛因等烈性毒品的传播速度明显加快，毒品泛滥达到了空前绝后的程度。宏济善堂成为垄断毒品交易的机构，在日军占领区，土行烟馆充斥城乡各处。

日本通过鸦片等毒品掠夺中国社会财富，有统计资料显示：1897—1941年台湾总督府的鸦片收入折合94695033美元；1932—1940年伪满洲国的鸦片收入折合73745220美元；1907—1920年大连都督府收取的鸦片特许费折合8823500美元；1938—1944年，日伪政权在“蒙疆地区”的鸦片纯收益按照精细的计算和比较保守的估计不会低于5871万美元；1938—1945年日伪政权在华北获得的鸦片收益大约为3110万美元；1938—1943年华中宏济善堂销售伊朗、蒙疆与东北鸦片得到的利润可以折合80547408美元；1944—1945年因销售蒙疆鸦片，汪伪南京政权的鸦片收益至少为6061714美元。以上7项合计为353682875美元。②

［作者：秦　岭　大连艺术学校　副校长　大连　116000］

① 曹大臣：《日本侵华毒化机构：华中宏济善堂》。

② 王宏斌：《鸦片：日本侵华毒品政策五十年（1895—1945）》，上海社会科学院出版社2016年版。

大连西医的创始人——杨凤鸣

徐　铎

摘　要：杨凤鸣医生学问深厚、医术精明，又具家国情怀。本文叙述杨凤鸣医生之生平，创建岐山医院，组织旅大医师公会，驰援解放战场。他的报国之举，至今读来，仍有教育意义。

关键词：杨凤鸣　岐山医院　大连医疗队　解放战争

一、旅顺口的少年时代

杨家籍天津，杨凤鸣出生在旅顺。杨家在天津以打鱼为生，杨凤鸣的父亲杨春林年轻时到北洋水师当兵，在一艘鱼雷艇上当水兵。记忆当中，北洋水师大都是南方人，北方人极少。杨春林因为表现突出，当上了艇上的大副。鱼雷艇后来驻防旅顺口，杨春林带着家眷住到了旅顺太阳沟的军营。1893 年 11 月 26 日，杨凤鸣出生在太阳沟。甲午战后，杨春林便改业从商。50 岁时，因为突发脑病去世。杨家遗族靠着变卖遗产过日子。杨凤鸣 7 岁那年，入村塾读书。教授他的那位私塾先生樊宝田，学问深厚，为人正直，严谨。除教书外，经常向孩童们讲授爱国精神，讲授民族英雄的故事。读私塾的那几年，奠定了杨凤鸣一生为人之心性。

杨凤鸣受教育的经历也如同大连这座城市一样，俄国人占领大连期间，他先是入俄文学校。甲午战后，俄文学校不复存在。16岁的杨凤鸣考入了日本人的旅顺中学读书。这所学校招收的中国学生很少，学制5年，学校施行的完全是军国主义教育，一个宗旨就是忠君爱国，当然是爱日本忠日本君。那时候，杨凤鸣时时萌生这样的念头，日本人爱的是他们的日本国家，而我爱的，不就是国破山河仍在的大清朝吗……杨凤鸣父亲活着的时候，经常给他讲甲午之战，讲述他的亲身经历，杨家亲人为国捐躯血染大海的悲壮往事。杨凤鸣的舅舅陈士杰在甲午海战中战死，杨凤鸣的两个表叔李兰、李双也都战死在北洋兵舰的炮位之上。当时李兰是炮手，李双则是“二鬼”（轮机手）。与日本军舰激战时，杨家的先人不畏生死，血洒大海，称得上一门忠烈。杨春林经常感叹，若不是鱼雷艇小，不能出远洋作战，他也将为国捐躯。杨凤鸣父辈的名字，永远地铭记在了甲午将士名录之中，当永世不忘。当年，中日为的就是争夺一个旅顺口。而今，杨凤鸣要在旅顺读书，而且读的是日本课程。家国情仇铭刻在他的内心深处而不能忘怀。

不能让杨凤鸣忘怀的，那就是身为亡国奴的经历。有一次学校组织学生们参观日本军舰“春日”号，学生们上舰之后，老师才觉察，有中国学生在其间，日本校长大保久便责令杨凤鸣等几个中国学生脱队，不准其上舰参观。这不仅仅是耻辱，更是歧视。这件事深深地刺激到了杨凤鸣，事后，他写下了《玉山纵目》诗：

鸡冠绛壁横云碧，虎尾连关枕海青。
入眼纵然形势好，只宜醉看不宜醒。

二、青年从医

21岁那年，杨凤鸣考入了南满医学堂本科，因为成绩优异，获得了奉天省府的官费（等于奖学金）资助。25岁那年，杨凤鸣毕业，他来到“满铁”大连医院（今天的铁路医院）做实习医生。他的指导老师是户谷博士。

1922年，杨凤鸣29岁那年，奉天母校准备选派留学生到日本去留学深造。因为杨凤鸣成绩出色，母校将他派往日本京都帝国大学做研究生。到了日本，杨凤鸣学籍在松尾内科。第一年，杨凤鸣专门研究微生物学，研究血清学。当时日本的医学水平确实要高于中国，日本学者的治学精神，也深深地刺激着杨凤鸣。他的导师松下祝四郎一心投在医学研究上，十年如一日，吃住在学校不回家。当时的微生物学，便是他一生的研究成果。有了这样的导师，杨凤鸣也发奋读书，刻苦钻研，珍惜留学时光，将来有朝一日，报效国家，为民众治病。

1923年9月，杨凤鸣完成了学业回到了大连，担任“满铁”医院内科医生。31岁那年，他调到同寿医院担任内科主任。在这7年中，杨凤鸣深深感到中国人缺医少药之现状，因为执业医生大都是日本人，中国人求医，交流也十分困难。杨凤鸣经常与自己同事同学韩冈志大夫一吐心声。在大连，不乏中医诊所。但是，随着城市发展，人口增多，人们对于西医有需求，而且越来越大。创办一家中国人的西医医院，成了他们二位的共同志愿。

当年的杨凤鸣是一个青年才俊，在大连行医期间，因为他的杰出才能与表现，他参加了大连中华青年会，并且当选了副会长。想当年，大连是日本人的殖民地，大连青年在苦闷中彷徨，他们找不到出路。傅立鱼、包时墉创建中华青年会这个组织，吸引一些进步青年纷纷加入，杨凤鸣就是其中之一。青年会经常开会，经常演讲，倡议小学国文课本学文全部用中文。青年会的宗旨就是爱国爱家乡勿忘中华。杨凤鸣因为是青年会中的积极一员，在青年中有影响，当选了副会长，也成了一代大连青年人的楷模。后来，青年会受到了日本人限制，傅立鱼也被日本人放逐出境。

1931年，杨凤鸣辞去了“满铁”医院的内科主任职务。要知道，那年月的医生有着相当丰厚的薪水。要创建中国人自己的医院，是要付出代价的。那时候，中国人只能开办中医诊所。随着社会的发展，中医诊所远满足了不少人们治病救命的需求。杨凤鸣创建了大连岐山医院（杨凤鸣的字为岐山）。因为他要将自己一生的理想付诸实现。

想当年，父亲为他取的这个名字，杨凤鸣，字岐山，是老一代人对他寄予的期望。岐山，是中华民族发祥地，是炎帝生息，周室肇基之地，是《黄帝内经》的诞生地，《周易》的诞生地，也是凤凰飞起的地方。老一辈的期望，也正是杨凤鸣努力奋斗的再现。如果说早年学医是为了一家人的生计。如今创办医院，真是为了天下苍生。想当年，东北闹鼠疫，死亡狼藉，南满医学堂应运而生。没有中国人自己的医院，华夏之邦将在一场瘟疫面前灭种。从那时起，杨凤鸣立志学医，一生投身医学事业。

杨凤鸣创建中国人的医院，这是他一生中最重要的事情。用创建医院，耗去了他一生中的大半精力。医院创建初期，在平顺街，楼房20间，建筑简陋，设备欠完善。但在创建初期，已有急诊住院。医院开业之后，一切手续从简，方便了患者。岐山医院的创建，让中国人求医有了去处，患者日趋渐多。随之而来的，却是许多麻烦，地痞流氓时来骚扰，日伪的职能部门也借端压迫制造困难。杨凤鸣回忆起这医院创建时，想法很激情，起点很高，但操作起来，却是困难重重。不管困难有多大，杨凤鸣还是挺了过来。

1935年，杨凤鸣42岁那年，岐山医院又开设了分院，病房90间，一边为人治病，一边培养医助，添聘医师，医院分内外皮等科室，也兼治其他疾病。

1941年，杨凤鸣48岁那年，他又创建了甘井子分院。岐山医院很有规模，各方面的设施与条件都很不错，加之精湛的医术，在当时的大连，算得上一所挺有名气的医院。但医院在创建的过程，杨凤鸣亲身感受到了旧社会殖民地的腐朽风气，腐化官场之勒索手段之无耻。因为医院开业之际，对于主管卫生科没有照例请客，触怒了卫生巡察松井，他便吹毛求疵，横加刁难。杨凤鸣不禁感叹，其国之将亡，贿赂之风公行，末年尤甚。他只有忍辱负重，在重压之下前行。

无论如何，岐山医院的创建，不仅使得中国人有了治病求医的去处，也培养了许多中国医师。医院开办20年间，总共培养了医助不下数百人，大连解放后考得医师者也有数百人之多。医院的创建，医师的培养，这就奠定了杨凤鸣是大连这个城市的西医奠基人、创建者。他本人即是医生，也是学者，多年行医，多年钻研，他精通日、俄、德三国语言。闲暇之时，他便翻译国外的医学专著，以供医师们研读学习。

三、艰难的过程

杨凤鸣的行医，并非一帆风顺，他是在日本殖民者的严酷统治之下完成的自己的初衷。让他难以忘怀的，就是统治当局对于中国人的限制与迫害，层层刁难。杨凤鸣不能忘记有一个中国人巡捕，名叫宋兴廉，他的沙河口警察署当差，宋兴廉的父亲做寿，他撒下帖子，让各个商家出钱。岐山医院一时大意，忘记了这件事情，结果就是日后的报复。有一天，宋兴廉手下的一个狗腿子到医院来医治花柳病，治疗过后，要赊账，遭到了院方拒绝。这下可好，宋兴廉更是怀恨在心。因为岐山医院年年有福利，夏天要组织学徒者到海滨去游泳。有一个名叫王文翰的年轻人，因为他在沙滩上画了些沙画，便让狗腿子给抓住了把柄，说他画的是反满抗日的地图，抓捕起来，便是严刑拷打。杨凤鸣为救人，他投诉无门，最后，不得不在一个名叫许寿山的人撮合之下，请宋兴廉吃了一顿酒席，才算为王文翰免去了罪责。

更有甚者，已经是1945年8月22日，苏联红军出兵东北，大连已经光复，杨凤鸣到裁缝铺定做了一面国旗（那时的国旗是青天白日旗），准备在大连光复庆典时用。杨凤鸣让长子去取回国旗。作为爱国学生的杨凤鸣的长子杨公敏取回国旗，走在回家的路上时，让杨凤鸣曾经得罪过的那群汉奸巡捕们看到了，这下可是抓到了把柄，他们将杨公敏抓捕到衙门监狱，暴打全身，下手狠毒，就是想将杨公子暴打至死。已经光复了，这些汉奸走狗们仍然张狂无比，让人愤慨。后来，如果不是苏军接管了伪警察署，从监狱里救出了杨公敏，杨凤鸣的大儿子必死无疑。汉奸走狗们心有多狠，杨公敏身上的伤痕，在以后的40年里，疤痕仍然没有消退。

1931年，日本人发动了九一八事变。1932年，伪满洲国在日本人的操纵之下成立。成立之后，日本人便物色一些社会上有影响的头面人物到“满洲国”就职。鉴于杨凤鸣的影响力，他进入了日本人的视野，拟定聘请他出任卫生部大臣。杨凤鸣知道，“满洲国”就是日本人在幕后操纵的伪政权，杨凤鸣拒绝出任所谓的卫生部大臣一职。有好心人提醒杨凤鸣，切切不可忘记，日本人心狠手辣，什么事情都做得出来。奉天省长王永江，因为在任期间没有听从日本人的摆布，尽管辞职回乡，照样没有逃脱日本人的陷害。后来，连他的好友李义田也一直遭到了日本人的追踪。当然也有人规劝杨凤鸣，虽说不能完全趋炎附势，也要学会在夹缝中生存，这样才能随遇而安。这时候，杨凤鸣的好友，他们当年同是中华青年会副会长，同是嘤嘤诗社的成员的阎传绂出任了“满洲国”司法部大臣。有几位留学日本的学生，也都应和了日本人，韩云阶、赵欣伯，都出任了“满洲国”内阁官员。他们也鼓动杨凤鸣，到“新京”去任职，有多少人惦记着这个职位，你当年在奉天读书的同学阮振铎也积极努力，渴望得到这个职位，而你却并不以为然。无论别人说什么，杨凤鸣还是不为所动，但他也知道他得罪不起日本人，最好的办法，并不是直接拒绝，那段时间，杨凤鸣天天喝酒，喝醉了就倒在马路边上，一身西装革履，醉得一塌糊涂，倒在马路牙子上，成了一个醉鬼，让过路的行人耻笑。

这事传到了长春，日本人觉得，一个酗酒之人，怎么可能担当卫生部大臣。而阎传绂也纳闷，他也说不好杨凤鸣怎么就成了嗜酒如命之人，不喝正好，一喝就醉，而且醉得不省人事。这样的人，确实不能担当卫生部大臣这样的重任。

日本人放过了杨凤鸣，他也终于逃脱了此事。同时，他也作了一首《壬申元旦》诗，从中能读得他当时的心情：

丈夫难下泪，国破泣新亭。

杯酒酣元日，终年不愿醒。

别人怎么可能揣测到杨凤鸣内心想的什么，他有家国情怀，他爱国爱家爱百姓，他不会为了名利丧失人格，从他的诗作当中就能感受得到。他专心投身医学研究，他撰写中国民族血型研究的论文《人种血型研究》，已经引起了国际医学界广泛关注。那时候，精通三国语言的杨凤鸣开始着手翻译德文版的医学辞典。世道纷纭复杂，杨凤鸣育有三男一女，他想把自己的儿女培养成医生，日后能够悬壶济世，为民众治病救命。那年月，在大连地区，年轻人很容易误入歧途，为日本人做事，甚至成了日本人的走狗。

1945 年，第二次世界大战已经临近了尾声，抗日战争也到了最后的关头。杨凤鸣写信给他的大儿子杨公敏，让他想办法带着他们兄妹回到国内来。那时候，美国人的飞机已经封锁了日本通往中国的航线，只要发现了航行的船只，无论与战争有关还是无关，轰炸机统统会将这些船只炸沉。杨公敏不能违抗父命，他带着弟弟妹妹，想方设法搞到了船票，费尽了心思，经历了九死一生，终于回到了大连。

对于自己儿女的教育，杨凤鸣也煞费了苦心。大儿子在大连完成了小学的学业，那时候的大连，已经完全是奴化殖民教育，中小学的课堂上讲的全是日语。杨凤鸣把大儿子杨公敏送到山东，让他进入一所中国人的中学读书。每个月，他会把生活费寄给儿子。想不到，日本发动了全面侵华战争，大连与山东的联系中断了，生活费无法寄给儿子，儿子的生活也陷入了艰难。因为战火已经燃烧到了山东，杨公敏只好跟着一个上海籍同学去了上海。没想到，上海也陷入了日本人的战火之中，杨公敏的同学家里给了他一些路费，让他想办法回到大连老家。杨公敏一路向北，同学家里给的那点路费早花光了，他一边乞讨，一边走路。3个月后，杨公敏九死一生，在战乱中终于回到了家里。那时候，全家人以为杨家的大儿子已经不在人世了，全家人看到杨公敏归来，父子抱头大哭了一场。

四、为解放事业而奋斗

大连解放以后，杨凤鸣联络医学同仁成立了大连医师公会，杨凤鸣被推举为会长。1947年，杨凤鸣停办了自己的医院，出任关东公署卫生厅长，他全身心地将自己的精力投入到了大连医疗卫生建设上。那时候，全中国尚未解放，解放战争正如火如荼地进行中。

有一天，大连的党组织找到了杨凤鸣，问他能不能组建一支医疗救护队，到前线去支援我们的野战军。杨凤鸣答应了。可是，当时并没有经历战火的大连，医生们都有着不错的收入，不错的生活，而要组建医疗队，到前线去，就会有牺牲，动员工作挺难的。终于组建起了第一支医疗救护队，开上了前线，却遭到了国民党飞机的轰炸，医疗队的人员死伤惨重。有这样的先例，再组建医疗队的难度更大。

马上组建第二支医疗救护队时，很多人畏缩不前。杨凤鸣想到了自己的儿子，新婚刚刚一年之久的大儿子，刚刚与一起留学日本的同学程颖结婚正度蜜月的杨公敏，他想让自己的儿子带头，组建第二支医疗救护队。得知这个消息，大儿子说，爸爸，别忘了，我是牙科医生，不是外科医生，怎么救治伤员？

杨凤鸣说，正因为你是牙科医生，爸爸才让你带头，到最后审批时，你可能就会得不到批准。爸爸只想让你起一个带头作用。

听话的大儿子报名了，结果就是，批准不批准，大权就握在杨凤鸣的手里，杨公敏不但得到了批准，而且要担任副队长。大儿子不去也得去，他也顾不得抱怨爸爸，他本人也是有爱国情怀的青年。大连光复了，新中国还没有成立，人民子弟兵正在前线与国民党军不惜流血牺牲作战，他们需要医护，需要救治。儿子听了父亲的话，告别了新婚的妻子去了前线。身为一名牙科医生，给他安排的任务就是，锯掉伤员的胳膊和大腿。杨公敏也不知锯掉了多少伤员的胳膊大腿，那殷红的血色，浸润着他的灵魂，以致他多少年以后，见到红色的血便会晕眩，到后来，他连小小的牙科手术也不能做。中华人民共和国以后，杨公敏出任大连牙科医院的院长，像他的父亲一样，他也为大连的卫生事业奉献了一个医生的责任与使命。

有人说解放战争能取得胜利，大连的炮弹与山东的独轮车功不可没。其实别忘记，还有大连的医疗救护队，当年大连的医护人员也开上了东北解放战争的前线，他们不怕牺牲，不怕流血，救治很多战士的生命，为新中国的诞生立下了大功。这段历史不应该忘记，应该讲述，应该铭记。

大连光复了，医疗行业也不能延续日伪时期的旧制。日本统治大连时，大连就有医师会，会员有 400 多人。杨凤鸣为医师会的理事，大连光复以后，也是在“九一八”那天，重新组建了医师公会，杨凤鸣因为在医疗界的影响，当选为会长。杨凤鸣深知，这个城市回到了人民的怀抱，他要协助政府之卫生行政，要参议调整日侨医院，参议调用日本医师，参议遣送日本侨民回国诸多事宜，参议接管日本人的医院，参议制定临时医疗法规，参议创建大连医科学校之拟议，这也是大连医学院的雏形。

杨凤鸣为大连的医学卫生事业做了许多有益的工作，比方说，制定卫生管理法规，规范医师队伍，组成战地医疗队，有力地支援了解放战争。1947 年，国民党封锁大连，由共产党主持的行政公署成立，杨凤鸣为卫生厅长，医师公会的会长由王义心继任。

杨凤鸣从医 40 年，他为大连的医疗卫生事业做出了重大贡献。他精通日、俄、德语，并翻译了大量医学词条。他医术高明，知识渊博，为人正直，确实无愧大连西医的奠基人。除了治病救人，杨凤鸣一生最大的嗜好就是作诗，他留下了大量的诗作，出版过《杨岐山诗集》，这部诗集自始至终贯穿着诗人的家国情怀，当年清室努尔哈赤第十五子多铎九世孙宝熙也十分赞赏这部诗集，大学问家王季烈也亲笔为诗集作序。杨凤鸣的诗作最大的风格与特点就是爱国，浸透着他的真挚感情，流露的是一个老知识分子的报国情怀，至今读来，仍有教育教化意义。

大连光复以后，因为从前的街道都是用日本人的人名命名的，去掉了旧名称，改换新名称，大连人没有忘记杨凤鸣这位治病救命的医生，将他的名字命名了一条小街——凤鸣街……

1966年9月3日，杨凤鸣在"文化大革命"中遭遇迫害致死。1979年，"文化大革命"结束之后，国家为杨凤鸣医生平反昭雪恢复名誉，想必先生的在天之灵会感到欣慰。杨凤鸣先生，不仅是一位杰出的医生，一位有着仁者之心的医生，也是一位杰出的诗人，他应该是大连留下诗作较多的诗人之一。

[作者：徐 铎 中国作家协会 会员 大连 116001]